广西自驾游路书

四五 著　　www.chinaautoway.com

广东旅游出版社

图书在版编目（CIP）数据

广西自驾游路书 / 四五著. --2版. --广州：广东旅游出版社，2007.1（2012.2重印）
（中国旅游路书）
ISBN978-7-80653-840-1

Ⅰ．广… Ⅱ．四… Ⅲ．旅游指南—广西 Ⅳ．K928.967

中国版本图书馆CIP数据核字(2009)第080633号

出版发行：广东旅游出版社
（广州市中山一路30号之一 邮编：510600）

广东旅游出版社图书网
www.tourpress.cn
邮购地址：广州市中山一路30号之一
联系电话：020-87347994 邮编：510600

地图审核批准号：GS（2007）169号（中国地图出版社提供）
印刷：深圳市皇泰印刷有限公司
（深圳市龙岗区平湖街道平湖大街159-8号1栋）

开本：787毫米×1092毫米 16开
印张：18
字数：320千字
版次：2012年2月第2版第3次印刷
印数：1001-3500册
定价：55.00元

广西壮族自治区旅游

N

全州县　资源县　灌阳县

D06　D05　D04　D03　D02　D01　恭城瑶族自治县　E21　贺州市　E20

兴安县　灵川县　桂林市　平乐县　E24　钟山县　E22　E23　富川瑶族自治县

龙胜各族自治县　D08　D07　临桂县　D92　荔浦县　昭平县　E19　梧州市　E18　岑溪市　E17

D09　永福县　蒙山县　金秀瑶族自治县　藤县　苍梧县　北流市　E16　E15

三江侗族自治县　D11　融安县　鹿寨县　E09　象州县　平南县　桂平市　E13　E14　兴业县　玉林市　陆川县

D10　融水苗族自治县　D13　E10　柳州市　来宾市　武宣县　E12　贵港市　清南区　博白县　浦北县

D12　罗城仫佬族自治县　D14　柳江县　E11　E08　E07　E06　横县　灵山县　合浦县　北海市

D17　宜州市　D15　忻城县　E04　E05　镇宁区　钦州市　C17　银海区

环江毛南族自治县　D16　上林县　E03　E02　E01　南宁市　防城港市　C18　C14

D18　都安瑶族自治县　D23　马山县　D25　武鸣县　C19　港口区　C16

河池市　D19　大化瑶族自治县　D24　A02　A01　扶绥县　C13　东兴市　C15

D20　D22　巴马瑶族自治县　平果县　A03　A04　崇左市　C02　上思县　C12

D21　凤山县　东兰县　田阳县　天等县　A05　大新县　C03　宁明县　C10　C11

天峨县　B16　B17　B18　A22　田东县　A21　A06　A07　A08　A09　C05　C08

B15　B14　B13　B19　B20　B23　A20　A19　德保县　A10　A11　A12　C06　C07　C09

乐业县　B12　B21　B22　百色市　A23　靖西县　A13　凭祥市

B11　B10　B09　凌云县　B08　B01　A18　A16　A17　A14　A15　那坡县

隆林各族自治县　B07　B02　田林县　B03

B06　B05　西林县　B04

前　言

　　《中国旅游路书》项目组于２００４年发起，面向全国征集大量爱好者和自愿者共同参与采编，其间，就《中国旅游路书》资料的采集重点及介绍方式进行了长期的比较论证，辅以各种新技术记录测量手段，实现精确、客观、详实的勘测目标，并在网络上进行了公开征集评比线路介绍最佳方案，生成了简单直观的各类图表，最后形成了一套适合不同阅读习惯及深度要求的读者要求的图文工具书。

　　《中国旅游路书》本着客观负责的精神，所有资料均由训练有素的采编队伍对每一段道路进行实地拍摄和记录，并且不接受任何被介绍或评测的景区、餐厅、旅馆及汽车修理厂等旅游服务单位的商业赞助。

　　传统标准的旅游交通图，虽然能为旅游者提供详细准确的旅游交通线路，但却无法提供给旅游者更多的旅游资讯；而常规的旅游指南类图书，虽为旅游者提供比较详细实用的旅游资讯，并且多是图文并茂，景观展示也非常美妙，但却未能提供更详细到位的旅游线路交通图。《中国旅游路书》突破了两者的局限，实现了旅游交通图和相关实用旅游资讯的最佳结合。

　　《中国旅游路书》的出版，是广东旅游出版社奉献给广大旅游爱好者的丰厚礼物。

内容提要

《中国旅游路书·广西路书》主要介绍以下内容：

● 详细提供沿途加油站、收费站、修理厂、餐馆、村镇、路口、派出所、医院等资料的准确位置。根据路书上标注的数据(精确到100米)，在驾车旅行时您只需要看自己汽车上里程表的读数就可以在路上找到相应的加油站、修理厂、餐馆、村镇、路口、派出所、医院等具体位置。

● 提供广西全区29个城市及重要乡镇的城区地图，重点介绍修理厂、酒店、饭店、干洗店、网吧、银行、邮电等驾车旅游最需要关心的资料。

● 详细提供每一条线路的具体路况，有大量道路及周边环境的现场照片，对每个路况变化的地方，路书内都进行详尽描述。同时还提供每个路段实测行驶的最高速度、平均速度及所需时间。

● 路书内的所有照片都在线路中标注有拍摄方向，便于在现场核对照片确认自己的方位。

● 述说途中的危险路段：行人牲畜密集区、拖拉机和超限货车密集区；急弯、陡坡、滑坡、塌方、暗冰、水毁等安全隐患；盗、抢、骗等治安案件高发区。

● 救助信息：提供交警、治安、医疗急救、车辆远程施救等电话号码。

● 所有线路均采用卫星测距设备及汽车进行实地测量，重要地点都在路书中标注有GPS卫星定位数据。

● 到一个地方有时可能不止一条路，路书内提供同一个方向几条道路的对比和选择建议。

● 根据交通部门提供的道路建设规划，结合道路施工现场实地采访得到的第一手资料，在路书中提供2006~2008年之间道路变更情况。

● 在每个片区的概况部分都组建了数套行程参考方案，供读者选用。

图 例

十字路口	左急弯	警告
交叉路口	上坡	学校
三岔路口	下坡	行人穿越
左侧路口	涉水	悬崖
右侧路口	打滑	落石
Z形弯道	变窄	隧道
连续弯道	右路变窄	村庄
右急弯	左路变窄	

修理	出口	中国石化加油站
餐饮	问讯处	民营加油站
停车场	酒店	中国石油加油站
厕所	转盘	高速公路
咖啡厅	景区	一级公路
机场	沿途风光	二级公路
网吧	路段起点标志	三级公路
售票处	路段终点标志	四级公路
商店		土路
		乡村柏油与乡村土路

省会城市	政府	中国移动
地级市	农行	中国电信
县、县级市	工行	中国邮政
乡镇	建行	医院
村、屯、寨	中行	客运站

《中国旅游路书·广西路书》使用说明

一、广西景点分片说明

广西的14个地级市大小景点大约200多处，从自然风光、民俗风情和历史遗迹三个方面进行比较，结合广西现有的公路网分布特点，中国旅游路书将广西的景点分为5个片区进行介绍：

 A 桂西片区：涵盖南宁市、崇左市、百色市
 B 桂西北片区：涵盖百色市、河池市
 C 桂南片区：涵盖崇左市、防城港市、钦州市、北海市
 D 桂北片区：涵盖桂林市、河池市、柳州市
 E 桂东片区：涵盖贵港市、贺州市、玉林市、梧州市、柳州市、来宾市

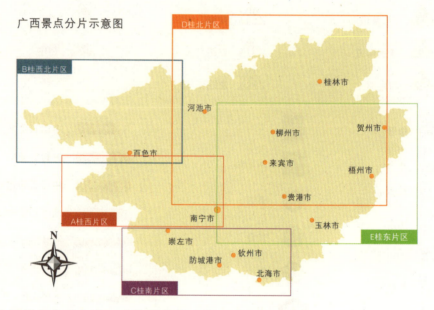

广西景点分片示意图

将广西景点分成上述5个片区的优点是：

1．各片区内的景点特征都有自己的特色，能满足不同爱好的旅游者进行选择，比如有的游客喜欢侧重自然地理与边境风情，可以选择 A 片区；如果喜欢壮族人文风光和洞穴探险及未开发景点，可以选择 B 片区；如果喜欢开着车延绵数百公里欣赏一河之隔的越南风情及享受东兴、防城港及北海的夏日海滩，可以选择 C 片区；如果喜欢欣赏山水画廊及少数民族风情，则选择 D 片区；如果喜欢游历在历史遗迹及古镇中，则选择 E 片区。

2．不论您驾车从广西的首府南宁市出发，还是从相邻省份如广东、湖南、贵州和云南进入广西境内，都可以选择一个片区进行环线旅游，也可以将两个甚至多个片区串在一起旅游。

3．不论是选择一个片区还是将几个片区串在一起旅游，都能形成封闭的环线旅游线路，以环线方式旅游，能避免少走回头路，可以确保在有限的时间内按最短线路游览最多景点，从时间和金钱上来说都是合理的配置。

二、广西各片区公路分段的说明

　　广西的旅游线路共分为5个片区，分别为A、B、C、D、E片区，每个片区的开始部分都有整个片区的公路分段图，在驾车旅行中您会经常用到分段图，既可以查阅当前所在的位置，也可以用于规划自己的行驶路线，以下选用P94的《B桂西北片区公路分段图》来对分段图的内容进行说明，地图下方的列表是与地图上的每个路段完全对应，列表中反映了路段的基本信息，但是如果要查询每个路段的最详细内容，请翻看路段列表给出的相应页码。

　　在每个片区的开始部分都有片区概况（例如P95），里面有该片区的详细介绍和数套行程参考方案，您可以选用其中一个方案在该片区内旅游，也可以自己组建旅游方案，组建的方法很简单，只要在片区分段图中选项出要走的每一个路段，按照自己的行走顺序用一支笔在纸上排列一下序号，就可以按照个人的喜好在片区内旅游了。

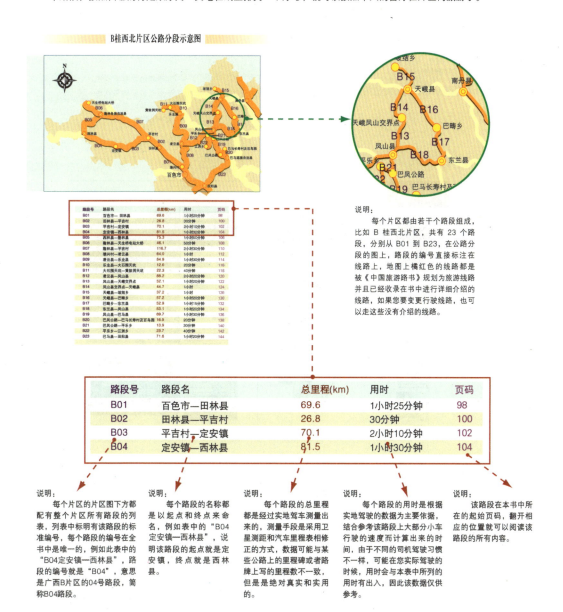

说明：
　　每个片区都由若干个路段组成，比如 B 桂西北片区，共有 23 个路段，分别从 B01 到 B23，在公路分段的图上，路段的编号直接标注在线路上，地图上橘红色的线路都是被《中国旅游路书》规划为旅游线路并且已经收录在书中进行详细介绍的线路，如果您要变更行驶线路，也可以走这些没有介绍的线路。

路段号	路段名	总里程(km)	用时	页码
B01	百色市—田林县	69.6	1小时25分钟	98
B02	田林县—平吉村	26.8	30分钟	100
B03	平吉村—定安镇	70.1	2小时10分钟	102
B04	定安镇—西林县	81.5	1小时30分钟	104

说明：
　　每个片区的片区图下方都配有整个片区所有路段的列表，列表中标明有该路段的标准编号，每个路段的编号在全书中是唯一的，例如此表中的"B04定安镇—西林县"，路段的编号就是"B04"，意思是广西B片区的04号路段，简称B04路段。

说明：
　　每个路段的名称都是以起点和终点来命名，例如表中的"B04定安镇—西林县"，说明该路段的起点就是定安镇，终点就是西林县。

说明：
　　每个路段的总里程都是经过实地驾车测量出来的，测量手段是采用卫星测距和汽车里程表相修正的方式，数据可能与某些公路上的里程碑或者路牌上写的里程数不一致，但是是绝对真实和实用的。

说明：
　　每个路段的用时是根据实地驾驶的数据为主要依据，结合参考该路段上大部分小车行驶的速度而计算出来的时间，由于不同的司机驾驶习惯不一样，可能在您实际驾驶的时候，用时会与本表中所列的用时有出入，因此该数据仅供参考。

说明：
　　该路段在本书中所在的起始页码，翻开相应的位置就可以阅读该路段的所有内容。

三、路书页面各部分功能的介绍

《中国旅游路书·广西路书》共包含有114个路段、29个城区的介绍，一个路段的内容一般占用两个页面进行介绍，即左右对开的两页，个别比较简单或者没有必要详细介绍的路段则只一个页面进行介绍，以下选取了一个标准的对开页面作为样本，对页面上各个部分的功能进行介绍（单页面路段和城区部分的各项功能与对开页面的基本相同，再此不一一赘述）：

该路段所属的片区。全书共分为A、B、C、D、E五个片区，"A"为该片区的编号，"桂西片区"为片区名称，背面深红色的色块是本片区的色码，五个片区有五个颜色，您从书的侧切面就可以根据颜色不同来快速翻阅到不同的片区。
黑底白字的南宁、崇左、百色表明该片区共跨越了南宁市、崇左市、百色市三个地区的行政区域。

该路段的编号及名称

该路段的总里程、汽车可以行驶的最高时速、平均时速以及行驶所用时间

页码

页码

1 该路段的详细线路，P11有关于线路内容更详细的介绍，请阅读。

2 该路段的《缩略图》，《缩略图》主要提供当前路段与附近区域的相邻路段的关系，《缩略图》中颜色最深的橘红色线路就是当前您正在走的线路，灰色的线路就是附近相邻的线路，线路上都标注有各条线路的编号。

3 线路中一些比较重要的关键点一般都用文字和图片进行详细说明。

4 该路段的《勘察报告》和各项资讯，主要是对本路段的综合评述，以及途中有关就餐、住宿、加油、维修以及交通、治安和医疗急救的信息。

5 该路段的主要景点或沿途风景比较精彩的地段，会专门进行重点介绍，所介绍的不限于自然风光和历史遗迹，还包括人文、建筑等各种值得欣赏的景观，也可能介绍美食、特产等作为一个游客有可能感兴趣的东西。

6 该路段的《里程数据速查表》，P12页有关于《里程数据速查表》的具体使用方法，请阅读。

四、线路内容详细说明

这是一个路段终点的标志，标明本路段的各项数据和文字描述都是从"宁明县"开始往"花山码头"这一端进行记录和描述的，明白了路段的起点和终点的方位，在各个信息点中涉及到左、右等方向性的文字描述时，才会明白所指的是道路的哪一边。

这是行政标志，表示这是一个村级单位，类似的行政标志还有乡镇、县市等，在 P7 的《图例》里都有说明。村级行政标志如果标在道路的中间，就说明公路从村庄中间穿过；如果标在路边，就说明村庄位于公路的边沿，提醒司机注意行人出入的方向。

这是信息点标志，每个路段中，都会选取镇、景点、加油站、餐馆、维修点、岔道路口等十几种对司机和游客最有用的信息记录在线路中，信息点标志中的数字是记录的序号，线路中的序号与《里程数据速查表》以及景点介绍的图文的序号都是相互对应的。

这是每一个信息点的里程数据，红色数字表示这是从起点出发到这里的距离，蓝色数字表示这里与终点的距离，比如 **7.8 7.4** 表明这里距离宁明县 **7.8** 公里，距离花山码头 **7.4** 公里。

这是一个路段起点的标志，标明本路段的各项数据和文字描述都是从"宁明县"开始到"花山码头"结束，一般从起点出发的时候，在每个路段的起始点 将您的汽车上的里程表复位键按下去清零，这样在行驶过程中您只需要将您的里程表读数与本书线路中或者《里程数据速查表》中的读数对应，就知道什么时候大概会到什么地方，或者目前身在何地，这样可以随时掌握自己在路上的进程，心中有数，有利于安全、准时地到达目的地。

举例
假设您要去 **2** 宁明火车站：
如果您从宁明县出发往花山码头，您在宁明县城内的宁明桥头西岸将里程表清零，那么当您车上的里程表读数达到 3.5 公里时，您将到达宁明火车站；相反地，如果您从花山码头出发往宁明县，您在花山码头将汽车里程表清零，那么当里程表读数达到 11.7 时，您肯定会到达宁明火车站，在路上时您只需要偶尔关心一下里程表的读数，就不会错过目的地。

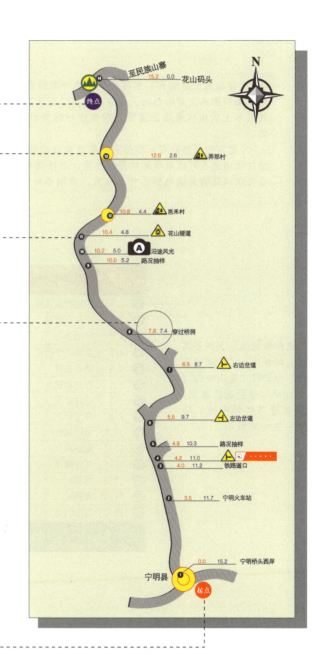

五、《里程数据速查表》说明

　　《里程数据速查表》主要用于在途中随时查询某个点距离起点或者终点的距离，或者两个相邻的点之间的距离，特别是出发的时候在线路中的"起点"位置或者"终点"位置将汽车上的里程表按钮清零，在旅途中就可以随时了解自己所在的位置距离终点还有多远。

　　《里程数据速查表》的另一个用途是对行车安全有很大帮助：在司机专心驾驶的时候，坐在旁边的人可以承担领航员的作用，对照速查表上的内容结合汽车行驶过的位置，随时告知司机还有多远将到达什么地方，特别是对于村庄或者危险路段，可以提前给予提醒。

这组数据是从上往下阅读的，如果您从"宁明桥头西岸"出发往"花山码头"，就在行驶中使用这组数据，这组数据与线路中的红色数据是完全对应的。

这一列数据是两个相邻的信息点之间的距离，如图中的数据"0.5"的意思是"宁明火车站"与"铁路道口"之间的距离为0.5公里，只要善于利用这组数据，就能在旅行中随时了解到下一个点还有多远才到达，这样就不会错过重要的路口或者目的地。

		从宁明县出发，请从上往下阅读		
❶	0.0	宁明桥头西岸	15.2	
❷	3.5	宁明火车站	11.7	3.5
❸	4.0	铁路道口	11.2	0.5
❹	4.2	岔道及中石化	11.0	0.2
❺	4.9	路况抽样	10.3	0.7
❻	5.5	左边岔道	9.7	0.6
❼	6.5	右边岔道	8.7	1.0
❽	7.8	穿过桥洞	7.4	1.3
❾	10.0	路况抽样	5.2	2.2
❿	10.2	沿途风光	5.0	0.2
⓫	10.4	花山隧道	4.8	0.2
⓬	10.8	岜莉村	4.4	0.4
⓭	12.6	弄那村	2.6	1.8
⓮	15.2	花山码头	0.0	2.6
		从花山景区出发，请从下往上阅读		

这组数据是从下往上阅读的，如果您从"花山码头"出发往"宁明桥头西岸"，就在行驶中使用这组数据，这组数据与线路中的蓝色数据是完全对应的。

目 录

A 桂西片区

目 录

B 桂西北片区

目 录

C 桂南片区

目 录

D 桂北片区

目 录

景点检索表

景点检索表

景点检索表

景点检索表

景点	所属市县	所属路段	所属页码
芦笛岩	桂林市	D桂林市城区图	237
陆川温泉	陆川县	E15玉林市—陆川谢鲁山庄	268
麻蓝岛	钦州市	C19南北高速钦州港出口—三娘湾	197
马鞍坳	东兴市	C13峒中镇—东兴市	186
马鞍山	柳州市	E柳州市城区图	285
马胖鼓楼	三江县	D09龙胜县—三江县	220
猫儿山	兴安县	D05华江镇—猫儿山	216
梦古寨民族村	河池市	D18德胜镇—河池市	229
明伦镇北宋牌坊	环江县	D17德胜镇—环江县	228
明仕田园	大新县	A08硕龙镇—明仕田园	54
木论国家自然保护区	环江县	D17德胜镇—环江县	228
那榜田园	大新县	A08硕龙镇—明仕田园	54
那布威力谷	大新县	A03那桐十字路口—大新县	42
南丹温泉	南丹县	D19河池市—南丹县	230
鸟蛮山	横县	E06南梧高速横县出口—横县	255
弄官生态公园	崇左市	C02苏圩镇—崇左市	168
弄尧边境贸易点	凭祥市	C07南友高速—蒲寨及弄尧边贸	178
蟠龙山公园	柳州市	E柳州市城区图	285
平岗岭地下长城	凭祥市	C05宁明县—友谊关	174
平孟口岸	那坡县	A13龙邦口岸—平孟口岸	64
蒲寨中越边贸城	凭祥市	C07南友高速—蒲寨及弄尧边贸	178
普度震宫	北海市	C17南宁市—北海市	194
七星岩	桂林市	D桂林市城区图	237
乔苗平湖	大新县	A04大新县—乔苗平湖	44
青龙风雨桥	富川县	E22贺州市—富川状元村	277
青秀山	南宁市	A南宁市	36
雀儿山	柳州市	E柳州市城区图	285
容县城关容址	容县	E16玉林市—容县	269
容县贵妃园	容县	E16玉林市—容县	269
三叠瀑布	大新县	A06德天瀑布路口—通灵大峡谷	48
三江金桥	三江县	D09龙胜县—三江县	220
三江颐和鼓楼	三江县	D11三江县—融水县	222
三门江国家森林公园	柳州市	E10象州县—柳州市	260
三门岩景区	宜州市	D15宜州市—下枧河景区	226
三娘湾景区	钦州市	C19南北高速钦州港出口—三娘湾	197
三宣堂刘永福故居	钦州市	C钦州市城区图	204
沙屯叠瀑	大新县	A07德天瀑布路口—德天瀑布	50
神龙谷景区	阳朔县	D02阳朔西街—漓江东岸—桂林市	212
爽岛民俗风情旅游区	苍梧县	E19苍梧县—梧州市	272
水源洞	凌云县	B凌云县城区图	151
顺风坳	凭祥市	C08凭祥市—峙浪乡	180
太阳幽谷	大新县	A07德天瀑布路口—德天瀑布	50
潭蓬古运河	防城港市	C16防东公路—江山半岛景区	192
天狮之吻	大新县	A09明仕田园—大新县	56
法式教堂	东兴市	C14东兴市—防城港市	188
通灵大峡谷	大新县	A06德天瀑布路口—通灵大峡谷	48
铜鼓	东兰县	B东兰县城区图	158
吞力屯	那坡县	A15那坡县—吞力屯	68
驮灵溪景点	田阳县	A22田东市—那桐十字路口	82
望君山丹霞奇石景区	容县	E16玉林市—容县	269
涠洲岛和斜阳岛	北海市	C17南宁市—北海市	194
五排河	资源县	D06资源县—八角寨景区	217

景点检索表

广西旅游资源分布特点

广西共有大小景点260处。

广西位于北回归线之上，为热带与温带的气候交汇的地区，因为典型的喀斯特地貌和沿边沿海的地理位置，以及千百年来多民族聚居在全区各地形成了各自的民俗文化，所以使广西拥有极为丰富的旅游资源。但是广西所有的旅游资源并没有得到完全的开发利用，本书中所介绍的大约有一半为未开发景点，尚未为普通游客所熟知，这些景点很适合汽车旅游爱好者亲自驾车探访。

广西旅游资源主要有五大特色：

一是自然山水风光。以桂北片区的桂林为代表的遍及广西各地的喀斯特地貌自然景观，形成了青山、绿水、奇洞相互映衬的地理环境。

二是亚热带滨海风韵。以桂南片区的北海银滩为代表的亚热带滨海风光，还有东兴金滩、防城港江山半岛的大平坡白浪滩以及钦州三娘湾沙滩，这些沙滩平均距离仅数十公里，形成了环北部湾的沙滩群。

三是瑰丽神秘的中越边关风貌。中国和越南一衣带水，两国风物交流融合，形成了中越边境独特的风情。

四是古朴浓郁的民族风情。广西境内聚居着汉、壮、瑶、苗、侗、京等12个民族，各民族共同创造了灿烂的历史文化，形成了独具魅力、多姿多彩的民族风情。

五是具有丰富的历史文化遗迹，众多古镇散落在桂东南一带。

以下为广西各个片区的主要景点分布情况：

A 桂西片区（包括南宁市、崇左市、百色市）
国家级4A景区：
南宁青秀山风景旅游区

国家级3A景区：
南宁良凤江国家森林公园

B 桂西北片区（包括百色市、河池市）
国家级3A景区：
百色澄碧湖风景区

广西那坡县的黑衣壮

C 桂南片区（包括崇左市、防城港市、钦州市、北海市）
国家级4A景区：
北海银滩旅游区
北海海底世界

国家级自然保护区：
广西龙州弄岗国家级自然保护区
广西防城港北仑河口自然保护区
广西防城金花茶国家级自然保护区
广西合浦山口红树林国家级自然保护区
广西合浦营盘港—英罗港儒良国家级自然保护区

广西东兴市中越边境的沿边公路

D 桂北片区（包括桂林市、河池市、柳州市）
中国历史文化名城：桂林市

国家级4A景区：
桂林漓江景区
桂林冠岩景区
桂林七星景区
桂林芦笛景区
桂林象山景区
桂林世外桃源旅游区
桂林愚自乐园艺术园
桂林乐满地休闲世界
桂林两江四湖景区
桂林荔浦银子岩风景旅游度假区

广西防城港市大平坡沙滩

国家级3A景区：
桂林阳朔文化古迹山水园
桂林阳朔聚龙潭度假公园
桂林丰鱼岩旅游度假区
桂林漓江民俗风情园
桂林银子岩旅游度假区
桂林尧山景区
桂林龙胜温泉旅游度假区
桂林资江景区
桂林刘三姐景观园
南宁武鸣伊岭岩风景区

国家级自然保护区：
广西龙胜花坪国家级自然保护区
广西环江木论自然保护区

广西桂林阳朔玉龙河

E 桂东片区（包括贵港市、玉林市、贺州市、梧州市、柳州市、来宾市）
中国历史文化名城：柳州市

国家级4A景区：
柳州龙潭景区
柳州柳侯公园
柳州立鱼峰风景区
桂平西山风景名胜区
玉林容县"三名"旅游景区

国家级3A景区：
柳州都乐岩风景区

国家级自然保护区：
广西金秀大瑶山自然保护区

广西昭平县黄姚古镇

广西自驾旅游的交通环境

一、广西公路概况

广西的公路网建设得很好，所有的高速公路以南宁市为中心向东西南北四个方向辐射，全区14个地级市中除了通往贺州市和百色市的高速公路仍在建设之中，其余12个地级市都已经有高速公路直达，高速公路的质量很好，与相邻省份相比广西高速公路的特点是车流量非常小。服务区距离很平均，每50公里左右就有一个标准的服务区，服务区配套很一致，都设有加油站、便利店及建议维修点，服务区很安全，都比较适合停车休息，但是都没有住宿点。

除了高速公路，广西的各条国道和省道也都维护得很好，一般为二级到四级柏油路面，但是建议一般不要走与高速公路完全平行同向的普通公路，这些公路由于高速公路开通后车流量急剧减少，难免缺乏养护，而且沿途的吃住及维修点也纷纷撤离，走这些路得不到应有的给养及救助很麻烦，而且早年就已经使用的国道及省道因为数十年来附近村民逐渐聚集在路边居住，这些老路边很难保存有完好的自然风光。

广西属于山区，主要以丘陵地貌和喀斯特地貌为主，公路比较平直，就算是盘山公路，一般也修建得坡度比较平缓，路面质量较好，本书内所介绍的所有线路均可以行走包括底盘最低的小轿车在内的所有车辆。

除了高速公路，一般的普通公路的路牌标志不是很健全，特别是三岔路口，如果没有路牌，可以根据本路书指示的方向前行，也可以问附近的村民，但是最好不要提到太远的地名，而是根据地图上标注的地名尽量选一个较近的地名来询问。

由于广西地理地貌的特点，以及地处南回归线附近，公路周边环境的植被比较丰富，地质结构比较稳定，公路不受雨雪天气的影响，所有公路不存在夏天雨季塌方或者冬季冰雪封堵的影响，所以一年四季各种车辆都可以放心地在广西境内各条线路行驶。

在广西境内驾车旅游对轮胎的选用没有任何特别要求，大部分道路都铺有柏油路或水泥路，在雨季的时候柏油路和水泥路低洼处会形成一层几厘米厚的水膜，车速较快的时候当只有一边车轮压在水膜上时会突然受到阻力，很容易导致车辆突然转向，俗称"抢方向"，因此雨季驾驶要特别谨慎，如果换上胎纹的排水线比较深的轮胎会更安全一点，但一般情况下只要把稳方向盘就问题不大。

如果要挑选广西境内最适合于自驾旅游的路段，首推中越边境公路（也称沿边公路）和巴凤公路。跨越桂南片区与桂西片区、从东兴市到与云南接壤的那坡县之间有一条大约700公里的边境公路是广西境内最适合自驾游的线路，路面质量很好，却几乎没有任何车辆行驶，道路两旁的崇山峻岭和热带雨林交替出现，从祖国海岸线的最西端竹山港出发，到不为人知的小口岸平孟口岸，沿途可以经历无数的自然和人文景观，甚至还可以近距离接触越南热带丛林的植物与生物，邂逅从河对岸步行到中国进行边境小额贸易的越南边民。

位于桂西北片区的巴马县到凤山县之间的公路称为巴凤公路，巴凤公路与其周边的到东兰、天峨、乐业之间连接的公路组成了一片山区公路网，这片公路网上有许多未经开发的景点，从溶洞到天坑，以及保持完好的少数民族原始风貌，对于喜欢猎奇探幽的游客来说有很大的吸引力。

二、广西各等级公路的介绍

　　本书中所有线路示意图均参照《广西壮族自治区旅游图》，并依照实地测量得到的结果进行绘制，线路越宽的，就表示道路质量越好。

高速公路

广西的高速公路一般都是每个方向2车道，只有少数是3车道，路边全封闭，公路中央隔离带都种植有绿色植物。

一级公路

每个方向2车道，路边全封闭，路面质量比高速公路略差，公路中央有隔离带，也有的只画有双实黄线。

二级公路

每个方向1车道，半封闭，公路中央画有单实黄线，但在一些较窄的地方也改画虚黄线，也就是说超车一定要变线占用对方的车道。

三级公路

整条公路的路面宽度一般能容纳1.5~2个车身，要超车必须变线占用对方车道。

四级公路

路面较窄，一般能容纳1~1.5个车身，会车或者超车时必要等到较宽地段才能进行。一般是柏油路面，也有少量是水泥路面或弹石路面。

土路

路面较窄，一般都是不很平整，路面铺有沙石，也有的只填有泥土，去往未经开发的景点或者较落后偏僻的地区一般是这类土路。

从外地驾车进出广西旅游的 17 条线路对比

广西分别与广东、湖南、贵州、云南四个省相毗邻，与越南隔河相望，与海南省可以通过海上路线往来。

外地驾车进出广西旅游的 17 条线路示意图

一、从广东方向进出广西的道路主要有 5 条：

1. 广东方向进出广西最南边的道路当属 325 国道，路况很好，适合于广东的湛江和茂名地区进出广西，经过北海合浦以后可以转向广西境内各条线路，如果从广州出发，为了到北海、钦州和防城港旅游，可以选择这条线路进出广西。

2. 从广州到广西南宁或者途经广西境内到云南、贵州的长途货车和客车最常走的线路之一，也就是从 321 国道进出广西，路径是：广州—肇庆—云浮—罗定—岑溪—玉林—南宁。

3. 这是从广州到广西南宁或者途经广西境内到云南、贵州的长途货车和客车最常走的另一条线路，是车流量最大的线路，从 324 国道进出广西，路径是：广州—肇庆—梧州—南宁。

4. 如果要从广东直接抵达桂林阳朔一带游玩广西的桂北片区，最经典的走法是：广州—四会—怀集—贺州—阳朔。该线路路况不是很好，但是距离最短，所以一般都选择这条线路进入广西桂北片区旅游。

5. 从广东进出广西的最后一条线路是走 323 国道，路径是经广东的韶关、连南到广西的贺州，然后到阳朔。

总体评述：

从广东到广西的桂西和桂西北片区旅游都要经过南宁市，从广州到南宁最常走的线路是第 3 条线路，第 2 条的路况与里程和第 3 条很接近，经过实地测量，两条线路的总里程相差仅数十公里，但是第 3 条线路路况更好，而且南宁至梧州的南梧高速于 2006 年刚开通后更方便快捷，因此建议选择第 3 条。

从广东到广西桂南片区旅游，可以选择第 1 条线路进，第 3 条线路出，也可以从第 3 条线路进到南宁，环线游览完桂南片区后仍旧从第 3 条线路出广西。

第 4 和第 5 线路的位置很接近，但是在广东境内要走的线路却相差很大，如果在广东境内游览粤北地区的韶关等地然后进入广西，则第 5 条线路是最方便的，但是如果从广州出发想尽快到达阳朔一带，建议走第 4 条线路。

二、从湖南方向进出广西的道路主要有 3 条：
1. 经湖南的江永和江华经钟山进出广西，该线路的优点是可以顺便游玩湖南的九嶷山风景区和江永、江华两座古城。
2. 经广西全州到桂林进入广西境内，该线路的优点是可以直接抵达广西最传统的桂林山水旅游线路。
3. 由湖南经通道进入广西龙胜或三江，通道以喀斯特地貌的山水自然风光著称，经通道进入广西后如果走龙胜则可以往桂林方向旅游，如果走三江方向则可以去往贵州的黔东南地区旅游，黔东南地区在贵州是体会少数民族风情的最佳旅游地。

总体评述：
　　从湖南进出广西的几条线路其实差别并不大，三条线路都很靠近桂林，选择走哪一条关键是想在湖南境内顺道游览哪些景点后才进入广西，走第 1 条线路是古镇之旅，走第 2 条是山水之旅，走第 3 条则便于转道贵州，而且湖南通道一带的自然风光很好，所以走哪条线路取决于想在湖南境内还要看哪些景点。

三、从贵州方向进出广西的道路主要有 3 条：
1. 从贵州从江县经广西三江县进入广西，该路段两省区接壤部分的路况不是很好，但是一般小轿车都可以通行。
2. 从贵阳到新寨的贵新高速在广西与贵州的交界点新寨终止，之后进入广西的公路是二级公路，路面质量很好，因此贵阳—新寨—南丹—南宁是贵州进出广西的最主要干道，车流量相对较大，但是不算拥挤。
3. 从兴义经百色进出广西的线路是贵州黔南地区与广西连接的交通干道，也是云南经广西到各出海通道的最快捷线路，因此货运车辆较多。

总体评述：
　　贵州与广西接壤的边境线很长，所以选择不同的线路进出广西，到达的区域位置差异很大，如果要进出桂北片区，可以从第 1 条进第 2 条出，或者倒过来走；
　　从黔东南地区进出桂西北片区，或者进入广西腹地，一般都走第 2 条线路，这是连接贵州与广西之间路况最好的一条线路，是从贵阳到南宁的最快捷路径；
　　黔南地区进出广西选择第 3 条线路最方便，在贵州境内天生桥电站蓄水而形成的万峰湖风光不错，第 3 条线路的路况仅次于第 2 条，主要为二级公路。

四、从云南方向进出广西的道路主要有 3 条：
1. 从昆明出发经贵州兴义到广西百色，这一路径是云南与广西之间路况最好的线路，因为云南与贵州都选择这条路作为西南出海通道，所以长途货运车辆和客车密度较大，建议不要在该路段夜间行车。
2. 从云南富宁经剥隘到百色，进入广西的路段沿途正在修建水利枢纽和高速公路，因此老路欠缺维护，在 2008 年高速公路开通之前建议暂不要走这条路，但是位于云南境内的剥隘古镇和驮娘江风光以及广南县的坝美世外桃源景区值得一游，因此如果您驾驶的是越野车，可以考虑一游。
3. 从富宁经那坡县到靖西、大新、南宁是游览桂西片区的最佳线路，富宁到那坡之间的道路为二级公路。

总体评述：
　　从昆明到南宁之间最快捷的线路是第 1 条线路，途经云南罗平一带景点众多，以罗平的几十万亩油菜花景区最著名，但是欣赏油菜花只能在每年春季，其他季节则可以游罗平的九龙瀑布等其他景点。
　　在高速公路开通之前建议不要走第 2 条线路；第 3 条线路是云南东南部地区连接桂西、桂西北片区的最便捷路径。

五、从广西进出越南的道路主要有 2 条：
1. 从凭祥口岸进出越南，全程高速公路到凭祥友谊关终止，出境后游览越南北部。
2. 从东兴口岸进出越南，一出境就可以游览越南的芒街，再深入就可以游览有"海上桂林"之称的越南下龙湾景区。对比两个口岸，东兴口岸的边境贸易市场更繁荣，口岸上两国边民往来很热闹。

总体评述：
　　中越两国边民经东兴口岸进行的边贸往来比凭祥口岸更频繁，而且越南南部的景点比北部丰富，所以一般的跨国旅游线路都是选择东兴出入境。

六、从海南进出广西的航线主要有 1 条：
　　海南省海口到广西北海港，有专门运送车辆和游客的滚装船每天往返这两个港口，一般在黄昏时把车开上船后游客进入客舱内休息，行船一个晚上后第二天一大早就可以抵达港口。如果想享受一番甲板上黄昏时分北部湾海面的徐徐海风，不妨可以选择该方式进出广西。

各品牌汽车驻广西特约维修中心

奔驰
南宁冠星梅赛德斯-奔驰特许服务中心　　广西南宁市白沙大道54-3号　　0771-4925333

上海大众
南宁市建江汽车贸易有限责任公司　　南宁市快速环道北环路25号　　0771-3216633
上海大众汽车广西特约维修站　　广西南宁市江南路232号　　0771-4516391
上海大众汽车广西销售服务有限公司　　广西南宁市望州路306-1号　　0771-5643902
上海大众汽车桂林特约维修站　　广西桂林市穿山东路39号　　0773-5829845
广西玉林市通承汽车销售服务有限公司　　广西玉林市外环北路玉柴汽车城　　0775-2389595

东风雪铁龙
柳州市华宏汽车销售服务有限公司　　柳州市东环路103号　　0772-2610833,2627581
柳州市华力汽车维修有限公司　　柳州市柳石路151号　　0772-3114142,3110689
广西龙康汽车销售服务有限公司　　南宁市五一中路5-8号　　0771-4828111,4829218
广西弘龙汽车销售服务有限公司　　南宁市白沙路8-5号　　0771-4912255,4915338

北京现代
北京现代汽车顺景特约销售服务店　　桂林八里街经济开发区木材市场对面　　0773-2638999
北京现代汽车通源特约销售服务店　　广西南宁市白沙大道67号　　0771-4884889
北京现代汽车鑫广达特约销售服务店　　南宁市高新区科园大道18号　　0771-3218119
广西贺州灵凤汽车维修中心　　广西贺州市龙山路中段　　0774-5128909
北京现代汽车中冠特约销售服务店　　柳州市城中区东环路北段　　0772-2629188

东风标致
广西弘狮汽车销售服务有限公司　　广西南宁市白沙大道10号(南宁造船厂旁)　　0771-4925566,4925599
桂林弘狮诚致汽车销售服务有限公司　　广西桂林八里街经济开发区纬七路37-1号　　0773-2635688,2635999

丰田
南宁中达　　广西南宁市白沙大道24号(亭江路口)　　0771-4919111
南宁广缘丰田汽车销售服务有限公司　　广西南宁市厢竹大道12号　　0771-5531848,5534772

北京吉普
广西弘菱汽车销售服务有限公司　　南宁市江南路228-15号　　0771-4518088

南京FIAT
广西弘亚汽车销售服务有限公司　　广西南宁市白沙大道东段北面　　0771-4910809
广西玉林市弘森汽车　　玉林市教育东路31号　　0775-5808990

BMW中国
南宁中达桂宝汽车服务有限公司　　广西省南宁市白沙大道130号　　0771-4887000
广西达利汽车销售有限公司　　南宁市长湖路50号　　0771-4919111

一汽马自达
广西鑫广达汽车销售服务有限公司　　南宁市高新经济开发区科园大道55#　　24h: 0772-3220333

上海通用
广西冠通汽车销售服务有限公司　　广西省南宁市白沙大道36-6号　　0771-4922618
广西弘通汽车销售服务有限公司　　广西省南宁市安吉大道41号　　0771-3111928
桂林弘帆桂通汽车销售有限公司　　广西省桂林八里街经济技术开发区29-2-2号　　0773-2638989
广西荣通汽车销售服务有限公司　　广西南宁市民乐路14号　　0771-2837183
柳州盈海汽车销售服务有限公司　　广西省柳州市西环路15号　　0772-3723728

海马
南宁海康销售服务店　　南宁市五一中路5-8号　　0771-4885118,4846460
南宁万事得销售服务店　　南宁市白沙大道38号　　24h:0771-4922606
柳州销售服务支店　　柳州市跃进路77号　　24h: 0772-3612117
桂林顺致销售服务店　　桂林灵川八里街车管二所对面　　0773-2638666,2639615

三菱
广西桂之杰汽车贸易有限公司　　南宁市白沙大道中段32-1号　　0771-4919930
广西万事顺汽车维修服务有限公司　　南宁市白沙大道50号　　0771-4916488,4922222
广西南宁市桂之杰汽车服务有限公司　　广西南宁市白沙大道32-1号　　0771-4919933
广西南宁康城汽车服务有限公司　　广西南宁市五一中路5-8#　　0771-4816909
南宁市广缘汽车有限公司　　广西南宁市东葛路32号旁　　0771-5880555
广西弘菱汽车销售服务有限公司　　广西南宁市江南路228-15号　　0771-4517555,4517601
桂林市五州旅游股份公司　　广西桂林市铺星路3号　　0773-5815358,5800930

奇瑞
广西壮族自治区机电设备北海公司　　北海市北部湾东路　　0779-3034912,2205568
柳州市华昌瑞汽车销售有限公司　　柳州市柳太路与潭中西路交汇处　　0772-3711733
广西吉瑞汽车销售服务有限公司百色分公司　　广西百色市城东那华七塘(七塘加油旁)　　0776-2998045

广西壮族自治区机电设备南宁公司	广西南宁市白沙大道54号	0771-4922121
广西壮族自治区机电设备有限责任公司	南宁市友爱南路31号	0771-3134750,4922121
中国桂林燕兴公司	桂林市环城南二中电厂段	0773-3606665
广西玉林玉柴汽车维修有限公司	玉林市外环北路玉柴汽车城内	0775-2380601
南宁外运玖凌汽车修理有限责任公司	南宁市名秀西路28号	13978834033,3994829
南宁市灵润贸易有限责任公司玉林分公司	玉林市教育东路349号	0775-2680838
桂林彤达特许销售服务店	桂林市辅星路3号	0773-5819898
桂林市桂路通商贸有限责任公司	桂林市环城南二路（电厂段）	0773-3607298,2638098
广西吉瑞汽车销售服务有限公司	南宁市南站大道9号	0771-4866601,4866600
柳州燕兴公司	柳州市潭中西路与柳太路交汇处	0772-3713377,3710513
天津一汽		
南宁市华驰汽车销售服务有限公司	南宁市安吉大道36号	0771-3801010
广西天津汽车工业销售有限责任公司	广西南宁市北大路10号(区机电南宁分公司大门左侧)	0771-3859772
福特		
广西弘嘉汽车销售服务有限公司	南宁市白沙大道37-1号	0771-4923412,4916693
柳州市华运汽车贸易有限公司	柳州市燎原路49号长安福特汽车4S店内	0772-3131688
桂林真龙福福汽车销售有限公司	桂林市西城经济开发区鲁山路	0773-5588989
广西华圣汽车贸易有限公司	广西南宁市科园大道57号	0771-2516888
哈飞		
南宁路之友汽车维修服务有限责任公司	南宁市北大北路10号	0771-3847893
柳州信义德汽车销售有限公司汽车修理厂	柳州市西环路7号	0772-3718379
桂林市神舟汽车销售服务有限责任公司	桂林市机场路口运通汽车修配城	0773-3855722
广西区机电设备桂林汇丰修理厂	桂林市中山北路597号	0773-2603009
广西岑溪市双马汽车修理厂(快修保养站)	岑溪市玉梧大道百花洲公园对面	0774-8223235
广西贺州市灵凤进口国产小汽车维修中心	贺州市灵凤龙山路	0774-5128909
广西玉林玉柴汽车维修有限公司	玉林市外环北路(玉柴汽车城内)	0775-2380601
东南汽车		
广西弘驰汽车销售服务有限公司	广西南宁市江南路234-3号(友爱南路31号)	0771-4517818
吉利汽车		
南宁开河汽车公司	广西南宁市安吉路中段36-11号	0771-3131158
桂林市路宝通商贸有限责任公司	桂林市环城南二路电厂段	0773-3609655
东风风行		
广西华航汽车销售有限公司	广西南宁市安吉大道1号	0771-3905598
上海华普		
广西康和富利汽车贸易公司	广西南宁市安吉路1号	0771-2277500
曙光汽车		
南宁市信义德汽车销售有限公司	广西南宁市安吉路41号(广西汽车市场内)	0771-3800241
长安汽车		
桂林市长安汽车销售有限公司	桂林市环城南一路6-6号(市车管所后门)	0773-5852897
南宁建江销售服务中心	南宁市安吉大道33号	0771-3800002
南宁市渝州长安汽车销售有限公司	南宁市安吉大道中段	0771-124576
广西弘晖汽车销售服务有限公司	南宁市江南区南站大道北侧	0771-4863393
江铃汽车		
广西江铃汽车销售服务有限公司	南宁市安吉大道中段	0771-3119811,3119811
广西弘风汽车销售服务有限公司	广西南宁市秀厢大道35号(恒大新城对面)	0771-3931218
雷诺		
南宁市福诺汽车销售有限公司	南宁市竹厢大道132号琅东商贸城12号楼一层1-3	0771-5508803
东风日产		
东风日产友爱专营店	桂林八里街经济技术开发区29-2-1号	0773-2639888
广西弘帆汽车销售服务有限公司	南宁市白沙大道37号	0771-4920058
长城汽车		
广西区汽车贸易公司长城汽车桂林分公司	桂林市北辰路51号(火车北站往灵川方向200米)	0773-2601168
广西区汽车贸易公司长城汽车南宁分公司	南宁市安吉大道41号	0771-3111368,3108992
东风本田		
广西弘腾汽车销售服务有限公司	南宁市江南区南站大道北侧	0771-4865180
华晨汽车		
广西弘晨桂林分公司	桂林市八里街经济开发区纬六路22号	0773-2636280
斯柯达		
南宁市风神汽车贸易有限责任公司	广西南宁市白沙大道54号	0771-4921989
郑州日产		
广西郑州日产汽车销售服务有限公司	南宁市北大北路10号	0771-3834064

A

桂西片区

A 桂西片区公路分段示意图

路段号	路段名	总里程(km)	用时	页码
A01	南宁市—杨美古镇	30.5	1小时20分钟	38
A02	南宁市—那桐十字路口	42.7	42分钟	40
A03	那桐十字路口—大新县	80.5	1小时18分钟	42
A04	大新县—乔苗平湖	8.5	30分钟	44
A05	大新县—德天瀑布路口	45.2	1小时5分钟	46
A06	德天瀑布路口—通灵大峡谷	33.3	48分钟	48
A07	德天瀑布路口—德天瀑布	20.6	35分钟	50
A08	硕龙镇—明仕田园	19.6	25分钟	54
A09	明仕田园—大新县	60.1	1小时15分钟	56
A10	德天瀑布—新兴乡	23.0	50分钟	58
A11	新兴乡—头扎桥	21.5	35分钟	60
A12	头扎桥—龙邦口岸	40.0	40分钟	62
A13	龙邦口岸—平孟口岸	66.3	1小时40分钟	64
A14	平孟口岸—那坡县	71.3	2小时	66
A15	那坡县—吞力屯	12.8	35分钟	68
A16	那坡县—靖西县	84.6	1小时30分钟	70
A17	靖西县—鹅泉景区	5.9	10分钟	72
A18	靖西县—德保县	46.3	35分钟	74
A19	德保县—田东及田阳三岔路口	44.4	50分钟	76
A20	田东及田阳三岔路口—田阳县	52.9	55分钟	78
A21	田阳县—田东县	32.1	1小时50分钟	80
A22	田东县—那桐十字路口	101.3	1小时50分钟	82
A23	田阳县—百色市	47.3	53分钟	84

桂西片区概况

桂西片区涵盖南宁市、崇左市、百色市辖区。本片区的主要景点主要密集分布在四个小区域：

1. 从大新县到硕龙镇之间为山水田园风光，以明仕田园和那榜田园最为著名。

2. 德天瀑布以及从德天瀑布景区停车场到硕龙镇之间的归春河风光，中越两国隔着归春河，两国都设有观景台，两边的游人互为对方眼中的风景，彼此融合在怪石嶙峋的归春河中，别有一番景致。

3. 从德天瀑布到平孟口岸的边境公路，盘山险路上一览两国边境上气势磅礴的万仞群山，一天下来几乎碰不到几台车，途中小镇上加油点按可乐瓶来卖汽油，油价不亚于西藏至新疆之间的新藏线的价格，但是这些和旖旎风光相比，并不影响您的任何心情。

4. 从那坡至靖西及德保县一线，主要以黑衣壮民俗风情及未经开发的原生态喀斯特山水田园风光为主，景色多变令人目不暇接。

桂西片区与桂西北片区被认为是广西境内自驾旅游的最佳区域，主要原因是除了景观的多样性以外，符合汽车行驶的各项指标也很好，而且在行驶的全程几乎就是欣赏各类风光的全过程，这不同于那些长时间在路上枯燥地奔袭，到达一处景点，然后又是单调路上行驶的状况。

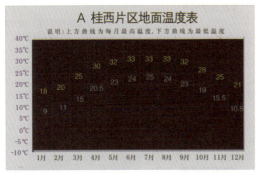

桂西片区的各项指标

【地理环境】

桂西片区以喀斯特地貌为主，这种地貌的特点是一座座石山突兀耸立在平原上，平原其实是亿万年来冲积而成的并不很厚的土层，于是在石山脚下经常出现溶洞，在平原中因为地下河的长年流动形成了平淌弯曲的河流或者小溪，而水边经常生长着各种树木和毛竹，于是就由山水与植被与村落构成了一幅幅画廊。公路在平原上绕着石山脚下修建，汽车行驶在这样的公路上，窗外远近交替不断变换着各式山水景色，仿佛进入了电脑制作的精美三维画面中。所以这样的地貌很适合于全车的人一边开车一边欣赏车窗外的风景，上百公里的一个路段下来丝毫没有疲劳的感觉。

【气候温度】

桂西片区属于温带温润季风气候区域，与越南接壤地带有少量热带雨林气候区域，每年夏天为多雨季节，全年气温比较温和。4月到8月之间的丰雨季节最有利于欣赏瀑布和田园风光，但是在其他季节这些风光也并不逊色，反而会因为不同的时节呈现不同的田园景色，因此游览桂西片区不必担心季节的影响。

★穿衣指数

春、夏、秋三个季节游览该片区只需要带足秋装就可以抵御最低温度，冬季的早晚有些凉意，可以加一件羊毛衫就足够了。

【总体路况】

桂西片区除了少数几个路段是三级柏油路以外其余路段全部是二级柏油路，路面都很好，适合于包括底盘最低的轿车在内的所有车辆行驶。公路上各种交通标志比较齐全和规范，除

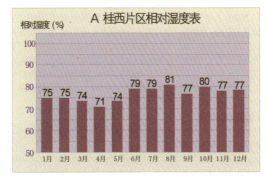

了靠近大新县城和靖西县城附近车流量变得较大以外，大部分路段车流量较小，特别是德天瀑布到平孟口岸之间的边境公路上几乎没有车辆通行，路上粉尘很少，空气清新纯净，可以尽情打开车窗享受扑面的清风。

但是需要注意的是一些绕山公路的弯道比较多，在悬崖路段行驶时尽量不要在峭壁下停车，注意山上落石，特别是在雨季，应尽量选择开阔地停车。

桂西片区的收费站很少，仅在大新县城和靖西县城附近各有一个收费站，其他路段都可以自由行驶。

【语言与沟通】

桂西片区绝大部分的人都能用普通话或桂柳话(官话)进行沟通，所以在该片区旅游不用担心途中问路或沟通交流的困难。但是久居山村的村民们有时候对数十公里外的事情并不了解，所以问路的时候不妨多问几个人相互印证以便得到正确答案。

【民风民俗】

桂西片区主要居住着汉族和壮族两个民族，这一带的壮族是一个比较开放的民族，几乎没有任何禁忌，所以不必担心会触犯任何习俗，大新、靖西、那坡、德保这几个县的壮族同胞在婚庆及节日期间都喜欢以歌舞庆祝，或者大摆宴席以好酒好菜宴请宾朋，您可以大大方方地加入其中也欢庆一番。在壮族男女特别是黑衣壮对歌的时候，如果您以一首流行歌曲和他们对上一嗓子准能迎来欢声一片。

如果想欣赏各式壮族服饰，建议在圩日在各乡政府所在地的集市上等候，壮族妇女儿童都喜欢把最好的衣服穿上去赶集，而且对服装很爱护，经常是步行到了集市附近才找个僻静的地方把新衣服换上，圩日散场后又穿回普通的衣服步行回

村，所以非得在圩日的集市里才能看到最精美的壮族服饰。一般每隔3～5天一个圩日，相邻乡镇的圩日是相互错开的，可以赶完这个乡镇的圩日后，第二天到另一个乡镇仍然能赶上他们的圩日。

黑衣壮是广西境内民族习俗和服饰保持得比较完好的一个支系，主要代表是那坡县的吞力屯。

【民族节庆】

开光节 作为少数民族聚居地，广西各民族都有各种各样的节日，桂西片区较有特色的是德保县的开光节和舞象活动。

每年春节初二，德保的壮族同胞们身着传统节日盛装，举着各种吉祥动物模型到城镇上聚集，人们舞动着龙、狮、象等动物模型在大街小巷上尽情欢乐，然后举行开光仪式，从公鸡冠上取血滴在长龙模型的双眼上，标志着龙眼大开，新的一年正式开始。

舞象 自古以来岭南繁殖有大量的大象，秦朝时还特别在左江流域设置了象郡，大象在广西壮族民间被视为吉祥之物，虽然现在大象在广西早已绝迹，但是舞象已经成为壮族的传统游艺形式保留了下来。春节期间，德保的壮族乡亲们会用铁线和竹片编扎装裱成大象模型，大象背上还有一朵纸扎的大莲花，让童男童女坐在象背的莲花上，另由四个成年人扮成小象跟随在后面，众人吹奏着乐曲与大象一起沿街游行，欢庆春节。

【沿途餐饮】

桂西片区的饮食习惯比较接近云南的口味，主食为大米，不管是城镇上的餐馆还是公路边的饭店，都以炒菜为主，菜中以原料的原味为主，炒菜时一般不加糖或醋，会放少许辣椒，但是如果客人交代不吃辣，厨师还是可以炒得出清淡的菜肴。桂西片区的瓜果蔬菜品种不是很多，特别是在县城以下的乡村里，选择余地更少，不过倒是可以经常吃到野生的河鲜，在德天瀑布景区至硕龙镇之间的路边餐馆里有各种野菜可以吃。

如果在乡村里过夜，可以叫店家弄一只土鸡来吃，味道很鲜美。

桂西片区的餐馆做生意比较实在，很少有宰客现象，一般吃完了饭再问价结账也不要紧。

早餐以米粉为主，或者肠粉，在县城里有馒头包子和油条豆浆卖。

【沿途住宿】

无论是在百色市还是在下面的县城，桂西片区的宾馆都大致分为三个档次：政府接待级的宾馆、普通旅游招待所、旅社或家庭旅馆，建议在不同的地方选择不同档次的住宿点。在百色市，可以选择百色饭店一类的地方住宿，因为除了这些较大的饭店外，其他小旅馆的条件悬殊太大，停车点及治安都很难得到保障。在县城可以选择政府接待指定的宾馆，价格稍低的是邮电、银行之类的招待所，环境舒适安静而且很安全，车辆一般与单位的车辆停放在一起，有专人看管。在景区，则建议住在家庭旅馆，虽然景区都有山庄或者豪华宾馆，但是既然是为亲近大自然而来，何不顺便住在这些小旅馆里享受晚上的徐徐山风。

【安全保障】

治安和交警部门的配置：每个乡镇都设有派出所，交通要道沿线的乡镇都设有交警中队，办公地点都设在乡镇所在地，治安报警电话和交通事故报警电话都是全国统一的110和122，但需拨打所在地的区号。但是为了方便群众，各地派出所和交警中队一般还会在路牌上公布直拨的报警电话，拨打这些号码会更快捷。

【通讯条件】

信号没有覆盖全区域，途中没有信号，较大的乡镇都有手机信号，所有乡镇及较大的村庄均开通固定电话。

所有乡镇都有邮政营业网点，开通普通函件和包裹邮寄及邮政储蓄业务。

【油品质量】

桂西片区的加油站网点不多，所以油箱要注意保持足够的油料，除了百色市有97#汽油，其他县乡的加油站都是93#和90#汽油，相同的位置中石油的油价都比中石化的略微便宜，在德天瀑布一平孟口岸一那坡县这一区间基本没有加油站，途中的乡镇和路口有人摆卖散装汽油，主要是卖给摩托车使用的，1.25升的塑料可乐瓶汽油卖到7元，一般是70～90#，杂质比较多，不到万不得已的时候尽量不要使用这些汽油。

【食品饮料】

沿途的小卖部很少，无法在途中补充食物和饮料，建议在县城里的超市购买足够两天左右的饮料和干粮，以备随时取用。

【公共厕所】

本片区的旅游配套设施还没有发达到专门为游客准备公共厕所的地步，在村庄密集的路段可以到加油站上厕所，在人烟稀少的地方只能"野外作业"了。

【安全停车地点】

桂西片区没有任何一个景点为游客设有24小时专用停车场，只能选择在住宿点内停车，建议不要在路边或大街边停车过夜，宁愿走远一点也要选择一家有停车场的旅馆住宿。

【汽车修理】

桂西片区维修力量最强的当属百色市，大新县、那坡县、靖西县和德保县都有中小规模的小汽车修理厂，平常主要维修各的公务车辆，普通的车辆故障都能对付，而且维修师傅比一些大城市修理厂的还要负责任。

公路沿线的补胎点很少，提供远程救助的修理厂也不多，主要是非主要干道的车流量不大，而且路况都比较好，所以对远程救助的需求并不多，经过实地调查结果显示，在该片区内很少看到路边停放有抛锚的车辆。

【与旅行相关的一些配套设施】

● 百色市主要街道都有中行、建行、工行、农行的营业网点和柜员机，下面的县城只有农行营业网点。

● 各县城和景区有出售普通胶卷，照片冲印点的设备较简陋，如果要冲晒胶卷或冲印数码照片建议到南宁市再冲印。

● 各县城都有网吧，酒店内可以为客房开通拨号上网服务，但是没有宽带网。

● 本片区没有飞机场，汽车是唯一的交通工具，最近的机场就是南宁国际机场。

桂西片区自驾旅游参考行程

3 天方案

D 1 南宁市一杨美古镇一大新县一乔苗平湖

路上经过A01、A02、A03、A04一共4个路段，主要为杨美古镇和乔苗平湖两个景点。

总路程 201.2 公里，需时约 5 小时 40 分钟。

在南宁早餐后出发，在杨美古镇驻足停留，人文、自然、历史景观交织在这南宁郊外的小镇上，每个人都可以在这里感受到属于自己的风景和心情。午餐可以在那桐十字路口附近的公路旁品尝马鲶鱼，之前往位于那桐十字路口与大新县之间的乔苗平湖景区，感受湖水的静谧。不过由于乔苗景区内没有食宿点，晚上应往大新县城内晚餐及住宿，同时以这里作为起点开始第二天的旅途。

南宁去往大新县的主干道上周围加油站众多，不必担心会出现油料供给问题，途中两个收费站：扶照收费站，小车收费 8 元；大新收费站，小车收费 8 元。

预计燃油费用：100 元 / 车；过路费：16 元；住宿：80 元 / 车；门票：30 元 / 人。

D2 大新县—通灵大峡谷—德天瀑布—硕龙镇

当天路线经过路段 A05、A06、A07。

总行程共 99.1 公里，需时约 2 小时 30 分钟。

德天瀑布是行程中最著名的景点，同时有龙宫岩、黑水河、三叠瀑布、通灵大峡谷、归春河、沙屯叠瀑、太阳幽谷等一系列的景区，加之一路上的风景不断，是自驾游的绝佳路线。

德天瀑布的相关旅游配套设施也比较齐全，建议在这里用餐，然后去往硕龙镇住宿。下营收费站，小车收费 8 元。

预计燃油费用：50 元 / 车；门票：100 元 / 人；住宿：70 元 / 标间；过路费：8 元 / 车。

D3 硕龙镇—明仕田园—大新县—南宁市—中山夜市

当天行驶线路为 A02、A030、A080、A09，行程共 202.9 公里，用时约 4 小时。

告别了瀑布，又来到田园，这也是 A08、A09、A03、A02 行程中唯一的景点了。不过值得花时间停留的景点自然不会让人失望，这里翠竹绕岸，农舍点缀，独木桥横，稻穗摇曳，农夫荷锄，牧童戏水，风光俊朗清逸，极富南国田园气息。同时在途中还有一些小一点的景区，如迎客木棉、那榜田园、天狮之吻、借花献佛、恩城河等，如果时间和心情允许，不妨也选择性地停留，不让旅途中留下遗憾。返回南宁后，别忘了到中山夜市美食一番，慰劳一下劳顿后的自己，也体验一下南宁特色小吃和市井生活。

在硕龙镇早餐后出发，途中乡镇村庄较多，不过用餐条件不好，建议在雷平镇午餐。沿途有较多加油站，两个收费站：扶照收费站，小车收费 8 元；大新收费站，小车收费 8 元。

预计油费：100 元；过路费：16 元。

6 天方案

D1 南宁市—大新县—明仕田园—硕龙镇

经过路段 A02、A03、A09、A08，行程 188 公里，需时约 3 小时 40 分钟。

逃离喧嚣的城市，田园自然是最适宜消遣的地点了，明仕田园就成了本行程的第一个景点，山、水、扁舟、翠竹、稻田、小桥、村落，让人迷醉在这湖光山色间吧。同时，午餐也可以就景区旁的农家解决，更加仔细地体会一下田园的生活。当然，沿途的风光也不要错过，周围的相关景区同样精彩，为了不耽误行程，只要在夜色降临之前到达硕龙镇晚餐、住宿即可。

途中有不少加油站、维修补胎点。两个收费站：扶照收费

站，小车收费 8 元；大新收费站，小车收费 8 元。

预计油费：90 元 / 车；过路费：16 元 / 车；住宿：70 元 / 标间。

D2 硕龙镇—德天瀑布—通灵大峡谷—硕龙镇

行程往返 A06、A07 线路，行程共 107.8 公里，需时约 2 小时 20 分钟。

该线路是以德天瀑布为重点的，同时兼顾以通灵大峡谷为主的相关景点，在中越边境上穿行，风景秀丽，民风淳朴。

这里的旅游设施也很丰富，加油、用餐、住宿在这里没有问题，只考虑如何享受这里的美景就可以了。

预计油费：55 元 / 车；门票：100 元 / 人；住宿：120 元 / 标间。

D3 硕龙镇—平孟口岸—那坡县—吞力屯

经过了 A07、A10、A11、A12、A13、A14、A15 这 7 个路段，全程 234.9 公里，需时约 6 小时 10 分钟。

在线路中几乎没有安排较长时间停留的景点，全线都行驶在中越边境公路上，边境巡逻公路、龙邦口岸、平孟口岸上都可以感受到强烈的异国风情，也将是在这条路线上最大的收获，同时这里也不乏旖旎山水风光，最美的景色永远停留在路上了，吞力屯浓烈的民族风情自然也不可错过。

沿途上正规加油站较少，为了保证油料品质，最好在较大的加油站加好油，价格事小，损伤车辆影响行程就不好了。午餐可以在龙邦口岸对面的小炒店就餐，晚餐就到那坡县城吧，同时强烈建议在吞力屯的家庭旅舍住宿，也许还有民族歌舞表演。

预计油费：120 元 / 车；住宿：20 元 / 单间。

D4 吞力屯—那坡县—靖西县—鹅泉景区

经过 A15、A16、A17 路段，行程 103.3 公里，需时 2 小时 15 分钟。

在早起享受了乡村的清晨之后再出发，去往途中唯一的景区——鹅泉景区。也许一直在中越边境上行走会失去对于边境神秘的感觉，不过景色永远不会疲倦，沿途的人文景观也在路边悄然滑过。作为德天瀑布、珠江的发源地，这里不会让人失望。

虽然鹅泉有不错的配套设施，但是建议在靖西县城内食宿。

预计油费：50 元 / 车；住宿：80 元 / 标间。

D5 靖西县—德保县—百色市

经过 A18、A19、A20、A23 这 4 个路段。

行程 196.6 公里，需时 3 小时 10 分钟。

远离一路上的迷人风景、异国情调和少数民族风情，百色起义的爆发地百色市就可以为传统的旅游路线增添几分色彩。虽然途中也有老虎洞等景点，不过粤东会馆、百色起义纪念馆、清风楼是不得不去的地方，革命的史迹也是旅游的一个重要组成部分。同时百色市食宿、维修条件很好，可以做一个短暂的休整，各种档次的宾馆、餐厅可以根据自己的喜好选择。

德保收费站，小车收费 8 元；田阳收费站，小车收费 8 元。

预计油费：100 元 / 车；过路费：16 元 / 车；

住宿：100 元 / 标间。

D6 百色市—杨美古镇—南宁市—中山夜市

经过 A23、A21、A22、A02、A01 这 5 个路段，行程 229 公里，需时约 4 小时 40 分钟。

把杨美古镇作为行程中最后一个景点，古镇、老街、碧水、金滩、奇石、怪树可以给本段行程留下一个最美丽的回忆，杨美八景更是美不胜收，同时历史的沧桑和淳朴的民风也洗涤了自己的心情。当然回到南宁之后也不要早早地休息了，去看看那百年不休的夜市吧。

扶照收费站，小车收费 8 元；田东收费站，小车收费 5 元。

预计油费：110 元 / 车；过路费：13 元 / 车。

A 桂西片区
南宁、崇左、百色

南宁市城区示意图

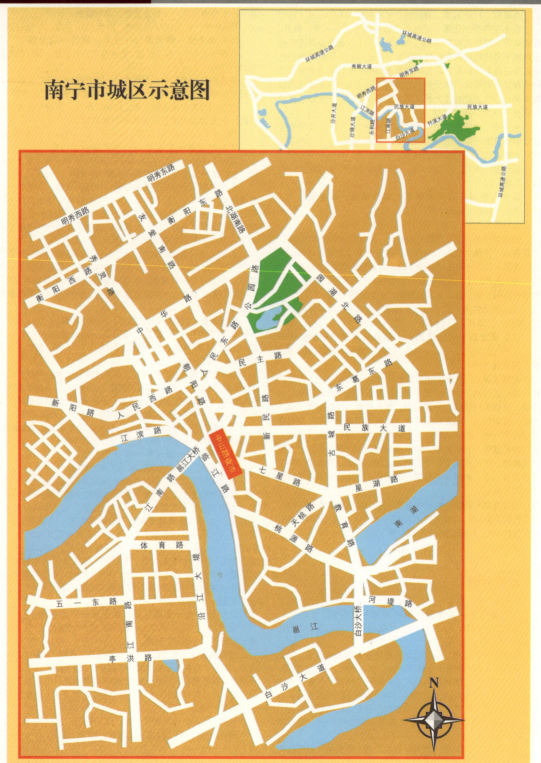

南宁，那百年不休的夜市

南宁在古代属于百越之地，唐贞观年间太宗将这里命名为"邕州"，因而现在南宁市的简称一直沿用"邕"。

南宁被形容为"半城绿树半城楼"，气候很适合于生长各种绿色植被，因而也被称为"绿城"。

每年，广西的许多传统民俗活动主会场都选择在南宁，比如三月三，都会在南宁市郊的青秀山举行山歌歌会，山头上人山人海。

在南宁，有一条近百年的老街叫中山路，每天从早到晚各种小吃排档人头攒拥，一年四季通宵营业，近百年来从未中断，广西各地的小吃甜品都荟萃在一条几百米长的老街里，可以毫不夸张地说，每餐选吃几家，一个月下来不会重样。

中山路仅仅是南宁市夜市的一个缩影，因为南宁地处热带气候区域，只有晚上才凉快，生活在这里的人们已经形成了夜间外出的生活习惯，因此每天晚上9点钟到10点钟许多人才开始出门，凌晨时分街头巷尾还到处传来人们在烧烤摊喝啤酒的嬉闹声，南宁人已经习惯了把黑夜当作白天来生活。

江西渡口,仿佛让人回到了20世纪80年代

悠长的古街道,悠闲的人

明代建筑

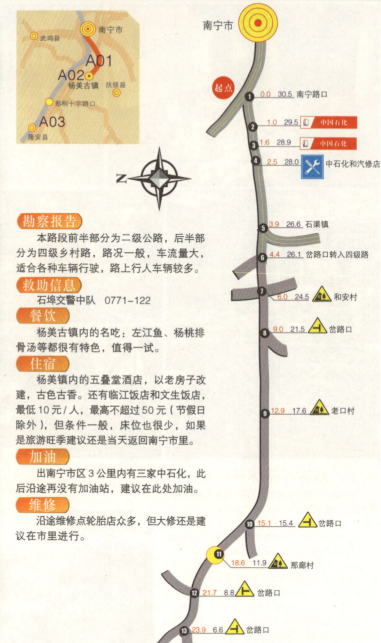

南宁市

起点

1	0.0	30.5	南宁路口
2	1.0	29.5	中国石化
3	1.6	28.9	中国石化
4	2.5	28.0	中石化和汽修店
5	3.9	26.6	石渠镇
6	4.4	26.1	岔路口转入四级路
7	6.0	24.5	和安村
8	9.0	21.5	岔路口
9	12.9	17.6	老口村
10	15.1	15.4	岔路口
11	18.6	11.9	那廊村
12	21.7	8.8	岔路口
13	23.9	6.6	岔路口
14	26.1	4.4	斯宝祠
15	26.9	3.6	岔路口
16	30.5	0.0	杨美古镇

终点

勘察报告

本路段前半部分为二级公路,后半部分为四级乡村路,路况一般,车流量大,适合各种车辆行驶,路上行人车辆较多。

救助信息

石埠交警中队 0771-122

餐饮

杨美古镇内的名吃:左江鱼、杨桃排骨汤等都很有特色,值得一试。

住宿

杨美镇内的五叠堂酒店,以老房子改建,古色古香。还有临江饭店和文生饭店,最低10元/人,最高不超过50元(节假日除外),但条件一般,床位也很少,如果是旅游旺季建议还是当天返回南宁市里。

加油

出南宁市区3公里内有三家中石化,此后沿途再没有加油站,建议在此处加油。

维修

沿途维修点轮胎店众多,但大修还是建议在市里进行。

16 杨美古镇牌坊

这里独有的"牛的"别开生面，饶有兴味，非常值得体验。

杨美古镇清代建筑

杨美古镇始建于宋代，繁荣于明末清初，以古镇、老街、碧水、金滩、奇石、怪树著称，也是辛亥革命党人黄兴、梁烈亚进行革命活动的根据地。现有700余栋明清建筑。至今保留着较为完整的景点有：清代一条街、明代民居、魁星楼、黄氏庄园、古埠码头等。走进这些人文景观，使人顿生历史沧桑之感。

杨美盛产香蕉、酸菜、梅菜、豆豉等，远销东南亚，香蕉畅销全国各地。图为酸菜的制作过程。撒一圈粗盐，再用脚踩压结实，然后密封。

里程数据速查表

	从南宁出发，请从上往下阅读		
❶	0.0	南宁路口	30.5
❷	1.0	中石化	29.5
❸	1.6	中石化	28.9
❹	2.5	中石化和汽修店	28.0
❺	3.9	石渠镇	26.6
❻	4.4	岔路口转入四级路	26.1
❼	6.0	和安村	24.5
❽	9.0	岔路口	21.5
❾	12.9	老口村	17.6
❿	15.1	岔路口	15.4
⓫	18.6	那廊村	11.9
⓬	21.7	岔路口	8.8
⓭	23.9	岔路口	6.6
⓮	26.1	斯宝祠	4.4
⓯	26.9	岔路口	3.6
⓰	30.5	杨美古镇	0.0

（右侧里程间隔：1.0　0.6　0.9　1.4　0.5　1.6　3.0　3.9　2.2　3.5　3.1　2.2　2.2　0.8　3.6）

从杨美古镇出发，请从下往上阅读

古建筑

南宁市石埠收费站

① 石埠收费站，从南宁市中心邕江大桥桥头到这里18公里。

③ 路况抽样，去往那桐的出城路口为双向六车道，两边并设有非机动车道。

④ 右边沿途风光

南宁市

0.0	42.7	① 起点
2.8	39.9	中国石油
9.4	33.3	
12.5	30.2	
10.9	31.8	Ⓐ
12.7	30.0	Ⓨ
14.5	28.2	加油站
15.2	27.5	中国石化
18.1	24.6	Ⓑ 金陵镇风光
18.5	24.2	左边几家汽修点
19.4	23.3	中国石化
20.1	22.6	
22.6	20.1	
23.7	19.0	坛洛镇
24.2	18.5	左边轮胎店
24.3	18.4	坛洛镇路口
34.3	8.4	
39.1	3.6	多家饭店及轮胎店
42.3	0.4	中国石油
42.7	0.0	终点

⑤ 扶照收费站，小车收费8元。

⑫ 右边德天河鱼饭店

⑭ 公路右边有多家以灵马鲶鱼为招牌的饭庄，还有一座中石化加油站，提供0#柴油和90#、93#汽油。

⑰ 南宁市与隆安县交界点。大车限速60公里，小车限速80公里。

那桐镇

至百色市　至大新县

⑥ 三岔路口，右转可前往武鸣县，路面为四级公路，左转可前往大新县及德天瀑布景区，路面为三级柏油公路。N22-54-620E108-05-898/85

⑬ 南坛（南宁至坛洛）高速入口

⑳ 那桐十字路口。南百（南宁至百色）二级公路与天那（天等至那桐）二级公路在此交会，如果从那桐出发往南宁方向，请在此将里程表清零。N23-01-473E107-51-335/86

金陵镇

至武鸣县

40

勘察报告

本路段为南宁市到百色市的二级公路,简称南百二级。是广西与云南往来的主要通道之一。百色市下辖各县的车辆都经过本路段,车流量很大,有许多载重货车在路上行驶,路况复杂。

救助信息

隆安县人民医院	0771-6650049/120
那桐交警中队	0771-6523004/122
金陵交警中队	0771-3350678/122
金陵中心卫生院	0771-3358670

餐饮

沿途路边有大量餐馆,其中以"灵马鲶鱼"饭庄数量最多,灵马鲶鱼是一种将鲶鱼与豆腐红烧的特色菜,原以灵马一带的鲶鱼较有特色,于是许多饭庄都喜欢以"灵马"二字作为招揽顾客的招牌。

住宿

沿途餐馆大多能提供床位,但设施简陋,环境嘈杂,建议在南宁市区住宿或在邻近的下个路段住宿。

加油

沿途的加油站都提供有 0# 柴油和 90#、93# 汽油,每个地方的油价都一样。

里程数据速查表

▼	从南宁出发,请从上往下阅读		
❶ 0.0	收费站	42.7	
			2.8
❷ 2.8	石埠中石油	39.9	
			6.6
❸ 9.4	路况抽样	33.3	
			1.5
❹ 10.9	沿途风光	31.8	
			1.6
❺ 12.5	扶照收费站	30.2	
			0.2
❻ 12.7	三岔路口	30.0	
			1.8
❼ 14.5	新世纪加油站	28.2	
			0.7
❽ 15.2	中石化	27.5	
			2.9
❾ 18.1	金陵镇风光	24.6	
			0.4
❿ 18.5	汽修点	24.2	
			0.9
⓫ 19.4	中石化	23.3	
			0.7
⓬ 20.1	德天河鱼饭店	22.6	
			2.5
⓭ 22.6	南坛高速入口	20.1	
			1.1
⓮ 23.7	饭庄及中石化	19.0	
			0.5
⓯ 24.2	轮胎店	18.5	
			0.1
⓰ 24.3	坛洛镇路口	18.4	
			10.0
⓱ 34.3	南宁与隆安交界点	8.4	
			4.8
⓲ 39.1	饭店及轮胎店	3.6	
			3.2
⓳ 42.3	中石油	0.4	
			0.4
⓴ 42.7	那桐十字路口	0.0	

从那桐出发,请从下往上阅读 ▲

维修

途中修车点持续不断,主要为货车提供简单维修服务,较复杂的维修建议在南宁市内的修理厂进行。

❾ 金陵镇风光

⓰ 坛洛镇路口,路口边长年摆卖各种水果,都比较新鲜。有时因为没有秤,计量单位就不用数字而是用量词来估算,比如香蕉用"串"来计算,很有意思。

② 过一座小桥，桥上路面突然变得很窄，请提前减速。

④ 古潭镇，进入城区时有十字路口，注意横穿的车辆及行人。

① 那桐十字路口，如果从南宁去往大新方向请在此将里程表清零。N23-01-473E107-51-334/88

右边沿途风光

至乔建镇

至富庶

古潭镇

⑩ 右边小河风光。N22-59-553E107-40-266/103

路边大青枣水果摊

右边沿途风光

沿途风光

⑨ 右边有村庄路口，注意人车出入。

桥头补胎点

⑤ 古潭收费站，小车收费8元。

⑬ 屏山乡，公路穿越城区1.2公里，街上有大量行人及三轮车，请减速行驶。

⑫ 左边龙虎山自然保护区，门票20元/人。龙虎山是个成熟的旅游景点，主要以观猴为特色，景区内餐馆食宿设施齐全。有时会有山上的猴子窜到公路边，请减速慢行。

中国石化

那布威力谷

刘家村

那布威力

⑲ 那布威力谷路口，那布威力谷为新开发的景点，距路口3.7公里，路面很窄，雨天很泥泞。

⑮ 下坡左急弯、悬崖、易滑路段，事故多发点，请小心驾驶。

⑰ 隆安县与大新县交界点

⑳ 左边福隆乡路口，右转可前往，福隆乡距离岔路口4公里，路面为乡村土路。

⑱ 平良村风光

㉒ 三况村，村庄坐落在公路左侧下方，被丛丛翠竹包围着，一条小河越村而过，远处有农田山峰。

龙门乡

㉑ 昌明乡

乔苗平湖

乔苗平湖路口

㉖ 大新三岔路口，左边去往驮卢，右边进入大新县城区。如果从大新县去往南宁方向请在此将里程表清零。

那桐十字路口

扶绥县

隆安县

A03

乔苗平湖

天等县

A04 大新县

大新县

至龙州县

终点

㉕ 大新收费站，小车收费8元。

里程		
0.0	80.5	①
5.5	75.0	②
7.4	73.1	③ Ⓐ
10.1	70.4	
10.8	69.7	⑤
11.0	69.5	⑥
13.9	66.6	⑦ Ⓑ
18.8	61.7	⑧ Ⓒ
21.2	59.3	⑨
21.6	58.9	⑩
23.1	57.4	⑪
27.0	53.5	⑫
32.1	48.4	⑬
32.8	47.7	⑭
37.1	43.4	⑮
38.3	42.2	⑯
43.3	37.2	⑰
44.4	36.1	⑱
46.5	34.0	⑲
47.7	32.8	⑳
60.0	20.5	㉑
64.3	16.2	㉒
67.5	13.0	㉓
75.8	4.7	㉔
79.0	1.5	㉕
80.5	0.0	㉖

里程数据速查表

		从那桐出发，请从上往下阅读		
①	0.0	那桐十字路口	80.5	
②	5.5	桥上路面变窄	75.0	5.5
③	7.4	沿途风光	73.1	1.9
④	10.1	古潭镇十字路口	70.4	2.7
⑤	10.8	古潭收费站	69.7	0.7
⑥	11.0	路边水果摊	69.5	0.2
⑦	13.9	沿途风光	66.6	2.9
⑧	18.8	沿途风光	61.7	4.9
⑨	21.2	村庄路口	59.3	2.4
⑩	21.6	小河风光	58.9	0.4
⑪	23.1	桥头补胎点	57.4	1.5
⑫	27.0	龙虎山	53.5	3.9
⑬	32.1	屏山乡	48.4	5.1
⑭	32.8	中石化	47.7	0.7
⑮	37.1	事故多发点	43.4	4.3
⑯	38.3	刘家村	42.2	1.2
⑰	43.3	隆安与大新交界点	37.2	5.0
⑱	44.4	平良村风光	36.1	1.1
⑲	46.5	那布威力谷路口	34.0	2.1
⑳	47.7	福隆乡岔口	32.8	1.2
㉑	60.0	昌明乡	20.5	12.3
㉒	64.3	三况村	16.2	4.3
㉓	67.5	龙门乡	13.0	3.2
㉔	75.8	乔苗平湖路口	4.7	8.3
㉕	79.0	大新收费站	1.5	3.2
㉖	80.5	大新三岔路口	0.0	1.5

从大新出发，请从下往上阅读

勘察报告

路段为天等到那桐的二级公路，简称天那二级，为广西与云南往来的主要通道之一，车流量较大，有许多载重货车在路上行驶。全路段除了经过城区限速 40 公里外，其余路段均限速 80 公里，路面平整，沿途各种田园风光及喀斯特地貌景观持续不断，令人心旷神怡。

救助信息

隆安县交警支队	0771–6523004/122
隆安县人民医院	0771–6525120/120
屏山乡派出所	0771–6650049
古潭镇派出所	0771–6620119

餐饮

那桐往南宁方向的路边有大量餐馆，其中以灵马鲶鱼饭庄数量最多，灵马鲶鱼是一种将鲶鱼与豆腐红烧的特色菜，味道很不错。途中经过的几段乡镇公路两旁都有餐馆。

住宿

大新县城的县政府门前一条街集中了大部分各档次的宾馆，住宿方便。

加油

沿途的加油站都提供有 0# 柴油和 90#、93# 汽油，油价相同。

维修

途中经过的主要乡镇都有修车点。各汽车食宿店附近也有简易修车点为货车提供一些简单维修服务。较好的修理厂都在大新县城内，建议出发前在城区内做好必需的检查。

❸ 沿途风光

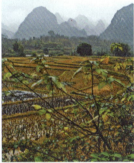

❻ 路边有大片果园，村民们长年在公路边摆卖现摘的大青枣，新鲜脆甜，1.5~2.0 元 / 斤。

❽ 冬季的农田，水稻田的稻茬变得枯黄，和远处的青山形成鲜明的对比。

7 沿途风光

勘察报告

乔苗平湖也叫乔苗水库。从大新县城沿二级公路出发往南宁方向到乔苗平湖路口后开始转入土路，路面很窄，一路都是凹坑，小车通过时注意观察路面以免挂擦底盘，路上拖拉机、摩托车和自行车很多。

餐饮

乔苗平湖没有就餐地点，建议在大新县城就餐，或者自带干粮。

住宿

乔苗平湖没有任何住宿地点，只能在大新县城住宿。

里程数据速查表

	从大新县出发，请从上往下阅读		
❶ 0.0	大新县城区	8.5	0.4
❷ 0.4	大新收费站	8.1	3.2
❸ 3.6	乔苗平湖路口	4.9	0.1
❹ 3.7	路况抽样	4.8	0.9
❺ 4.6	农门村	3.9	0.9
❻ 5.5	路况抽样	3.0	1.7
❼ 7.2	新意村	1.3	1.3
❽ 8.5	乔苗水库管理所	0.0	

从乔苗水库出发，请从下往上阅读

❼ 新意村前的田园风光，宽阔的田野上兀立着一座座石山，村落点缀在山间田野的树林里。

❺ 农门村，绿树掩映，宁静安详。

❹ 路况抽样，路边都是荆棘或甘蔗林，路面很窄，大部分地方仅能容纳一个车身。

❸ 乔苗平湖路口，路边没有任何路牌标志，很容易错过，须细心留意。

乔苗平湖

至南宁市

❷ 大新收费站，小车收费8元。

至驮卢

终点

起点

❽ 乔苗水库管理所，可以将车停放在管理所门前。N22-53-182E107-14-201/327

❻ 路况抽样，路上各种农用拖拉机和三轮摩托车很多，路面上的凹坑深10~20厘米，建议底盘较低的小车不要行驶。

❶ 大新县城区德天大道三岔路口，左转可去往驮卢、榄圩，右转可去往大新、靖西，如果从大新县去往乔苗平湖，请在三岔路口将里程表清零。N22-50-072E107-13-542/300

大新县

乔苗平湖是一处水库，离大新县城 8.5 公里，大新县城的人们都喜欢把那里当作一处周末休闲地，或垂钓或烧烤。在非旅游旺季的时候，唯一的快艇被锁在湖中的铁笼里。

① 三岔路口，左边去往驮卢，右边进入大新县城区德天大道，如果从大新县去往德天瀑布或云南方向，请在此将里程表清零。N22-50-072E107-13-542/300

⑤ 路边种满了剑麻，长势喜人。

② 五岔路口，城区道路终点，经过朝阳桥后道路变为三级公路。

⑥ 宝贤村

⑨ 那杏村

⑧ 公路在群山中穿行，道路两旁种满了甘蔗，叶片浓密，不时伸到路上来。

⑩ 那岭乡路口。N22-50-274E107-02-555/313穿过那岭乡大街距路口1.4公里可到达龙宫岩，龙宫岩的景点入口在路边，进洞后从半山出来，本景点已经有较长时间未对外开放。N22-50-540E107-03-327/319

⑪ 巴兰村

⑫ 悬崖路段

⑮ 德天瀑布三岔路口。如果从德天瀑布去往大新县方向，请在此将里程表清零。N22-49-932E106-51-240/248

⑭ 黑水河景区乘船上落点，公路边可供停放车辆的位置很紧张，仅能停放几辆车。N22-48-710E106-53-704/252

至南宁市
起点
至驮卢
0.0 45.2
大新县
2.7 42.5
4.3 40.9 中国石化
4.5 40.7 右边岔道
5.9 39.3
9.3 35.9
11.5 33.7 华绣农场
16.5 28.7
18.3 26.9
那岭乡
21.0 24.2
龙宫岩
32.2 13.0
35.8 9.4
36.2 9.0 下坡急弯
39.9 5.3
终点
45.2 0.0
至德天瀑布
至靖喜县

勘察报告

　　本路段全程三级公路，是广西与云南往来的主要通道之一，路况良好，坡度变化不大，植被丰富，有部分为悬崖路段，路面很窄，车流量较大，因有许多载重货车在路上行驶，导致有些路面受损，但情况不严重。沿途田园风光及喀斯特地貌景观不断，绿色满眼。

救助信息

大新县交警支队	0771-3622475/122
那岭乡派出所	0771-3700028
硕龙镇派出所	0771-3770366

餐饮

　　途中没有就餐地点，建议在大新县城就餐，或者进入德天瀑布景区就餐。

住宿

　　途中没有宾馆，可以进入德天瀑布景区住宿，但是房价很高，都是二三百元以上，节假日更高。

加油

　　建议在大新县城加油。

维修

　　途中没有修车点，可在大新县城修理。

穿过那岭乡大街路口1.4公里可到达龙宫岩，龙宫岩的景点入口在路边，进洞后从半山出来，本景点已经有较长时间未对外开放。

里程数据速查表

	从大新出发, 请从上往下阅读			
❶	0.0	大新三岔路口	45.2	
				2.7
❷	2.7	五岔路口	42.5	
				1.6
❸	4.3	中石化	40.9	
				0.2
❹	4.5	右岔道	40.7	
				1.4
❺	5.9	路边剑麻	39.3	
				3.4
❻	9.3	宝贤村	35.9	
				2.2
❼	11.5	华绣农场	33.7	
				5.0
❽	16.5	沿途风光	28.7	
				1.8
❾	18.3	那杏村	26.9	
				2.7
❿	21.0	那岭乡路口	24.2	
				11.2
⓫	32.2	巴兰村	13.0	
				3.6
⓬	35.8	悬崖路段	9.4	
				0.4
⓭	36.2	下坡急弯	9.0	
				3.7
⓮	39.9	黑水河景区	5.3	
				5.3
⓯	45.2	德天瀑布三岔路口	0.0	

从德天瀑布出发, 请从下往上阅读

❶ 德天瀑布三岔路口。如果从德天瀑布去往通灵大峡谷景区方向，请在此将里程表清零。N22-49-932E106-51-240/248

❸ 左边岔道，有乡村柏油路可到达德天瀑布。

❻ 下雷收费站，小车收费8元。

❼ 左边汽修加油站，很破旧，提供0#柴油和90#汽油。由此进入下雷镇城区，公路穿越城区1.3公里，街上行人和三轮摩托车不绝，拥挤不堪，需慢行避让。

❾ 右边沿途风光。

至大新县

起点

至德天瀑布 村庄

至德天瀑布

银河大排档

至德天瀑布

下雷镇

汽修加油站 | 加油站

中国石化

右边岔道

❶❶ 大新县与靖西县的交界点，也是崇左市与百色市的交界点。

中国石化

❶❸ 湖润镇，公路穿越城区1.5公里。

通灵大峡谷

终点

古龙山峡谷群

至靖西县

点	里程		
1	0.0	33.3
2	2.1	31.2
3	4.2	29.1
4	8.9	24.4
5	11.3	22.0
	12.3	21.0
6	14.1	19.2
7		
8	16.0	17.3
9	17.3	16.0
10	18.8	14.5
11	20.9	12.4
12	22.4	10.9
13	22.7	10.6
14	29.0	4.3
16	33.3	0.0
15	31.6	1.7

❶❻ 通灵大峡谷景区大门，已经废弃。如果从通灵大峡谷景区去往大新县方向，请在此将里程表清零。

❶❹ N22-59-766E106-40-326/390公路右边下方为古龙山峡谷群漂流景区入口，这里只漂整个峡谷群的下半段，每人收费69元。

❶❺ 右边通灵大峡谷路口。N23-00-603E106-39-331/540

勘察报告

本路段全程三级公路,为广西与云南往来的主要通道之一,有许多载重货车在路上行驶,路面因受辗压而形成凹坑,有些地方是悬崖路段,路面很窄,坡陡弯多,车流量很大,夜间行驶需特别谨慎。

救助信息

大新县交警支队	0771–3622475/122
湖润镇派出所	0776–6188106
硕龙镇派出所	0771–3773066

餐饮

沿途各景点没有就餐地点,建议在银河大排档就餐,或者进入德天瀑布景区就餐。

住宿

途中没有宾馆,可以进入德天瀑布景区住宿,但是房价很高,都是二三百元以上,节假日更高。

加油

沿途有两处中石化加油站,可提供 0# 柴油、90# 和 93# 汽油。

维修

途中没有修车点,只能在大新县城内修理。

里程数据速查表

❹ 右边有一家银河大排档,电话0771–3784186。身兼厨师的老板每天早上都要到镇上采购新鲜的牛肉,然后炖上一锅牛杂和一锅牛排,过往的长途司机都喜欢到这里饱餐一顿。建议在此就餐。

每天都炖好的牛杂和牛排,每盘 15 元。

穿着一身厨师服装的店老板及他炒的菜。

从德天瀑布出发,请从上往下阅读

❶	0.0	德天瀑布三岔路口	33.3	
				2.1
❷	2.1	村庄	31.2	
				2.1
❸	4.2	德天瀑布路口	29.1	
				4.7
❹	8.9	银河大排档	24.4	
				2.4
❺	11.3	岔道口	22.0	
				1.0
❻	12.3	下雷收费站	21.0	
				1.8
❼	14.1	汽修加油站	19.2	
				1.9
❽	16.0	中石化	17.3	
				1.3
❾	17.3	沿途风光	16.0	
				1.5
❿	18.8	右岔道	14.5	
				2.1
⓫	20.9	大新与靖西交界点	12.4	
				1.5
⓬	22.4	中石化	10.9	
				0.3
⓭	22.7	湖润镇	10.6	
				6.3
⓮	29.0	三叠瀑布	4.3	
				2.6
⓯	31.6	通灵大峡谷路口	1.7	
				1.7
⓰	33.3	通灵大峡谷景区	0.0	

从通灵大峡谷景区出发,请从下往上阅读

通灵大峡谷停车场,将车停在停车场后游客步行进入峡谷底部游览,需时 1 小时 30 分钟,游览结束后由景区专车将游客送回停车场,门票每人 60 元。通灵大峡谷景区电话 0776–6180076。

古龙山峡谷群风景区的游客接待中心也在路边。

49

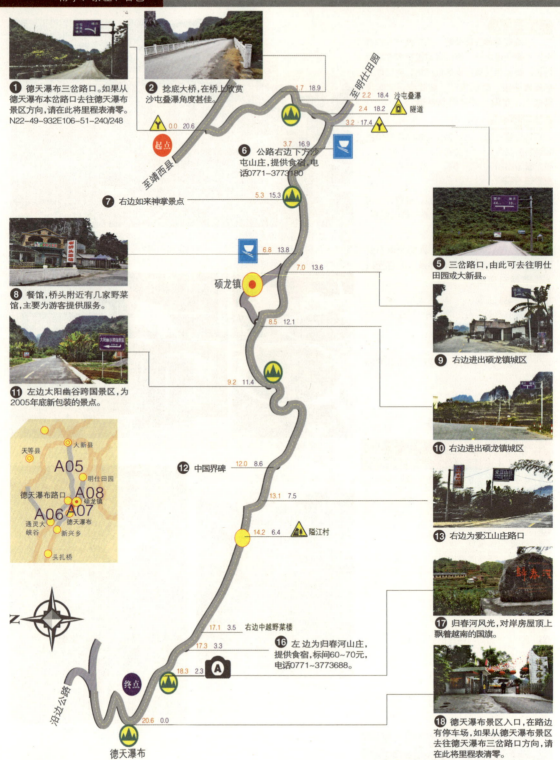

① 德天瀑布三岔路口。如果从德天瀑布本岔路口去往德天瀑布景区方向,请在此将里程表清零。
N22-49-932E106-51-240/248

② 捻底大桥,在桥上欣赏沙屯叠瀑角度甚佳。

至明仕田园

起点 0.0 20.6

至靖西县

1.7 18.9

2.2 18.4 沙屯叠瀑

2.4 18.2 隧道

3.2 17.4

⑥ 公路右边下方沙屯山庄,提供食宿,电话0771-3773180
3.7 16.9

⑦ 右边如来神掌景点 5.3 15.3

⑤ 三岔路口,由此可去往明仕田园或大新县。

6.8 13.8

硕龙镇 7.0 13.6

⑧ 餐馆,桥头附近有几家野菜馆,主要为游客提供服务。

8.5 12.1

⑨ 右边进出硕龙镇城区

9.2 11.4

⑪ 左边太阳幽谷跨国景区,为2005年底新包装的景点。

⑩ 右边进出硕龙镇城区

天等县 大新县

A05

明仕田园

德天瀑布路口 A08
硕龙镇
A06 A07
德天瀑布
通灵大峡谷 新兴乡

头扎桥

⑫ 中国界碑 12.0 8.6

13.1 7.5

⑬ 右边为爱江山庄路口

14.2 6.4 隘江村

⑰ 归春河风光,对岸房屋顶上飘着越南的国旗。

17.1 3.5 右边中越野菜楼

17.3 3.3

⑯ 左边为归春河山庄,提供食宿,标间60~70元,电话0771~3773688。

18.3 2.3 **A**

终点

20.6 0.0

德天瀑布

⑱ 德天瀑布景区入口,在路边有停车场,如果从德天瀑布景区去往德天瀑布三岔路口方向,请在此将里程表清零。

沿边公路

N

勘察报告

本路段为景区专用的三级公路，路况良好。沿途分布各类大小景点，但最重要的景点是终点处的德天瀑布，途中的归春河风光也可圈可点。对岸的越南也设有观景台，两国游客各自站在自己的国土上隔河相望，别有一番趣味。

救助信息

大新县交警支队	0771-3622475/122
硕龙镇派出所	0771-3773066

⑱ 德天瀑布景区前的路边小摊，村民摆卖各种自家酿造的酒，土坛瓦罐的，泛着浓浓的乡土气息。

里程数据速查表

	从德天瀑布三岔路口出发，请从上往下阅读		
①	0.0	德天瀑布三岔路口	20.6
②	1.7	捻底大桥	18.9
③	2.2	沙屯叠瀑	18.4
④	2.4	隧道	18.2
⑤	3.2	三岔路口	17.4
⑥	3.7	沙屯山庄	16.9
⑦	5.3	如来神掌景点	15.3
⑧	6.8	餐馆	13.8
⑨	7.0	硕龙镇城区路口	13.6
⑩	8.5	硕龙镇城区另一路口	12.1
⑪	9.2	太阳幽谷跨国景区	11.4
⑫	12.0	中国界碑	8.6
⑬	13.1	爱江山庄路口	7.5
⑭	14.2	隘江村	6.4
⑮	17.1	中越野菜楼	3.5
⑯	17.3	归春河山庄	3.3
⑰	18.3	归春河风光	2.3
⑱	20.6	德天瀑布景区入口	0.0

里程间隔：1.7　0.5　0.2　0.8　0.5　1.6　1.5　0.2　1.5　0.7　2.8　1.1　1.1　2.9　0.2　1.0　2.3

从德天瀑布景区入口出发，请从下往上阅读

餐饮

德天瀑布景区入口停车场边有一家餐馆，硕龙镇附近有多家餐馆。建议进硕龙镇内就餐，可以吃到当地人的米粉、烧烤或野生河鱼，而且价格远低于路边专门针对游客开设的餐馆。

住宿

德天宾馆，标准间 360 元/间，电话 0771-2612482。德天瀑布景区内的房价较高，都是二三百元以上，节假日还要翻几倍，且不打折，游客很少在景区内住宿。建议在硕龙镇内住宿，标间价格仅为 50~70 元/间，详见硕龙镇城区图。

加油

景区道路，全程及附近均没有加油站，最好在大新县城加油。

维修

全程没有修车点，大新县城内有修理点。

⑦ 右边如来神掌景点

⑫ 中国界碑，就立在紧贴路边的河岸边，河对岸为越南。

沙屯叠瀑

　　沙屯叠瀑又称捻底瀑布，距大新县城55公里，为德天景区内又一著名瀑布，是国家二级景点。瀑布似银练般分成七级，恰似水幕织成的梯级，明丽可爱，较之德天瀑布之雄奇，沙屯瀑布显得温婉而抒情，两岸崇山峻岭，树木繁茂，古藤缠绕，时有竹筏渔人于瀑布间出没，更增加其自然古朴的神韵。

德天瀑布

位于广西南宁地区边陲大新县，在中越边境交界处的归春河上游，瀑布气势磅礴，蔚为壮观，与紧邻的越南板约瀑布相连，是世界第二大跨国瀑布。

瀑布迂回曲折，参天古木间花草掩映，站在瀑布之下，水气蒸腾，上接云汉，其滚滚洪流，折而复聚，飞泻而下，连冲三关。涛声回荡于山间，声若巨雷。

除瀑布以外，德天景区一带还有明仕田园风光，沙屯的多级叠瀑，奇峰夹峙的黑水河，绮丽多姿的那岸奇景，雷平石林，恩城山水、中越边境53号界碑等景点，更有那云雾缥缈的"群英会"德天五百里画廊，遍布红棉翠竹和民居水车的田园美景。

德天瀑布全貌

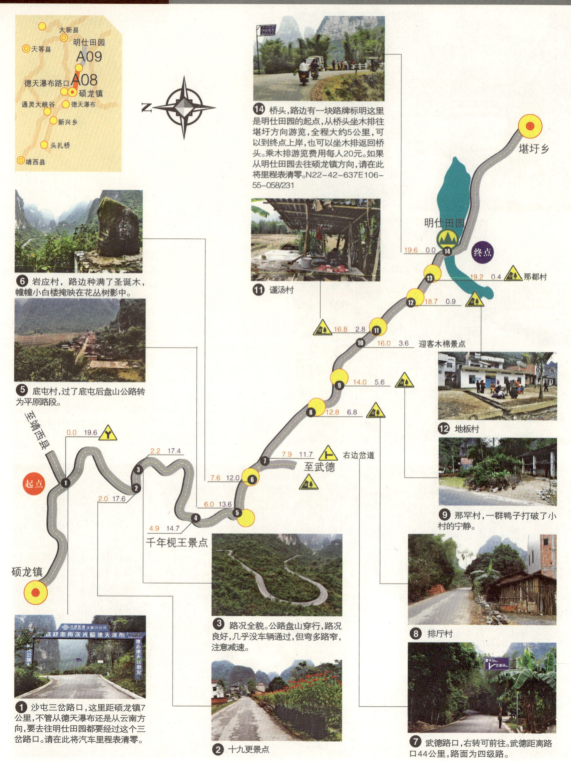

⑭ 桥头，路边有一块路牌标明这里是明仕田园的起点，从桥头坐木排往堪圩方向游览，全程大约5公里，可以到终点上岸，也可以坐木排返回桥头。乘木排游览费用每人20元。如果从明仕田园去往硕龙镇方向，请在此将里程表清零。N22-42-637E106-55-058/231

⑪ 谨汤村

⑥ 岩应村，路边种满了圣诞木，幢幢小白楼掩映在花丛树影中。

⑤ 底屯村，过了底屯后盘山公路转为平原路段。

迎客木棉景点

⑫ 地板村

⑨ 那罕村，一群鸭子打破了小村的宁静。

至武德

右边岔道

至武德

千年枧王景点

③ 路况全貌。公路盘山穿行，路况良好，几乎没车辆通过，但弯多路窄，注意减速。

⑧ 排厅村

① 沙屯三岔路口，这里距硕龙镇7公里，不管从德天瀑布还是从云南方向，要去往明仕田园都要经过这个三岔路口。请在此将汽车里程表清零。

② 十九更景点

⑦ 武德路口，右转可前往。武德距离路口44公里，路面为四级路。

勘察报告

本路段为景区专用的三级公路，路况良好，一直在喀斯特地貌的群山中穿行，有一小段盘山路，坡度起伏不大，村庄众多。沿途分布各类大小景点，但除了明仕田园以外其他都是刻意包装的小景点，在路边立上一块石碑就标明这也算一个景点了，没有多大内涵，倒是沿途的村庄掩映在树丛竹林中，充满田园气息。

救助信息

大新县交警支队　　0771-3622475/122
硕龙镇派出所　　　0771-3773066
堪圩乡派出所　　　0771-3750063

餐饮

硕龙镇附近有多家餐馆，最好到硕龙镇内就餐，品尝当地风味的米粉、烧烤或野生河鱼，价格远低于路边专门针对游客开设的餐馆。堪圩乡街头只有一家餐馆，因生意清淡，整日冷锅冷灶的基本上不具备就餐条件。

住宿

建议在硕龙镇内住宿，标间价格仅为 50~70 元，详见硕龙镇城区图。堪圩街上路边仅有一家风味楼农家乐可以住宿，三人间 45 元，电话 0771-3750403。

维修

全程没有修车点，只能在大新县城内修理。

加油

全程及附近没有加油站，大新县城有加油站。

里程数据速查表

明仕田园风光

	从沙屯三岔路口出发，请从上往下阅读			
①	0.0	沙屯三岔路口	19.6	
②	2.0	十九更景点	17.6	2.0
③	2.2	路况全貌	17.4	0.2
④	4.9	千年枧王景点	14.7	2.7
⑤	6.0	底屯村	13.6	1.1
⑥	7.6	岩应村	12.0	1.6
⑦	7.9	右边岔道	11.7	0.3
⑧	12.8	排厅村	6.8	4.9
⑨	14.0	那罕村	5.6	1.2
⑩	16.0	迎客木棉景点	3.6	2.0
⑪	16.8	谨汤村	2.8	0.8
⑫	18.7	地板村	0.9	1.9
⑬	19.2	那都村	0.4	0.5
⑭	19.6	明仕田园	0.0	0.4

从明仕田园出发，请从下往上阅读

⑩ 迎客木棉。一棵木棉树长在距路边 5 米的水田里，遒劲的枝干诉说着年轮的痕迹。

25 朝阳桥，德天大道东段与西段的交接点，旁边是大新汽车站。如果从大新去往明仕田园方向，请在此将里程表清零。

17 恩城乡路口，去往恩城乡的道路为沙土路。如果不想经过恩城乡到大新县，可以直接走崇左到大新之间新修建的三级公路，只需18.3公里即可到达大新县的朝阳桥，路口对面为陆榜村委会两层的办公楼。N22-42-565E107-09-283/182

13 左边中石化，进入雷平镇城区，公路穿越城区1.2公里。

14 响水路口，右转可前往，路面为四级公路。N22-38-992E107-05-918/144

24 三岔路口，恩城乡的道路在此与大新往靖西的公路汇合。N22-49-786E107-10-860/264

15 三岔路口，由此右转可前往崇左，左转可前往大新。

21 菜市场，是恩城乡的中心，没有住宿点，整条大街只有菜市场边有两家粉摊，偶尔也炒菜，但经常只备有一些煮熟的叉烧和湿漉漉的腊肠

8 芦山村，右边岔道去往凭祥和龙州，岔道为四级公路。

6 宝圩路口，右转可前往，路面为乡村土路。N22-41-203E106-57-470/229

1 明仕田园桥头，从桥头坐木排往堪圩方向游览，全程大约5公里，可以到终点上岸，也可以坐木排返回桥头。乘木排游览费用每人20元。如果从明仕田园去往大新方向，请在此将里程表清零。N22-42-637E106-55-058/231

5 堪圩乡，公路两边是密集的店铺商贩，路上行人车辆较多，要减速慢行。

至南宁 至靖西 至天等 至崇左 至响水 至凭祥、龙州 至宝圩 至德天瀑布

里程	数值
25	60.1 / 0.0
	57.7 / 2.4
23	53.6 / 6.5
22	47.3 / 12.8
24	33.7 / 26.4
18	
19	39.1 / 21.0
20	39.9 / 20.2
21	40.0 / 20.1
17	31.6 / 28.5
16	25.0 / 35.1
15	24.5 / 35.6
14	22.2 / 37.9
13	21.5 / 38.6
12	17.7 / 42.4
11	13.7 / 46.4
10	12.4 / 47.7
9	11.1 / 49.0
8	10.2 / 49.9
7	5.6 / 54.5
6	5.5 / 54.6
5	5.1 / 55.0
4	4.8 / 55.3
3	4.6 / 55.5
2	3.0 / 57.1
1	0.0 / 60.1

终点 大新县

陆榜村 爱国村 沙土路转柏油路 恩城河 恩城乡 中国石化 三岔路口 右边岔道 后益村 学校路口 借花献佛景点 中国石化 堪圩卫生院 右边岔道 堪圩风味楼农家乐 十字路口 天狮之吻景点 明仕田园 起点

靖西县 头扎桥 新兴乡 德天瀑布 硕龙镇 通灵大峡谷 德天瀑布路口 天等县 至天安市 大新县 A08 A09 明仕田园

勘察报告

本路段为景区专用的三级公路，沿途分布各类大小景点，但最重要的景点是终点德天瀑布，途中的归春河风光也值得一看，对岸的越南也设有观景台，两国游客各自站在自己的国土上隔河相望，别有一番趣味。

救助信息

大新县交警支队　0771-3622475/122
恩城乡派出所　　0771-3710010
雷平镇派出所　　0771-3723882
堪圩乡派出所　　0771-3750063

餐饮

途中雷平镇为规模最大的乡镇，有小餐馆可就餐，堪圩乡和恩城乡就餐条件较差。

住宿

沿途多为乡村田园，没有住宿点，建议到大新县城住宿。

加油

沿途各加油站均可加油。

维修

全程没有修车点，只能在大新县城修理。

8 芦山村，路边有快餐小炒店。

里程数据速查表

		从明仕田园出发，请从上往下阅读		
❶	0.0	明仕田园桥头	60.1	
❷	3.0	天狮之吻景点	57.1	3.0
❸	4.6	十字路口	55.5	1.6
❹	4.8	农家乐	55.3	0.2
❺	5.1	堪圩乡	55.0	0.3
❻	5.5	右边岔道	54.6	0.4
❼	5.6	堪圩卫生院	54.5	0.1
❽	10.2	芦山村	49.9	4.6
❾	11.1	中石化	49.0	0.9
❿	12.4	借花献佛景点	47.7	1.3
⓫	13.7	学校路口	46.4	1.3
⓬	17.7	后益村	42.4	4.0
⓭	21.5	雷平镇	38.6	3.8
⓮	22.2	岔道	37.9	0.7
⓯	24.5	三岔路口	35.6	2.3
⓰	25.0	中石化	35.1	0.5
⓱	31.6	恩城乡路口	28.5	6.6
⓲	33.7	陆榜村	26.4	2.1
⓳	39.1	沙土路转柏油路	21.0	5.4
⓴	39.9	恩城河大桥	20.2	0.8
㉑	40.0	恩城乡中心	20.1	0.1
㉒	47.3	岔道	12.8	7.3
㉓	53.6	爱国村	6.5	6.3
㉔	57.7	三岔路口	2.4	4.1
㉕	60.1	大新县朝阳桥	0.0	2.4
	从大新出发，请从下往上阅读			

2 天狮之吻，从公路边抬头可以看到远处有一个山洞，看山顶的轮廓仿佛两只狮子在接吻。

6 路口右边有一家补胎氧焊店铺

4 堪圩风味楼农家乐，这是明仕田园景区周边唯一的住宿点，每床 15 元，三人房 45 元，电话 0771-3750403。

20 恩城河大桥

10 右边借花献佛景点

11 学校路口，学校的大门隐藏在甘蔗林里，请注意学生出入。

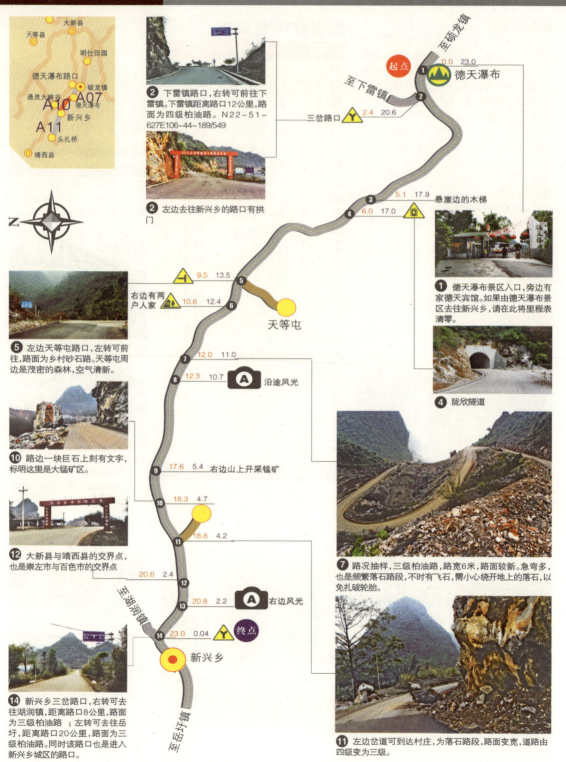

② 下雷镇路口，右转可前往下雷镇。下雷镇距离路口12公里，路面为四级柏油路。N22-51-627E106-44-189/549

② 左边去往新兴乡的路口有拱门

① 德天瀑布景区入口，旁边有家德天宾馆。如果由德天瀑布景区去往新兴乡，请在此将里程表清零。

④ 陇欣隧道

⑤ 左边天等屯路口，左转可前往，路面为乡村砂石路。天等屯周边是茂密的森林，空气清新。

⑩ 路边一块巨石上刻有文字，标明这里是大锰矿区。

⑫ 大新县与靖西县的交界点，也是崇左市与百色市的交界点。

⑦ 路况抽样，三级柏油路，路宽6米，路面较新。急弯多，也是频繁落石路段，不时有飞石，需小心绕开地上的落石，以免扎破轮胎。

⑭ 新兴乡三岔路口，右转可去往湖润镇，距离路口8公里，路面为三级柏油路；左转可去往岳圩，距离路口20公里，路面为三级柏油路。同时该路口也是进入新兴乡城区的路口。

⑪ 左边岔道可到达村庄，为落石路段，路面变宽，道路由四级变为三级。

起点　0.0　23.0　德天瀑布
三岔路口　2.4　20.6
5.1　17.9　悬崖边的木梯
6.0　17.0
9.5　13.5
右边有两户人家　10.6　12.4
天等屯
12.0　11.0
12.3　10.7　沿途风光
17.6　5.4　右边山上开采锰矿
18.3　4.7
18.8　4.2
20.6　2.4
20.8　2.2　右边风光
23.0　0.04　终点
新兴乡

至硕龙镇
至下雷镇
至湖润镇
至岳圩镇

里程数据速查表

勘察报告

本路段为沿边公路全线最险峻的路段，大部分地方为悬崖路段，落石很频繁，但高山上的风光气势磅礴，几乎没有车辆在路上行驶。

救助信息

大新县交警支队　0771-3622475/122
硕龙镇派出所　　0771-3773066
新兴边防派出所　0776-6181159

餐饮

新兴乡有小餐馆。

住宿

途中没有宾馆，建议在相邻的路段或硕龙镇住宿。

加油

没有加油站，最近的加油站在大新县城和靖西县城，因此要尽量把油箱加满。

维修

途中没有修车点，最近的修理厂在大新县城和靖西县城，途中的故障只能自己解决。

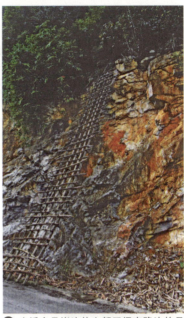

③ 生活在悬崖边的人都习惯在路边的悬崖上架木梯，可以上下搬运木材等重物。

⑬ 右边风光

❶ 大新县三岔路口，右转可往湖润镇，距离路口8公里，路面为四级公路；左转可前往岳圩，距离路口20公里，路面为三级公路。路口同时也是进入新兴乡城区的路口。如果从新兴乡去往头扎桥方向，请在此将里程表清零。

❷ 新兴乡，街道陈旧，有农用车占用车道，注意减速慢行。

❸ 路况抽样，双向柏油路，路宽7米，路况良好，路面平整，过往车辆较少。

❼ 右边山上有人仍居住在山洞里。

右边风光 **A**

沿边公路509里程碑

左边岔道

❹ 四明村

❽ 利兴村

❿ 岳圩镇，规模很小，除了几家小卖部，吃住等什么都没有。

右边岔道
去往化峒

至化峒

⓫ 化峒路口，右转可前往，距离路口10公里，路面为三级柏油路。

大兴村风光

头扎桥风光 **B**

终点

头扎

至王庄乡

⓭ 头扎桥，头扎村共有两座桥，以前公路是走旧桥穿过头扎村，后来又修建了二桥，从桥头沿着岸边往上游走，连续几公里都是优美的田园风光。如果从头扎桥去往新兴乡方向请在此将里程表清零。

至湖润镇　起点　至德天瀑布

0.0　21.5　**1**

0.2　21.3　**2**

2.8　18.7　**3**

5.6　15.9　**4**

11.7　9.8　**5**

12.6　8.9　**6**

13.2　8.3　**7**

13.6　7.9　**8**

16.3　5.2　**9**

17.7　3.8　**10**

20.5　1.0　**11**

21.1　0.4

21.5　0.0　**12**

13

勘察报告

本路段全程三级公路，为乡村公路，路况良好，几乎没有车辆在路上行驶。沿途是典型的喀斯特地貌，山峰秀美，农田众多，河水淙淙，景观持续不断，一派田园风光，尤其以终点头扎桥一带沿河风光最好。

救助信息

新兴边防派出所　　0776-6181159
岳圩边防派出所　　0776-6150018

餐饮

新兴乡有小餐馆。

住宿

途中没有宾馆。建议回大新县城住宿。

加油

沿途没有加油站，最近的加油站在大新县城和靖西县城，出发前要尽量把油箱加满。

维修

途中没有修车点，最近修理厂在大新县城和靖西县城，途中的故障只能自己解决。

里程数据速查表

		从新兴乡出发，请从上往下阅读		
❶	0.0	新兴乡三岔路口	21.5	
❷	0.2	新兴乡街景	21.3	0.2
❸	2.8	路况抽样	18.7	2.6
❹	5.6	四明村	15.9	2.8
❺	11.7	右边风光	9.8	6.1
❻	12.6	509 里程碑	8.9	0.9
❼	13.2	人住山洞	8.3	0.6
❽	13.6	利兴村	7.9	0.4
❾	16.3	左边岔道	5.2	2.7
❿	17.7	岳圩镇	3.8	1.4
⓫	20.5	化峒岔道口	1.0	2.8
⓬	21.1	大兴村风光	0.4	0.6
⓭	21.5	头扎桥风光	0.0	0.4

从头扎桥出发，请从下往上阅读 ▲

❺ 右边风光

⓬ 大兴村，公路右边山水风光很迷人。

⓭ 头扎桥，这是旧桥，修了新桥后，旧桥已经不通车了，桥上堆满了原煤。

至岳圩镇

起点

0.0　40.0

头扎

那旦村

2 0.9　39.1　**Ⓐ** 右边田园风光

2.4　37.6

4 5.0　35.0 二郎村

5 5.9　34.1

6 8.1　31.9

6 9.5　30.5

7

8 12.5　27.5

9 13.8　26.2　个宝村

① 头扎桥，头扎村共有两座桥，以前公路是走旧桥穿过头扎村，后来又修建了二桥。如果从头扎桥去往龙邦口岸，请在此将里程表清零。

③ 路况抽样，二级柏油路，路宽7米，路况良好。

⑩ 停坡屯，停坡屯位于左边山脚下。

⑪ 邦亮村

⑤ 真意村，路面崭新，行人车辆稀少，视野开阔，就像村的名字一样：此中有真意。

⑥ 旧州路口，右转可前往，距离路口11公里，路面为乡村柏油路。

⑦ 敏马村，公路两边有各种农用车和摩托车占用车道，还有学生穿越马路，请减速慢行。

⑧ 壬庄。壬庄规模较大，这一带摩托车数量较多，路左边有摩托车维修点及洗车点。

⑮ 其龙村，村子规模很小，只有几户人家散落在公路两边。

10　17.0　23.0
11　17.6　22.4
12　20.5　19.5　龙井村
13　21.9　18.1
14　25.0　15.0
15　29.7　10.3
16　30.6　9.4　**Ⓑ** 左边田园风光

⑬ 路左边有一座兴边亭和一座便民亭，有观景台，可以俯瞰山脚下的弄猛屯。N22-54-394E106-25-751/761

⑭ 左边有一条小沙土路，为边境巡逻公路。

护龙村

17　35.8　4.2　左边护龙村岔口

18　38.7　1.3　三岔路口

龙邦镇
至靖西县

19　40.0　0.0　龙邦口岸　终点

至平孟镇

⑱ 龙邦镇路口，右转可前往，路面为四级公路，同时可去往靖西县。龙邦镇有著名的十二道门即地下长城，但一般不对游客开放。N22-52-585E106-19-545/743

⑲ 龙邦口岸，口岸边有多家餐馆及旅馆，口岸边的店铺规模已经相当于一座小镇。如果从龙邦口岸去往头扎桥，请在此将里程表清零。N22-52-464E106-19-406/670

新兴乡
德保县
A11
头扎桥
靖西县 A12
龙邦口岸
鹅泉景区
A13
平孟口岸
那坡县

勘察报告

本路段全程三级公路，车流量很小，盘山路段山势有些险峻，需小心驾驶。路面崭新，干净，一路行走在田野山间，举目之处尽是绿色，很适合驾车旅游，但沿途没有加油站，要切记在上个路段出发时把油箱加满。

救助信息

大新县交警支队 0771-3622475/122
硕龙镇派出所　0771-3773066
堪圩乡派出所　0771-3750063

餐饮

建议在终点龙邦口岸对面的小炒店就餐，身兼厨师的老板手艺很好。

住宿

龙邦口岸有多家小旅馆，住宿方便。

加油

全程及相邻路段都没有加油站，最近的加油站在靖西县城，口岸边的小卖部有汽油出售，一可乐瓶（1.25升）卖7元，品质难保证，在非必需的情况下不建议购买。

维修

途中没有修车点，最近的修理厂在靖西县城，途中的故障只能自己解决。

里程数据速查表

④ 二郎村，路边有一条小溪蜿蜒曲折流淌在田野间，据村民介绍，小溪的水流不是很大，但不论气候多干旱一直没有断流过，世代灌溉着眼前的这一片田园。

从头扎桥出发，请从上往下阅读			
❶	0.0	头扎桥	40.0
❷	0.9	右边田园风光	39.1
❸	2.4	路况抽样	37.6
❹	5.0	二郎村	35.0
❺	5.9	真意村	34.1
❻	8.1	右边岔道	31.9
❼	9.5	敏马村	30.5
❽	12.5	壬庄	27.5
❾	13.8	个宝村	26.2
❿	17.0	停坡屯	23.0
⓫	17.6	邦亮村	22.4
⓬	20.5	龙井村	19.5
⓭	21.9	兴边亭风光	18.1
⓮	25.0	边境巡逻公路	15.0
⓯	29.7	其龙村	10.3
⓰	30.6	田园风光	9.4
⓱	35.8	护龙村岔口	4.2
⓲	38.7	三岔路口	1.3
⓳	40.0	龙邦口岸	0.0

（右列间隔数值：0.9 / 1.5 / 2.6 / 0.9 / 2.2 / 1.4 / 3.0 / 1.3 / 3.2 / 0.6 / 2.9 / 1.4 / 3.1 / 4.7 / 0.9 / 5.2 / 2.9 / 1.3）

从龙邦口岸出发，请从下往上阅读

② 田园风光

⑲ 龙邦口岸，口岸边的小卖部有汽油出售，一可乐瓶（1.25升）卖7元。

⑯ 一洼绿水倒映出远处的青山

⑬ 沿途穿行在典型的喀斯特地貌山脉中，山势险峻。

至王庄乡

龙邦镇

至靖西县

起点

0.0 66.3

龙邦口岸

1.4 64.9

2.0 64.3 界邦村

② 龙邦口岸矿业货场

4.5 61.8

6.7 59.6 品明村

9.0 57.3

9.4 56.9

利定村 13.4 52.9

至安宁

④ 泗邦村

13.8 52.5

A 大供屯风光

14.6 51.7

17.4 48.9

19.6 46.7

⑩ 安宁岔口,右转可前往,路面为乡村土路。

29.3 37.0 那廉村

35.7 30.6

⑪ 足怀村

40.8 25.5 路况抽样

42.3 24.0

43.6 22.7

47.1 19.2 弄乃村岔口

弄乃村

⑭ 渠怀村

① 如果从龙邦口岸去往平孟口岸方向,请在此将里程表清零。N22-52-464E106-19-406/670

⑥ 汤及村,这一带村庄比较密集,路面很脏,到处是灰尘和牛粪,路边鸡鸭成群。

⑦ 古庆村

⑫ 果布村

⑯ 吞盘乡路口,右转可前往,路面为乡村土路。

⑰ 孟马村

⑳ 那坡路口,右转可前往,路面前100米为土路,100米以后为四级柏油路。

㉑ 平孟镇中心,直行街道尽头就是平孟口岸,右边岔道去往念井可以通往云南富宁。如果从平孟口岸去往龙邦口岸方向,请在此将里程表清零。N22-56-703E105-59-562/251

B 沿途风光

62.8 3.5

65.7 0.6 那坡岔口

至那坡县

平孟镇

平孟口岸

66.3 0.0

终点

至念井

新兴乡

德保县

头扎桥

靖西县 龙邦口岸 A12

鹤泉景区

A13

平孟口岸

那坡县 A14

勘察报告

本路段全程三级公路，穿行于喀斯特山谷地带，外人很少涉足这里，沿途风光很好，路面干净平整，村庄较多，但行人稀少，村民对外来人员很是关注，常驻足路边观看。需要注意的是一定要在外面把油箱加满再进入该路段。

餐饮

建议在终点龙邦口岸对面小炒店就餐，老板兼厨师的手艺很好，终点平孟镇有几家小餐馆。

住宿

龙邦口岸边有多家旅馆。

加油

全程及相邻路段都没有加油站，最近的加油站在靖西县城，龙邦口岸和平孟镇都有瓶装汽油出售，一可乐瓶（1.25 升）卖 7 元，品质很难保证，在非必需的情况下不建议购买。

维修

途中没有修车点，最近的修理厂在靖西县城，途中的故障只能自己解决。

里程数据速查表

⑲ 山下风光

㉑ 平孟镇政府招待所。平孟镇只有一条短短的街道，这里很少有外人涉足，只要来了一个外人，街头街尾的人都会注目。

	从龙邦口岸出发，请从上往下阅读		
❶ 0.0	龙邦口岸	66.3	
❷ 1.4	口岸矿业货场	64.9	1.4
❸ 2.0	界邦村	64.3	0.6
❹ 4.5	泗邦村	61.8	2.5
❺ 6.7	品明村	59.6	2.2
❻ 9.0	汤及村	57.3	2.3
❼ 9.4	古庆村	56.9	0.4
❽ 13.4	利定村	52.9	4.0
❾ 13.8	大供屯风光	52.5	0.4
❿ 14.6	安宁岔口	51.7	0.8
⓫ 17.4	足怀村	48.9	2.8
⓬ 19.6	果布村	46.7	2.2
⓭ 29.3	那廪村	37.0	9.7
⓮ 35.7	渠怀村	30.6	6.4
⓯ 40.8	路况抽样	25.5	5.1
⓰ 42.3	吞盘乡岔口	24.0	1.5
⓱ 43.6	孟马村	22.7	1.3
⓲ 47.1	弄乃村岔口	19.2	3.5
⓳ 62.8	沿途风光	3.5	15.7
⓴ 65.7	那坡岔口	0.6	2.9
㉑ 66.3	平孟镇	0.0	0.6

从平孟镇出发，请从下往上阅读 ▲

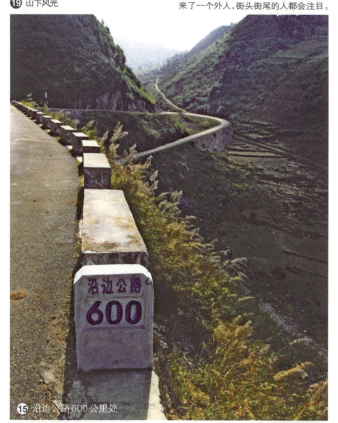

⓯ 沿边公路 600 公里处

❾ 大供屯，村前榕树下有一条小河，河边的稻田里堆放着稻草垛，人们在河边洗刷衣物，因外人少有涉足而显得宁静脱俗。

⑮ 那坡县新城区入口,路口对面为中石油加油站,提供0#柴油、90#和93#汽油,油价每升比中石化的便宜5分钱。如果从那坡县去往平孟口岸,请在此将里程表清零。

⑭ 北大村三岔路口,左边去往那坡县,右边去往靖西县。

⑬ 百省路口,左转可前往,距离路口42公里。

⑪ 清华村

⑩ 道路变宽,时速60公里。

⑨ 百合乡,街道中段路口左转可前往百南,百南距离路口11公里。

⑥ 北斗村

④ 北平线(北大村至平孟镇)61公里里程碑,四级柏油公路,路面平整但狭窄,道路在树林里弯曲延伸,顺着山势起伏。时速42公里。

② 孟达村

① 平孟镇街头那坡路口,如果从平孟口岸去往那坡县,请在此将里程表清零。

那坡县　71.3　0.0

北大村　67.7　3.6

德隆乡　57.7　13.6

45.3　26.0　沿途风光 Ⓐ

40.5　30.8

37.0　34.3

29.0　42.3　至百南

24.3　47.0　道班

21.5　49.8　左边 补胎点

15.9　55.4

8.6　62.7　沿途风光 Ⓐ

7.8　63.5

3.8　67.5　那香屯

2.0　69.3

0.0　71.3　至念井

平孟口岸　平孟镇　起点

终点　至富宁

至靖西

至百省

至百南

至龙邦

吞力屯

那坡县

德保县

A14

鹅泉景区

A13

头扎桥

平孟口岸

龙邦口岸

N

① 小镇 已有洋式快餐店

勘察报告

　　本路段除了班车以及少量货运车辆以外很少有车经过这里，山区道路随着山坡的走势上下起伏和弯曲，路边树木影响视线，避免夜间行车。

餐饮

　　德隆乡街上有粉摊，终点那坡县城的餐馆较多，味道不错。

住宿

　　可住那坡县城，详见那坡县城区图。

加油

　　建议在终点中石油加油站加油。

维修

　　途中没有修车点，靖西县城内的修理厂详见那坡县城区图。

里程数据速查表

	从平孟镇出发，请从上往下阅读		
①	0.0	平孟镇那坡路口	71.3
②	2.0	孟达村	69.3
③	3.8	那香屯	67.5
④	7.8	路况抽样	63.5
⑤	8.6	沿途风光	62.7
⑥	15.9	北斗村	55.4
⑦	21.5	补胎点	49.8
⑧	24.3	道班	47.0
⑨	29.0	百合乡百南岔口	42.3
⑩	37.0	道路变宽	34.3
⑪	40.5	清华村	30.8
⑫	45.3	沿途风光	26.0
⑬	57.7	德隆乡百省岔口	13.6
⑭	67.7	北大村三岔路口	3.6
⑮	71.3	那坡县新城区入口	0.0

里程差值：2.0　1.8　4.0　0.8　7.3　5.6　2.8　4.7　8.0　3.5　4.8　12.4　10.0　3.6

从那坡县新城区出发，请从下往上阅读

⑤ 这一带一年四季气候炎热，就算是深冬，路边一排排仙人掌仍开满了黄色小花。

⑫ 沿途风光，这一带山水很少污染，山清水秀，随处可见蓝天白云。

⑬ 德隆乡街景

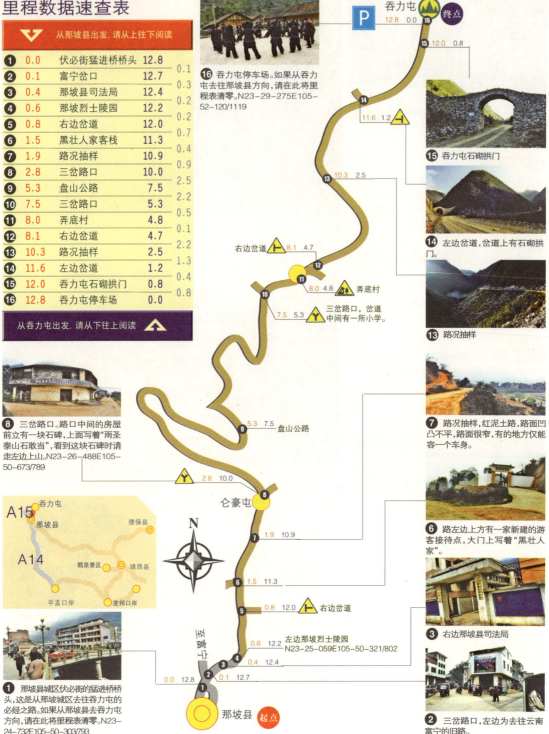

里程数据速查表

从那坡县出发，请从上往下阅读

❶	0.0	伏必街猛进桥桥头	12.8	
❷	0.1	富宁岔口	12.7	0.1
❸	0.4	那坡县司法局	12.4	0.3
❹	0.6	那坡烈士陵园	12.2	0.2
❺	0.8	右边岔道	12.0	0.2
❻	1.5	黑壮人家客栈	11.3	0.7
❼	1.9	路况抽样	10.9	0.4
❽	2.8	三岔路口	10.0	0.9
❾	5.3	盘山公路	7.5	2.5
❿	7.5	三岔路口	5.3	2.2
⓫	8.0	弄底村	4.8	0.5
⓬	8.1	右边岔道	4.7	0.1
⓭	10.3	路况抽样	2.5	2.2
⓮	11.6	左边岔道	1.2	1.3
⓯	12.0	吞力屯石砌拱门	0.8	0.4
⓰	12.8	吞力屯停车场	0.0	0.8

从吞力屯出发，请从下往上阅读 ▲

吞力屯 P 12.8 0.0 ⓰ 终点

⓯ 12.0 0.8

⓰ 吞力屯停车场。如果从吞力屯去往那坡县方向，请在此将里程表清零。N23-29-275E105-52-120/1119

⓮ 11.6 1.2

⓯ 吞力屯石砌拱门

⓮ 左边岔道，岔道上有石砌拱门。

⓭ 10.3 2.5

⓭ 路况抽样

右边岔道 8.1 4.7 ⓬

⓫ 8.0 4.8 弄底村

⓾ 7.5 5.3 三岔路口，岔道中间有一所小学。

⓬ 三岔路口。路口中间的房屋前立有一块石碑，上面写着"雨圣泰山石敢当"，看到这块石碑时请走左边上山。N23-26-488E105-50-673/789

5.3 7.5 盘山公路 ❾

❼ 路况抽样，红泥土路，路面凹凸不平，路面很窄，有的地方仅能容一个车身。

2.8 10.0 ❽ 仑豪屯

❻ 路左边上方有一家新建的游客接待点，大门上写着"黑壮人家"。

A15 吞力屯
那坡县
德保县

A14
鹅泉景区 靖西县

平孟口岸 龙邦口岸

❼ 1.9 10.9

❻ 1.5 11.3

❺ 0.8 12.0 右边岔道

❸ 右边那坡县司法局

至富宁

左边那坡烈士陵园
0.6 12.2 N23-25-059E105-50-321/802

❹ 0.4 12.4

❷ 0.1 12.7

0.0 12.8 ❶

❶ 那坡县城区伏必街的猛进桥桥头，这是从那坡城区去往吞力屯的必经之路。如果从那坡县去往吞力屯方向，请在此将里程表清零。N23-24-732E105-50-303/793

那坡县 起点

❷ 三岔路口，左边为去往云南富宁的旧路。

勘察报告

从那坡县城去往吞力屯的路口不太好找，但是只要问到烈士陵园或司法局一般人都知道，途中岔道很多，如果不清楚，都可以在路边找到人问路。出那坡县城 13 公里后路面由柏油路变为土路。

餐饮

吞力屯的客栈有餐厅，菜肴以肥肉等油腻食品为主，有玉米酿的米酒，后劲很足。

住宿

吞力屯的客栈为二层楼的木板楼，单人间每间 20 元。

❾ 盘山公路，路面较窄，连续弯道不断，需小心驾驶。

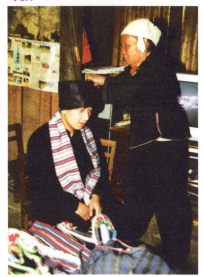

如水般清澈的目光

高超的建筑艺术，房子的承重梁就这么垫在大理石礅基上。

广西的黑衣壮主要集中在那坡县，保存比较完好的有几个地方，但吞力屯开发较早，因而配套设施比较完善。吞力屯共 50 多户人家 300 多人，青壮年基本上都外出打工了，只有少数妇女在家专门接待游客，村民的旅游接待意识很好，客人一到就会有人上前打招呼，较热情纯朴，可以观看表演，包场 150 元，至于表演中哪些部分是真正原始的民族艺术哪些是经过专业加工编排的歌舞这得由观看者自己判别。

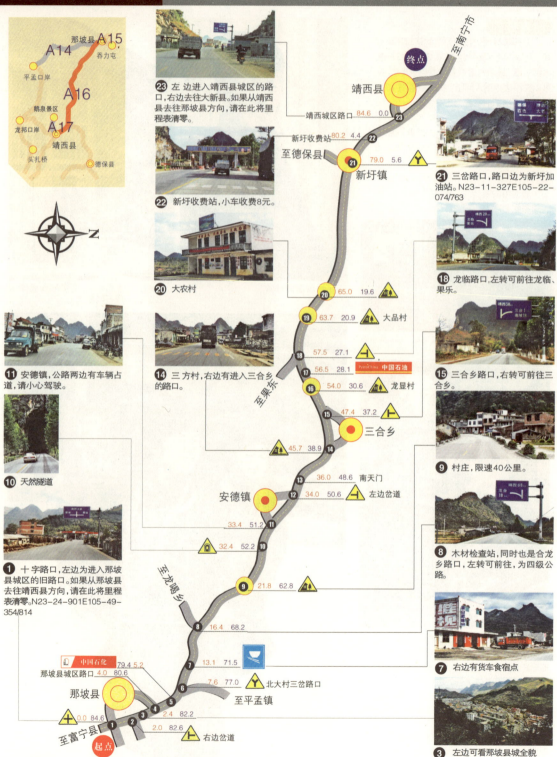

㉓ 左边进入靖西县城区的路口，右边去往大新县。如果从靖西县去往那坡县方向，请在此将里程表清零。

㉒ 新圩收费站，小车收费8元。

㉑ 三岔路口，路口边为新圩加油站。N23-11-327E105-22-074/763

⑳ 大农村

⑱ 龙临路口，左转可前往龙临、果乐。

⑮ 三合乡路口，右转可前往三合乡。

⑪ 安德镇，公路两边有车辆占道，请小心驾驶。

⑭ 三方村，右边有进入三合乡的路口。

⑨ 村庄，限速40公里。

⑩ 天然隧道

❶ 十字路口，左边为进入那坡县城区的旧路口。如果从那坡县去往靖西县方向，请在此将里程表清零。N23-24-901E105-49-354/814

⑧ 木材检查站，同时也是合龙乡路口，左转可前往，为四级公路。

❼ 右边有货车食宿点

❸ 左边可看那坡县城全貌

靖西县　靖西城区路口　84.6　0.0

至德保县　新圩收费站　80.2　4.4

新圩镇　　79.0　5.6

至南宁市

终点

65.0　19.6　⑳

63.7　20.9　⑲　大品村

57.5　27.1　⑱

56.5　28.1　⑰　中国石油

54.0　30.6　⑯　龙显村

47.4　37.2　⑮

三合乡

45.7　38.9　⑭

至果东

36.0　48.6　⑬　南天门

34.0　50.6　⑫　左边岔道

33.4　51.2　⑪

安德镇

32.4　52.2　⑩

21.8　62.8　⑨

16.4　68.2　⑧

13.1　71.5　❼

7.6　77.0　❻　北大村三岔路口

至平孟镇

中国石化　79.4　5.2

那坡县城区路口　4.0　80.6

那坡县

2.4　82.2　❹

2.0　82.6　❷　右边岔道

0.0　84.6　❶

至富宁县

起点

至龙暗乡

勘察报告

本路段连接云南富宁，如何到达富宁县详见云南分册。全程为三级柏油路面，路面平整，路况很好，车流量较大，主要是云南与广西之间往来的货运车辆，建议夜间不要在该路段行驶。

餐饮

靖西县城区规模较大，有许多餐馆，食品多以酸甜为主。

住宿

靖西县城内有各种档次的宾馆旅舍，住宿方便，可住靖西县城星园酒店，详见靖西县城区图。

加油

建议在中石油加油站加油。

维修

途中没有修车点，靖西县城内的修理厂详见靖西县城区图。

里程数据速查表

		从那坡县出发，请从上往下阅读		
①	0.0	那坡县十字路口	84.6	
②	2.0	右边岔道	82.6	2.0
③	2.4	那坡县城全貌	82.2	0.4
④	4.0	那坡县城区路口	80.6	1.6
⑤	5.2	中石化	79.4	1.2
⑥	7.6	北大村三岔路口	77.0	2.4
⑦	13.1	货车食宿点	71.5	5.5
⑧	16.4	合龙岔口	68.2	3.3
⑨	21.8	村庄	62.8	5.4
⑩	32.4	天然隧道	52.2	10.6
⑪	33.4	安德镇	51.2	1.0
⑫	34.0	岔道	50.6	0.6
⑬	36.0	南天门	48.6	2.0
⑭	45.7	三方村	38.9	9.7
⑮	47.4	岔道	37.2	1.7
⑯	54.0	龙显村	30.6	6.6
⑰	56.5	中石油	28.1	2.5
⑱	57.5	岔道	27.1	1.0
⑲	63.7	大品村	20.9	6.2
⑳	65.0	大农村	19.6	1.3
㉑	79.0	三岔路口	5.6	14.0
㉒	80.2	新圩收费站	4.4	1.2
㉓	84.6	靖西城区路口	0.0	4.4

从靖西县城出发，请从下往上阅读

⑧ 合龙乡有黑衣壮居住点，完好保存着原始的服饰与生活习俗。

⑬ 南天门风光

德保县
头扎桥
靖西县
A18
A17
龙邦口岸
鹅泉景区
A16
吞力屯
平孟口岸
那坡县

N

至南宁市

起点

靖西县城东路口 0.0 5.9 ①

0.2 5.7 ② 右边岔道

靖西县 ③ 1.1 4.8 岔道 至龙邦镇

至那坡县

③ 鹅泉岔口，左转可去往龙邦镇；右转去往鹅泉。N23-06426E106-25-324/737

⑤ 右边风光

① 四岔路口，城东路与公路交汇点，岔道中央为新靖加油站。如果从靖西县去往鹅泉，请在此将里程表清零。N23-07-077E106-25-307/741

至叫喊岩

叫喊岩路口 4.5 1.4 ④

右边风光 🅐 5.7 0.2 ⑤

终点

鹅 泉

⑥ 5.9 0.0 鹅泉景点入口

里程数据速查表

从靖西县城东路口出发，请从上往下阅读			
① 0.0	靖西县城东路口	5.9	0.2
② 0.2	右边岔道	5.7	0.9
③ 1.1	岔道	4.8	3.4
④ 4.5	叫喊岩路口	1.4	1.2
⑤ 5.7	右边风光	0.2	0.2
⑥ 5.9	鹅泉景点入口	0.0	

从鹅泉景点出发，请从下往上阅读

⑥ 鹅泉，景点入口就在路右边，景点门前有停车场，每人门票10元，停车免费。

　　鹅泉位于靖西县城西南 6 公里处，是靖西著名的八景之一，已有 700 多年的历史，闻名天下的"鹅泉跃鲤三层浪"引起无数中外游客的神往，明代皇帝赐封的"灵泉晚照"古石刻使鹅泉披上了神秘的色彩。我国著名画家关山月先生游览鹅泉时曾挥毫题词"鹅池跃鲤"。鹅泉也是中国西南部的三大名泉之一(大理的蝴蝶泉，桂平西山的乳泉)，同时也是亚洲第一大跨国瀑布——德天瀑布的源头，还是中南地区母亲河——珠江的源头之一。

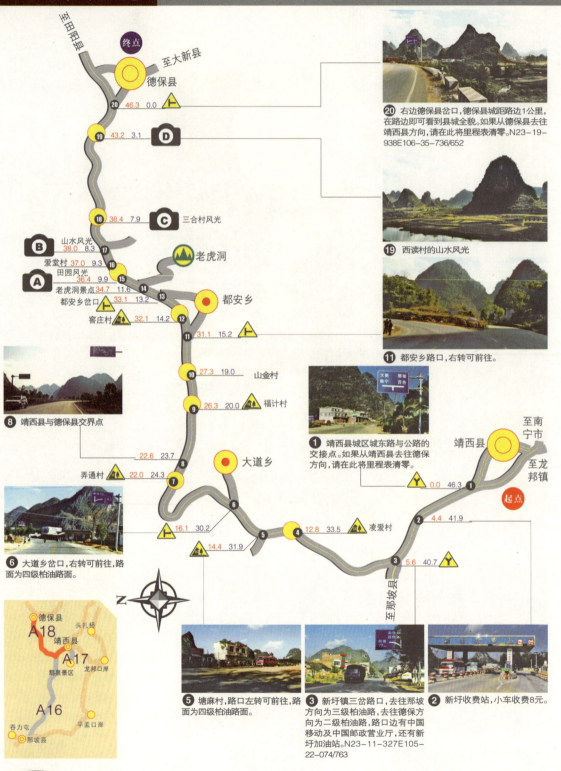

至田阳县

至大新县

终点

德保县

20 46.3 0.0

19 43.2 3.1 D

20 右边德保县岔口，德保县城距路边1公里，在路边即可看到县城全貌。如果从德保县去往靖西县方向，请在此将里程表清零。N23-19-938E106-35-736/652

18 38.4 7.9 C 三合村风光

19 西读村的山水风光

B 山水风光
38.0 8.3 17

爱堂村 37.0 9.3 16

A 田园风光
36.4 9.9 15

老虎洞景点 34.7 11.6 14

都安乡岔口 33.1 13.2 13

窖庄村 32.1 14.2 12

31.1 15.2 11

老虎洞

都安乡

11 都安乡路口，右转可前往。

10 27.3 19.0 山金村

9 26.3 20.0 福计村

1 靖西县城区城东路与公路的交接点。如果从靖西县去往德保方向，请在此将里程表清零。

8 靖西县与德保县交界点

22.6 23.7

弄通村 22.0 24.3 8

7

大道乡

靖西县

至南宁市

至龙邦镇

0.0 46.3 1

起点

2 4.4 41.9

16.1 30.2

6

5

4 12.8 33.5 凌爱村

14.4 31.9

3 5.6 40.7

至那坡县

6 大道乡岔口，右转可前往，路面为四级柏油路面。

N

德保县

A18 头扎桥
靖西县

A17

鹅泉景区 龙邦口岸

A16

吞力屯 平孟口岸
那坡县

5 塘麻村，路口左转可前往，路面为四级柏油路面。

3 新圩镇三岔路口，去往那坡方向为三级柏油路，去往德保方向为二级柏油路，路口边有中国移动及中国邮政营业厅，还有新圩加油站。N23-11-327E105-22-074/763

2 新圩收费站，小车收费8元。

勘察报告

全程为新修的二级柏油路面，路面很新，车流量较小，山势平缓，多为盘山公路，高度变化不大，植被丰富，避免在夜晚行车。沿途一座座山峰拔地而起，却不显突兀，独有的喀斯特石灰质岩石在青山绿水掩映下显得温柔旖旎，为不可多得的自驾线路。

餐饮

途中没有就餐地点，可以到德保县城就餐。

住宿

可到德保县城住宿。

加油

建议在靖西县城内的加油站加油，德保县城的入城口也有加油站。

维修

可在起点靖西县城或终点德保县城内的修理厂修理。

⑭ 老虎洞。从路边的老虎洞景点大门驾车上山 2.3 公里到洞口，在洞口边买票，门票 30 元 / 人，团体票 20 元 / 人，可以开车进洞 200 米，里面有停车场及娱乐设施，老虎洞内以钟乳石景观为主，内有一个最大的洞面积达 1 万平方米。

里程数据速查表

▼ 从靖西县城出发，请从上往下阅读				
①	0.0	靖西县城东路口	46.3	
				4.4
②	4.4	新圩收费站	41.9	
				1.2
③	5.6	新圩镇三岔路口	40.7	
				7.2
④	12.8	凌爱村	33.5	
				1.6
⑤	14.4	塘麻村	31.9	
				1.7
⑥	16.1	大道乡岔口	30.2	
				5.9
⑦	22.0	弄通村	24.3	
				0.6
⑧	22.6	靖西与德保交界点	23.7	
				3.7
⑨	26.3	福计村	20.0	
				1.0
⑩	27.3	山金村	19.0	
				3.8
⑪	31.1	都安乡岔口	15.2	
				1.0
⑫	32.1	窖庄村	14.2	
				1.0
⑬	33.1	都安乡岔口	13.2	
				1.6
⑭	34.7	老虎洞景点	11.6	
				1.7
⑮	36.4	田园风光	9.9	
				0.6
⑯	37.0	爱堂村	9.3	
				1.0
⑰	38.0	山水风光	8.3	
				0.4
⑱	38.4	三合村风光	7.9	
				4.8
⑲	43.2	西读村风光	3.1	
				3.1
⑳	46.3	德保县岔路口	0.0	
从德保县出发，请从下往上阅读 ▲				

⑰ 右边山水风光，可以走右边岔道过桥到小河边。

⑱ 三合村。三合村除了路边风光很好，村里的鸡群也很有意思，陌生人一下车，鸡群都会围上来，不论人走到哪里，鸡群都会跟到哪里，令人寸步难行。N23-20-268E106-31-661/697

⑮ 田园风光

至田东县

终点

至五村乡

44.4 0.0

35.4 9.0

康华村 40.1 4.3

32.1 12.3

⑯ 三岔路口，左边去田阳县，为四级路面；右边去田东县，为二级路面。其实也可以经田东方向去田阳，虽然路程远一点，但路况要好得多。如果从三岔路口去往德保方向，请在此将里程表清零。
N23-31-704E106-51-887/517

37.4 7.0

⑭ 德保县与田阳县交界点

⑬ 示下村

24.9 19.5

20.2 24.2

19.2 25.2

⑩ 作登岔口，右转可前往。路面为四级柏油路，岔道中间有中石化。

⑫ 隆桑村

16.8 27.6

⑧ 德保收费站，小车收费8元。

⑨ 足荣村，公路穿越城区500米。

⑪ 巴明村

13.1 31.3

11.8 32.6 ⑤ 峒干村

7.0 37.4 加油站

6.6 37.8

⑦ 那甲路口，左转可前往，路面为乡村柏油路。

④ 右边德保县岔口，三级路面，车流量变大。

2.0 42.4 中国石油

1.6 42.8

② 右边德保县岔口，四级路面。

至大新县

德保县

起点

0.0 44.4

N

① 右边德保县岔口，四级路面，德保县城距路边1公里，在路边即可看到县城全貌。如果从德保去往三岔路口，请在此将里程表清零。
N23-19-938E106-35-736/652

③ 右边中石油加油站，2006年1月的油价为90#汽油4.1元，93#汽油4.35元，比中石化便宜5分。

至靖西县

田东县

田阳

田东及田阳三岔路口

A20 A19

百色市

德保县

A18

勘察报告

全程为新修的二级柏油路面，路面平整崭新，坡度不大，多在山谷中穿行，弯多，村庄多，路况复杂，植被丰富，适合各种车辆通行。车流量较大，过境货车较多。

餐饮

途中没有就餐地点，建议在德保县城就餐。

住宿

途中没有住宿地点。

加油

建议在起点附近的中石油加油站加油。

维修

途中没有维修点，可在德保县城内的修理厂修理。

里程数据速查表

从德保县出发，请从上往下阅读

1	0.0	德保县进城岔口	44.4	1.6
2	1.6	德保县城区岔口	42.8	0.4
3	2.0	中石油	42.4	4.6
4	6.6	进城区的另一岔口	37.8	0.4
5	7.0	加油站	37.4	4.8
6	11.8	峒干村	32.6	1.3
7	13.1	那甲岔口	31.3	3.7
8	16.8	德保收费站	27.6	2.4
9	19.2	足荣村	25.2	1.0
10	20.2	作登岔口	24.2	4.7
11	24.9	巴明村	19.5	7.2
12	32.1	隆桑村	12.3	3.3
13	35.4	示下村	9.0	2.0
14	37.4	德保与田阳交界点	7.0	2.7
15	40.1	康华村	4.3	4.3
16	44.4	三岔路口	0.0	

从三岔路口出发，请从下往上阅读

⑮ 康华村

沿途风光

⑰ 三岔路口，左边可去往百色市。

⑭ 那吉枢纽岔口，左转可前往，为三级柏油路面，如果要去百色市请走左边。

⑬ 从这里往田阳方向路况开始变差，路面尘土飞扬，进入盆地内，天空一年四季总是灰蒙蒙的。

至百色市

终点

52.9　0.0

田阳县

至南宁市

⑱ 田阳县三岔路口，没有明显的标志，需仔细留意，左边可去往百色市，右边1公里即为田阳县城区。如果从田阳县去往三岔路口方向，请在此将里程表清零。
N23-44-702E106-53-959/103

⑫ 连续2.5公里弯道下陡坡

⑧ 左边文昌亭

① 三岔路口，左边去田阳县，为四级路面，右边去田东县，为二级路面，其实也可以经由田东方向去田阳，虽然路程远一点，但路况要好得多。如果从三岔路口去往田阳方向，请在此将里程表清零。
N23-31-704E106-51-887/517

Y 47.2　5.7

至那吉枢纽

41.5　11.4

41.2　11.7

⑰

⑯ 46.8　6.1　中国石化

43.5　9.4　右岔道

⑭ ⑬ ⑮

35.7　17.2

⑫

34.9　18.0　右路口

⑪

32.5　20.4　永常村

⑩

26.4　26.5　星坡屯

⑨

文昌亭 24.3　28.6

⑧

24.0　28.9　中国石化

⑦

23.5　29.4

⑥

⑤

至曲靖

23.1　29.8　洞靖路口，左转可前往，路面为四级柏油路。

⑥ 坡洪镇

N

6.8　46.1　中国石化

④

路上风光 A

5.5　47.4　五村乡

③

4.1　48.8

②

至田东县

0.0　52.9

① Y

起点

至德保县

百色市

A23

A20　田阳县

A21　田东县

A19　A22

田东及田阳三岔路口

A18　德保县

78

勘察报告

全程为新修的二级柏油路面，路面很新，车流量较大。

餐饮

建议在五村乡的集贸市场边就餐，野地放养的土鸡味道很好，一盘土鸡 10 元钱。

住宿

沿途可提供住宿的地方很少，五村乡坡洪镇有小旅舍，但设施简陋，建议在下个相邻路段或在德保县城住宿。

加油

沿途中石化加油站均可加油。

维修

途中没有维修点，可到田阳县城内的修理厂修理，大修可到百色市内修理。

里程数据速查表

		从三岔路口出发，请从上往下阅读		
❶	0.0	三岔路口	52.9	
❷	4.1	路上风光	48.8	4.1
❸	5.5	五村乡	47.4	1.4
❹	6.8	中石化	46.1	1.3
❺	23.1	洞靖岔口	29.8	16.3
❻	23.5	坡洪镇	29.4	0.4
❼	24.0	中石化	28.9	0.5
❽	24.3	文昌亭	28.6	0.3
❾	26.4	星坡屯	26.5	2.1
❿	32.5	永常村	20.4	6.1
⓫	34.9	右路口	18.0	2.4
⓬	35.7	连续弯道下陡坡	17.2	0.8
⓭	41.2	路况开始变差	11.7	5.5
⓮	41.5	那吉枢纽岔口	11.4	0.3
⓯	43.5	右岔道	9.4	2.0
⓰	46.8	中石化	6.1	3.3
⓱	47.2	三岔路口	5.7	0.4
⓲	52.9	田阳县三岔路口	0.0	5.7
		从田阳县出发，请从下往上阅读		

❷ 路上风光，道路的两侧是整齐的护路林木，林木的枝叶遮住了道路上方的天空，透过树干可以看到周边的田野及石山。

⓯ 村民习惯在屋前路边晒农作物

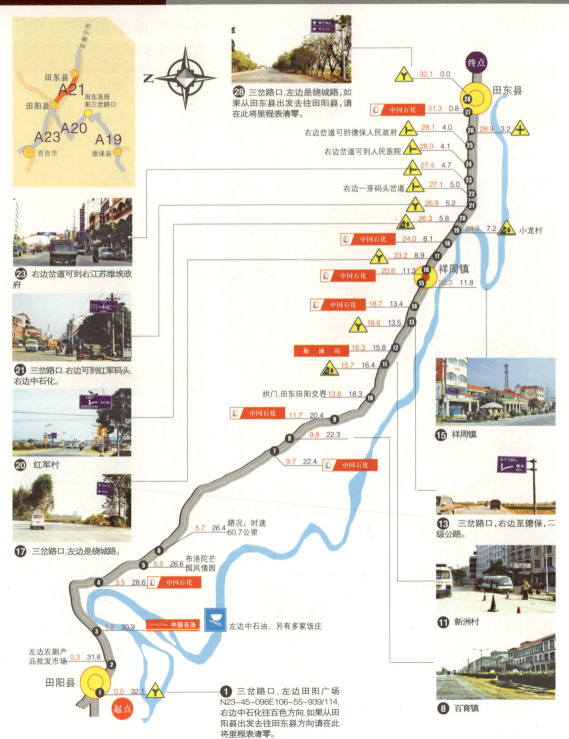

田东县
田阳县
A21
田东及田阳三岔路口
A23 A20 A19
百色市 德保县

28 三岔路口，左边是绕城路，如果从田东县出发去往田阳县，请在此将里程表清零。

终点
田东县

Y	32.1	0.0
中国石化	31.3	0.8

28 ← 27

26 ← 28.9 3.2
25

右边岔道可到德保人民政府 28.1 4.0
右边岔道可到人民医院 28.0 4.1
27.4 4.7
右边一芽码头岔道 27.1 5.0
26.9 5.2
26.3 5.8

24.9 7.2 小龙村

中国石化	24.0	8.1
Y	23.2	8.9
中国石化	20.8	11.3

20.3 11.8

祥周镇

中国石化	18.7	13.4
Y	18.6	13.5
加油站	16.3	15.8

15.7 16.4

拱门，田东田阳交界 13.8 18.3

| 中国石化 | 11.7 | 20.4 |

9.8 22.3
9.7 22.4 | 中国石化 |

路况，时速60.7公里
5.7 26.4
布洛陀芒国风情园 5.5 26.6
3.5 28.6 | 中国石化 |

1.2 30.9 中国石油 左边中石油、另有多家饭庄

左边农副产品批发市场 0.3 31.8

田阳县
1 0.0 32.1 Y
起点

23 右边岔道可到右江苏维埃政府

21 三岔路口.右边可到红军码头，右边中石化。

20 红军村

17 三岔路口，左边是绕城路。

15 祥周镇

13 三岔路口，右边至德保，二级公路。

11 新洲村

8 百育镇

1 三岔路口，左边田阳广场 N23-45-098E106-55-939/114，右边中石化往百色方向,如果从田阳县出发去往田东县方向请在此将里程表清零。

勘察报告

本路段为二级柏油公路，道路情况良好。公路跨越田东、田阳两个县城，沿途加油站、村庄较为密集，黄昏的时候要注意晚归的农民、农用车辆和牲畜。途中岔道均有明显清晰的标识指向目的地和景区。

救助信息

田东交警	0776-5212267
祥周村派出所	0776-5311013
隆安人民医院急救	0771-6525120

餐饮

途中不少餐厅和度假村，均可提供就餐，也可以在田阳县城内用餐。

住宿

布洛陀芒国风情园可住宿，此外，田阳县城内也有不少宾馆旅舍。

加油

一路上都有中石化加油站和民营加油站，油料齐全。

维修

建议在田阳县城内的维修点进行检修。

里程数据速查表

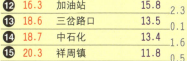
从田阳三岔路口出发，请从上往下阅读

❶	0.0	田阳三岔路口	32.1	0.3
❷	0.3	农副产品批发市场	31.8	0.9
❸	1.2	中石油	30.9	2.3
❹	3.5	中石化	28.6	2.0
❺	5.5	布洛陀芒国风情园	26.6	0.2
❻	5.7	路况	26.4	4.0
❼	9.7	中石化	22.4	0.1
❽	9.8	百育镇	22.3	1.9
❾	11.7	中石化	20.4	2.1
❿	13.8	拱门，田东田阳交界	18.3	1.9
⓫	15.7	新洲村	16.4	0.6
⓬	16.3	加油站	15.8	2.3
⓭	18.6	三岔路口	13.5	0.1
⓮	18.7	中石化	13.4	1.6
⓯	20.3	祥周镇	11.8	0.5
⓰	20.8	中石化	11.3	2.4
⓱	23.2	三岔路口	8.9	0.8
⓲	24.0	中石化	8.1	0.9
⓳	24.9	小龙村	7.2	1.4
⓴	26.3	红军村	5.8	0.6
㉑	26.9	三岔路口	5.2	0.2
㉒	27.1	一芽码头岔道	5.0	0.3
㉓	27.4	右岔道	4.7	0.6
㉔	28.0	到人民医院岔道	4.1	0.1
㉕	28.1	到德保人民政府岔道	4.0	0.8
㉖	28.9	十字路口	3.2	2.4
㉗	31.3	中石化	0.8	0.8
㉘	32.1	三岔路口	0.0	

从三岔路口出发，请从下往上阅读

田东街头卖茶麸的老人，茶麸主要用于洗头，可以使头发黑亮柔顺。

 三岔路口，左边田阳广场N23-45-098E106-55-939/114，右边中石化往百色方向，如果从田阳县出发去往田东县方向，请在此将里程表清零。

㉓ 右边驮灵溪景点

⑳ 隆安县与平果县交界处

⑱ 右边新安镇岔道

㉙ 那桐十字路口。直走是南宁方向，左边那桐镇方向，右边大新方向。如果从那桐去往田东方向，请在此将里程表清零。N23-01-480E107-51-337/87.7

至南宁
至那桐
101.3　0.0
终点
隆安县
㉙

至罗圩
92.0　9.3
⊕
㉘
至大新、靖西

至乔建
88.0　13.3
㉗
博浪村

中国石化　74.8　26.5

72.5　28.8

78.2　23.1左边进入隆安县城
㉖

至上雁
65.2　36.1
㉓　㉔
73.8　27.5
㉕

至上佳
22

60.0　41.3
㉑
62.4　38.9
十字路口
⊕
⑳

中国石化　55.6　45.7
⑲

54.4　46.9
⑱
至杨弯

51.2　50.1
⑰

中国石化　46.9　54.4
⑯
48.9　52.4

中国石化　45.0　56.3
⑮

14
44.7　56.6
加油站

13
41.5　59.8
⑫

㉘ 十字路口，左边中石化。

33.2　68.1
⑪
⑪ 那龙村

30.4　70.9
⑩
⑩ 平果田东交界点

交警执勤点　28.5　72.8
⑨
21.9　79.4思林镇
⑧

16.7　84.6 良余村
⑦

㉔ 左边进入隆安县城城区

加油站　6.4　94.9
⑥

中国石化　5.0　96.3
⑤
3.7　97.6
⑤ 林逢镇

③ 田东收费站，小车收费5元。

3.9　100.4
③
田东县

㉒ 左边雁江镇岔道

0.4　100.9
②
平洪村

0.0　101.3
①
起点
三岔路口

⑰ 三岔路口，路中间是中石化，左边至平果县城。

A22
那桐十字路口
隆安县
平果县
A21
田东县
田阳县
等县

⑯ 三岔路口，右边至平果铝。

勘察报告

本路段全程为二级公路，路面平整，视野开阔，车流量大，货车较多。沿路村庄众多，路况复杂，黄昏的时候要注意晚归的农民、农用车辆和牲畜。

救助信息

平果交通事故	0776-5806607
田阳交警	0776-3212171
隆安人民医院急救	0771-6525120

餐饮

沿途路边有很多小餐馆，顾客多为过路货车司机。

住宿

沿途没有正规的住宿点，有些餐馆偶尔会提供床位，价格虽然便宜，但卫生状况让人担忧，建议到下个路段或在大的城区投宿。

加油

沿途加油站众多，油价相同。

维修

沿途路边有小维修点，大修建议在城区正规维修厂进行。

里程数据速查表

		从三岔路口出发，请从上往下阅读		
❶	0.0	三岔路口	101.3	0.4
❷	0.4	平洪村	100.9	0.5
❸	0.9	田东收费站	100.4	2.8
❹	3.7	中石化	97.6	1.3
❺	5.0	林逢镇	96.3	1.4
❻	6.4	和同加油站	94.9	10.3
❼	16.7	良余村	84.6	5.2
❽	21.9	思林镇	79.4	6.6
❾	28.5	交警执勤点	72.8	1.9
❿	30.4	平果田东交界点	70.9	2.8
⓫	33.2	那龙村	68.1	8.3
⓬	41.5	那豆收费站	59.8	3.2
⓭	44.7	加油站	56.6	0.3
⓮	45.0	中石化	56.3	1.9
⓯	46.9	中石化	54.4	2.0
⓰	48.9	三岔路口	52.4	2.3
⓱	51.2	三岔路口	50.1	3.2
⓲	54.4	新安镇岔道	46.9	1.2
⓳	55.6	中石化	45.7	4.4
⓴	60.0	隆安与平果交界处	41.3	2.4
㉑	62.4	十字路口	38.9	2.8
㉒	65.2	雁江镇岔道	36.1	7.3
㉓	72.5	驮灵溪景点	28.8	1.3
㉔	73.8	至隆安县城城区	27.5	1.0
㉕	74.8	中石化	26.5	3.4
㉖	78.2	至隆安县城	23.1	9.8
㉗	88.0	博浪村	13.3	4.0
㉘	92.0	十字路口	9.3	9.3
㉙	101.3	隆安县那桐岔口	0.0	

从那桐出发，请从下往上阅读

当地出产一种白皮紫瓤的柚子，水分充足，酸甜可口。这是路边卖柚子的小摊。

⓫ 那龙村

2 头塘镇，注意路上的摩托车，特别是夜间有些摩托车和非机动车同向行驶在路上时没有尾灯，小车车速过快很容易导致追尾。

1 田阳县城三岔路口，田阳县去往南宁市、百色市和德保县三个方向的道路在此汇合，路口位于田阳县城西端的城郊结合部，距田阳县城中心1公里，如果从田阳县出发去往百色市，请在此将里程表清零。

田阳县

起点

0.0　47.3　1

6.8　40.5

3 十字路口，左边可去往德保县，右边为去往巴马县的323国道，从头塘镇到百色市之间323国道与324国道是合并在一起的，到了百色市的南昆铁路纪念碑的三岔路口两条国道才分开。

头塘镇

7.9　39.4　3

8.1　39.2　4

4 田阳收费站

14.2　33.1　5

5 那吉水利枢纽及德保县路口，如果从百色市出发去往德保县可以从该路口转去，从路口到那吉水利枢纽之间的道路为2006年新修建成的二级公路，路面质量很好。

6 田阳县与百色市交界点

20.2　27.1　6

7 路况抽样，由于大量长途货运车辆的碾压，从田阳县到百色市的路段近10年来长年翻新，经常铺设完几个月后又被压坏。

23.8　23.5　7

25.6　21.7　8　中国石化

8 右边中石化加油站

13 三岔路口，位于百色起义纪念碑的山脚下，桥头矗立有一面水泥制作的大红旗，红旗上有江泽民题词。路口边有数百级台阶可直通山上的纪念碑，该路口是百色市的交通枢纽，沿着城东大道向西北可去往云南省富宁县，过中山桥向南可进入中山一路，中山一路为百色市区的中轴线，过了中山桥50米左转即可到达红七军旧址。如果从百色市出发去往田阳县，请在此将里程表清零。

12 三岔路口，路口上方的小山包上立有一座纪念碑，为纪念南昆铁路开通而建立。该三岔路口是去往云南及贵州两个方向的分水岭，走左边为323国道可去往云南省富宁县，走右边为324国道可去往贵州省的兴义市和云南省的罗平县，如果要去昆明，建议走右边，全程大部分为二级柏油路面，左边去富宁县的道路沿途在修建电站和高速公路，在高速公路尚未开通之前道路很难走。

31.1　16.2　9

9 公路两旁种植有芒果、甘蔗等各类热带瓜果及农作物，在收割季节路上经常行驶有超高的拖挂车辆，超车时一定要预留足够的加速距离。

百色火车站

10

39.0　8.3

10 百色火车站路口，百色火车站是南昆铁路建成的标志性建筑，目前客流量及货物吞吐量不大。

11

12

46.2　1.1

45.8　1.5

47.3　0.0　13

终点

百色市

11 城东大道，所有车辆均沿着城东大道进入百色市区或过境去往贵州与云南，各式高楼及店铺沿着公路两旁持续往田阳方向拓展，路上摩托车及非机动车辆较多，请注意减速。

勘察报告

本路段为长途运输交通要道，沿途大车很多，同时道路也长期受到重车碾压，路况不好。路旁绿色植物丰富，为水果产地，可以看到大片的热带水果分散在道路两边。百色市为重要交通枢纽，可从这里去往云南、贵州等地。

餐饮

途中各村镇的就餐条件不是很好，建议在终点百色市就餐。

住宿

百色饭店，详见百色市城区图。

加油

由于本路段为长途运输交通要道，沿途有许多中石油、中石化及各类私营加油站，油品质量良莠不齐，建议在较大的加油站加油。

维修

沿途只有简易的货车维修点，可在百色市维修。

里程数据速查表

	从田阳县出发，请从上往下阅读		
❶	0.0	田阳县城三岔路口	47.3
❷	6.8	头塘镇	40.5
❸	7.9	十字路口	39.4
❹	8.1	田阳收费站	39.2
❺	14.2	德保县路口	33.1
❻	20.2	田阳百色交界点	27.1
❼	23.8	路况抽样	23.5
❽	25.6	右边中石化	21.7
❾	31.1	公路两旁种植有瓜果	16.2
❿	39.0	百色火车站路口	8.3
⓫	45.8	城东大道	1.5
⓬	46.2	三岔路口	1.1
⓭	47.3	三岔路口	0.0

数据间隔：6.8　1.1　0.2　6.1　6.0　3.6　1.8　5.5　7.9　6.8　0.4　1.1

从百色市出发，请从下往上阅读

百色起义纪念碑

⓫ 城东大道

站在百色起义纪念碑脚下俯瞰百色市的黄昏

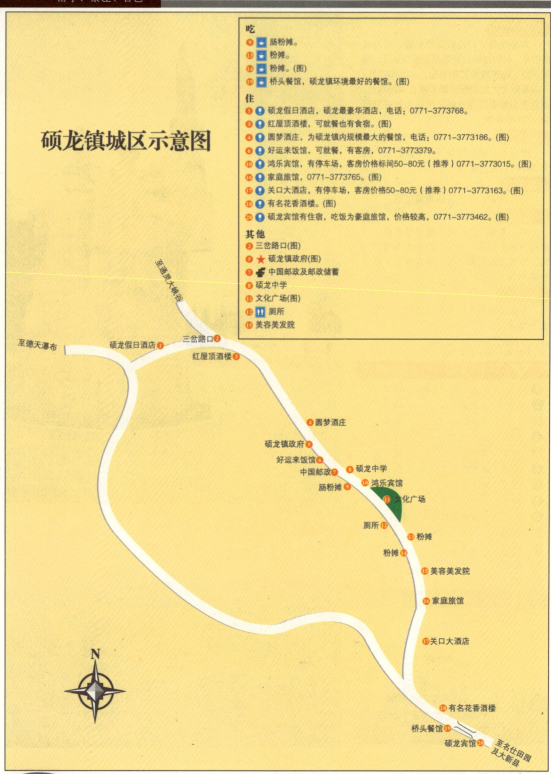

硕龙镇城区示意图

吃
- ⑨ 肠粉摊。
- ⑬ 粉摊。
- ⑭ 粉摊。(图)
- ⑲ 桥头餐馆，硕龙镇环境最好的餐馆。(图)

住
- ① 硕龙假日酒店，硕龙最豪华酒店，电话：0771-3773768。
- ③ 红屋顶酒楼，可就餐也有食宿。(图)
- ④ 圆梦酒庄，为硕龙镇内规模最大的餐馆，电话：0771-3773186。(图)
- ⑥ 好运来饭馆，可就餐，有客房，0771-3773379。
- ⑩ 鸿乐宾馆，有停车场，客房价格标间50~80元（推荐）0771-3773015。(图)
- ⑯ 家庭旅馆，0771-3773765。(图)
- ⑰ 关口大酒店，有停车场，客房价格50~80元（推荐）0771-3773163。(图)
- ⑱ 有名花香酒楼。(图)
- ⑳ 硕龙宾馆有住宿，吃饭为豪庭旅馆，价格较高，0771-3773462。(图)

其他
- ② 三岔路口(图)
- ⑤ ★ 硕龙镇政府(图)
- ⑦ 中国邮政及邮政储蓄
- ⑧ 硕龙中学
- ⑪ 文化广场(图)
- ⑫ 厕所
- ⑮ 美容美发院

至通灵大峡谷

至德天瀑布

硕龙假日酒店 ①
三岔路口 ②
红屋顶酒楼 ③

圆梦酒庄 ④
硕龙镇政府 ⑤
好运来饭馆 ⑥
中国邮政 ⑦ ⑧ 硕龙中学
肠粉摊 ⑨ ⑩ 鸿乐宾馆
⑪ 文化广场
厕所 ⑫
⑬ 粉摊
粉摊 ⑭
⑮ 美容美发院
⑯ 家庭旅馆
⑰ 关口大酒店

N

⑱ 有名花香酒楼
桥头餐馆 ⑲
硕龙宾馆 ⑳
至名仕田园及大新县

吃

粉摊

桥头餐馆，硕龙镇环境最好的餐馆。

住

红屋顶酒楼，可就餐也有食宿。

圆梦酒庄为硕龙镇内规模最大的餐馆
电话：0771-3773186。

鸿乐宾馆，有停车场，客房价格标间
50~80元（推荐），0771-3773015。

家庭旅馆，0771-3773765。

关口大酒店，有停车场，客房价格
50~80元（推荐），0771-3773163。

有名花香酒楼

其他

三岔路口

硕龙镇政府

文化广场

硕龙宾馆有住宿、吃饭，为家庭旅馆，价格较高。0771-3773462

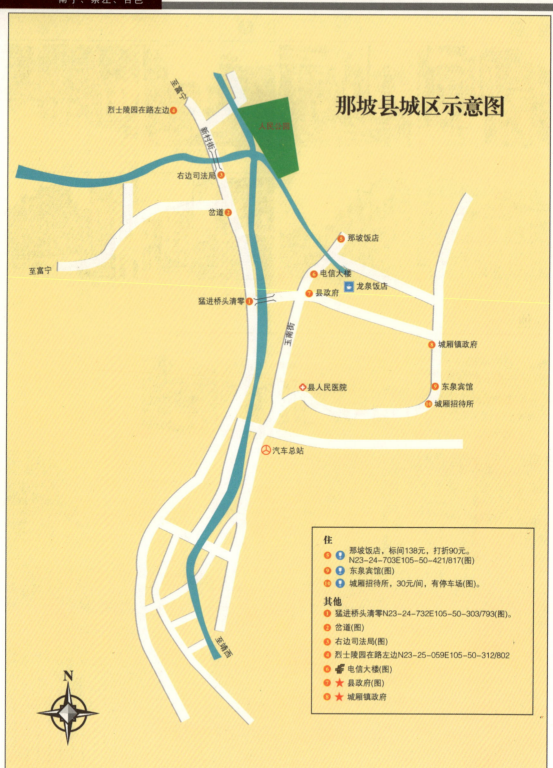

那坡县城区示意图

至靖宁

烈士陵园在路左边 ④

新村街

人民公园

右边司法局 ③

岔道 ②

至富宁

那坡饭店 ⑤

电信大楼 ⑥

龙泉饭店

县政府 ⑦

猛进桥头清零 ①

玉商街

城厢镇政府 ⑧

县人民医院

东泉宾馆 ⑨

城厢招待所 ⑩

汽车总站

至靖西

住
⑤ 那坡饭店，标间138元，打折90元。
N23-24-703E105-50-421/817(图)
⑨ 东泉宾馆(图)
⑩ 城厢招待所，30元/间，有停车场(图)。

其他
① 猛进桥头清零N23-24-732E105-50-303/793(图)。
② 岔道(图)
③ 右边司法局(图)
④ 烈士陵园在路左边N23-25-059E105-50-312/802
⑥ 电信大楼(图)
⑦ 县政府(图)
⑧ 城厢镇政府

N

住 🄆

那坡饭店，标间 138 元，打折 90 元。
N23-24-703E105-50-421/817

东泉宾馆

城厢招待所，30 元 / 间

城厢招待所停车场

其他

猛进桥头清零，N23-24-732E105-50-303/793 。

岔道

右边司法局

电信大楼

县政府

靖西县城区示意图

吃 🍴

几家早餐摊点

宝山区食坊

住 🛎

星园大酒店

有家和人小旅馆

靖西大酒店，电话：0776-6217888

城中大酒店，电话：6226666

靖西宾馆

体育宾馆，电话：0776-6232610

东方红宾馆

林发宾馆，有吃住，电话：6210288

城东宾馆

城东宾馆斜对面爱碧海茶艺馆

修 🔧

双甬气修

广茂汽车维修厂，电话：6223944；新星汽车美容、洗车 6221644。

其他

客运北站

同仁药房

百汇超市

公厕，洗车点

县委

新贤春网吧

竹之音网吧

十字街城西路与城中路交叉

客运南站

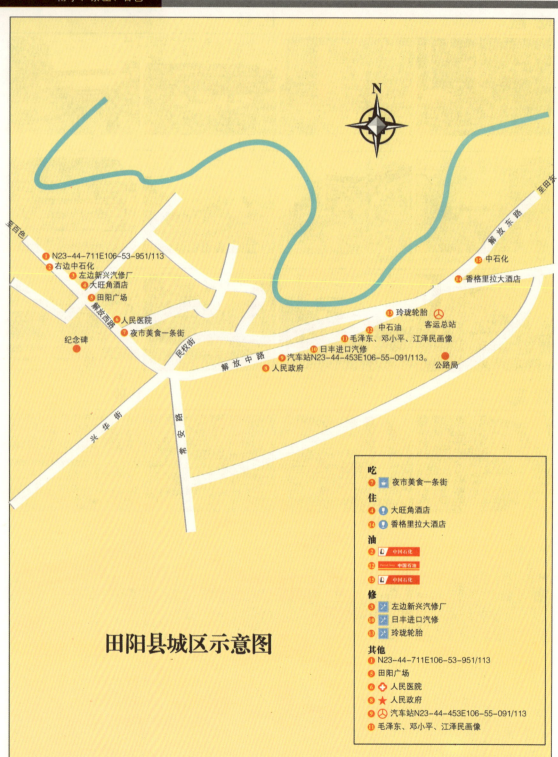

田阳县城区示意图

桂西北片区

B 桂西北片区公路分段示意图

路段号	路段名	总里程(km)	用时	页码
B01	百色市—田林县	69.6	1小时25分钟	98
B02	田林县—平吉村	26.8	30分钟	100
B03	平吉村—定安镇	70.1	2小时10分钟	102
B04	定安镇—西林县	81.5	1小时30分钟	104
B05	西林县—隆林县	75.3	1小时50分钟	106
B06	隆林县—天生桥电站大桥	46.1	50分钟	108
B07	隆林县—平吉村	116.7	2小时30分钟	110
B08	塘兴村—凌云县	64.0	1小时	112
B09	凌云县—乐业县	84.9	1小时30分钟	114
B10	乐业县—大石围天坑	12.6	20分钟	116
B11	大石围天坑—黄猄洞天坑	22.3	40分钟	118
B12	凌云县—凤山县	88.2	2小时20分钟	120
B13	凤山县—天峨交界点	52.1	1小时20分钟	122
B14	凤山县交界点—天峨县	44.6	1小时	124
B15	天峨县—坡结乡	37.2	1小时	126
B16	天峨县—巴畴乡	57.2	1小时20分钟	130
B17	巴畴乡—东兰县	52.9	1小时15分钟	132
B18	东兰县—凤山县	53.1	1小时20分钟	134
B19	凤山县—巴马县	69.7	1小时30分钟	136
B20	巴凤公路—巴马长寿村及百鸟岩	16.9	20分钟	138
B21	巴凤公路—平乐乡	13.9	30分钟	140
B22	平乐乡—江洲乡	23.7	40分钟	142
B23	巴马县—田阳县	71.6	1小时20分钟	144

桂西北片区概况

桂西北片区涵盖百色市、河池市辖区。

本片区的主要景观是规模宏大的溶洞和天坑群，主要看点是：

1. 在乐业县周边形成的大小天坑群，现在都已经开发成为一个成熟的旅游景点，其中以大石围天坑名气最大。

2. 在凤山的平乐乡至江洲乡之间有大量的天坑群未经开发，还有80公里长的溶洞至今仍探不到底，凤山江洲乡和天峨县坡结乡各有一个世外桃源般的溶洞，特别是天峨县坡结乡的穿洞河景区，乘船为唯一的入口穿暗河，进入到50多米高的溶洞内，里面保存有完好的原始森林，各种野生动物生活在与人类隔绝的一个世外桃源里，很值得驾车探访。

3. 第五次全国人口普查时发现巴马县有3160位80～99岁老人，74位百岁以上的寿星，许多百岁老人大量集中出现在一些不知名的小村庄里，全县百岁老人的密度居世界第一，是什么样的地理环境、生活习性和食物结构使得巴马造就了大量的百岁寿星，该问题一直为许多专家和养生爱好者为求长生秘诀而穷于探索中。

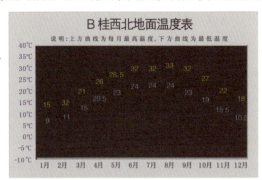

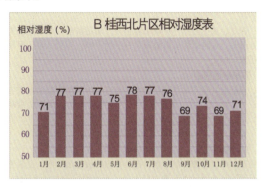

桂西北片区的各项指标

【地理环境】

桂西北片区位于云贵高原的边沿，属于百色盆地和永乐盆地的一部分，以喀斯特地貌为主，还有一些丘陵山地，这一带的地貌特点是山势很高大，属于全石山地区，除了高山就是河流，土地资源很少，石山里形成了大量的溶洞、地下河流、仙人桥、天坑，而且规模非常宏大，有许多景观尚未开发，有的甚至是最新发现的，所以桂西北片区是洞穴探险的冒险乐园。

【气候温度】

桂西北片区属于温带季风性气候区域，夏季日照时间比较长，全年气温比较温和，冬季个别偏北的县乡偶尔会有少量冰雪。每年春夏的丰雨季节，桂西北片区最典型的画面是烟雨蒙蒙的山水田园画面，比较适合摄影爱好者拍摄山水画卷。本片区内所有线路所介绍的风光不属于季节性景点，因此可以在一年四季任何时候到桂西北片区旅游。

★ 穿衣指数

春夏时节雨水较多，要准备好雨衣或雨伞。夏天的白天可以穿衣衫，晚上略微清凉，穿长袖T恤就可以了，春秋季节比较凉爽，普通秋装就可以应付了，冬季虽然气温很少有低于0℃的，但是湿度较大的寒风比较刺骨，要多加几件衣服，准备好手套以免生冻疮。

【总体路况】

桂北西片区除了B15路段的天峨县一坡结乡为泥土路，其余路段大部分是三级柏油路，还有部分二级柏油路，路面都很好，包括泥土路在内都适合于各种小车行驶，公路上各种交通标识不太齐全。百色市至天生桥电站之间的路段为贵州与云南途经广西前往国内其他省份及出海口的交通干道之一，长途货运车辆和客车较多，除了这个路段车流量较大以外，桂西片区内其他路段车流量都很小，路上粉尘很少，空气清新纯净，可

以几天才洗一次车。

虽然山区公路的路面平整，而且车流量很小，但弯道比较多，一些偏僻村庄的老人和儿童对飞驰而来的汽车比较紧张，有时甚至已经避让到路边了突然觉得不安全又冲向公路另一侧，所以不论道路有多宽，见到路边有行人时一定要减速。

桂西北片区除了百色市至天生桥电站之间的路段设有收费站外，其他区域都没有收费站。

【语言与沟通】

百色与河池为革命老区，属于老、少、边、山、穷地区，桂西北片区大部分的少数民族从衣着、语言和生活习惯上与汉族人基本没有什么区别，老百姓都很朴实热情，在桂西北片区旅游不存在语言交流上的困难。

【民风民俗】

桂西北片区主要居住着汉族、壮族、瑶族和苗族，民风很好，这一带人们的共同特点是喜欢以酒待客，一个好酒的民族一般是豪爽的民族，没有任何风俗习惯和禁忌需要客人遵从的。

【民族节庆】

东兰铜鼓节：铜鼓节是东兰县隘洞、长乐乡一带的壮族传统节日，在每年春节的正月初一、十五、三十日这3天，各村人家带上粽粑等食物把铜鼓抬到山顶上，击鼓祭祖，祭祖之后通宵达旦地进行击铜鼓比赛，期间还有众多男女青年结伴对歌。

巴马瑶族盘王节：瑶族崇奉"盘王"或"盘古王"为本民族始祖，因此盘王节是瑶族人民纪念祖先的传统节日。每年农历十月十六日，瑶族同胞欢聚在一起以歌舞来歌颂先祖的创世、迁徙、耕山、狩猎和生产生活。

【沿途餐饮】

桂西北片区的口味偏辣，主食为大米，肉类主要是猪肉、牛肉，蔬菜的品种与全国各地的大同小异，炒菜时一般不加糖或醋，会放少许辣椒或青椒。在春天和夏天可以吃到农家自己种的瓜果蔬菜，很新鲜清甜，石山地区的土鸡都是在野地里放养的，俗称"走地鸡"，肉质鲜嫩，在乡村里很容易吃到。

早餐以米粉为主，也有馒头包子和油条豆浆卖。

【当地特产】

巴马县的特产比较多，比如小米锅巴、香猪等，都是按礼品规格包装好的，可以长期保存，特别是小米锅巴，香脆微辣，不到20元一箱，买几箱放在车上，送人也行，在路上当着干粮也行。

田东、田阳县盛产无核小腰芒果，清香鲜甜。每年的春夏交替时节，公路边都有当地果农自设的小摊，摆卖从果园里摘的芒果。

【沿途住宿】

桂西北片区不属于传统的旅游地区，没有家庭旅馆或者农家乐，住宿地点建议选择当地政府接待级的宾馆或单位招待所，这些地方无所谓旅游旺季或者淡季之分，因此都可以打折，但是周末的时候住客会比平常多一点。

【安全保障】

治安和交警部门的配置：每个乡镇都设有派出所，交通要道沿线的乡镇都设有交警中队，办公地点都设在乡镇所在地，治安报警电话和交通事故报警电话都是全国统一的110和119，但是为了方便群众，各地派出所和交警中队一般还会在路牌上公布直拨的报警电话，拨打这些号码会更快捷。

【通讯条件】

信号没有覆盖全区域，但途中信号中断的地方不多，所有乡镇及较大的村庄均开通固定电话。所有乡镇都有邮政营业网点，开通普通函件和包裹邮寄及邮政储蓄业务

【油品质量】

桂西北片区的加油站网点不多，但一般的中石油和中石化加油站都提供93#和90#汽油，汽油的品质不用担心。从凤山到天峨之间的路段中没有正规的加油站，是用可乐瓶或者塑料桶称斤卖油的，建议在县城里就把油箱加满。

【食品饮料】

沿途较大的乡村一般在路边都有小卖部，但是乡村的密度很小，建议在县城里的超市购买足够两天左右的饮料和干粮，以备不时之需。

【公共厕所】

本片区的公路边和城区里很少设立公共厕所，加油站网点也不多，可以借用路边餐馆上厕所。

【汽车修理】

桂西北片区内除了百色市，其他县城的小汽车修理厂的维修水平都差不多，平常主要维修各县的公务车辆，普通的车辆故障都能对付，但是配件不是很齐全，碰到这样的情况，一般需要等上一天就可以从南宁或柳州把配件发到任何一个县城。

公路沿线的补胎点很少，主要是路况比较好，扎胎现象绝少出现。提供远程救助的修理厂也不多，车流量小是原因之一，就算提供远程施旧服务，在山区里有手机信号的地方不

多，无法电话求救，但是百色和河池的司机一般都很热情，有困难大家都愿意提供帮助，甚至帮忙修车或者拖车。

与旅行相关的一些配套设施：

● 百色市主要街道都有中行、建行、工行、农行的营业网点和柜员机，下面的县城只有农行营业网点。

● 各县城都有网吧，酒店内很少为客人提供上网服务。

● 本片区没有飞机场，汽车是唯一的交通工具，最近的机场就是南宁国际机场。

桂西北片区自驾旅游参考行程

2.5 天方案

D1百色市—乐业县—大石围天坑—黄猄洞天坑

经过B01、B08、B09、B10、B11路段，行程225.5公里，需时约5小时20分钟。

虽然本路段为大石围天坑和黄猄洞两个天坑而设计，同时两个天坑均为喀斯特漏斗奇观，不过沿途并不是想象中那么单调，岩流瑶寨、朝里风流街、凌云茶山、布柳河风景旅游区、母里屯母系氏族风情、五台山高山原始森林，这一系列沿途的景区虽然不用一个一个地细欣赏，不过依然可以选择自己喜欢的景区。而且沿途县城乡镇均有丰富的旅游配套设施，加油、用餐、住宿均很方便。最好在乐业县住宿，可以方便第二天的行程。

下塘收费站，小车收费5元。

预计油费：110元/车；住宿：70元/标间。

D2 乐业县—凌云县—凤山县—江洲乡—巴马县

经过B09、B12、B21、B22、B19路段，全程361公里，需时约7小时。

虽然这条路线较长，不过波心水源洞风景区、江洲仙人桥、甲篆乡、百魔洞、柳羊洞等美景加之一些动人传说便会忘却旅途的劳顿，可以在波心水源洞的船上午餐，别有一番风味；晚餐到甲篆乡的餐馆，顺便感受一下乡村气息。建议在甲篆邮政宾馆住宿，是当地条件最好的住宿点。

预计油费：180元/车；住宿：60元/标间。

D3 巴马县—田阳县—百色市（或南宁市）

经过路段B20、B23，行程99.4公里，需时约2小时20分钟。

巴马长寿村和百鸟园是最后的景点，百鸟园的美景和长寿村的神奇将给这段旅程画上一个完美的句号，之后从田阳返回百色或者南宁，没有必要在途中用餐。

预计油费：50元/车。

5 天方案

D1百色市—乐业县—大石围天坑—黄猄洞天坑

经过路段B01、B08、B09、B10、B11，行程225.5公里，需时约5小时20分钟。

虽然本路段为大石围天坑和黄猄洞两个天坑而设计，同时两个天坑均为喀斯特漏斗奇观，不过沿途并不是想象中那么单调，岩流瑶寨、朝里风流街、凌云茶山、布柳河风景旅游区、母里屯母系氏族风情、五台山高山原始森林，这一系列沿途的景区虽然不用一个一个地细欣赏，不过依然可以选择自己喜欢的景区。而且沿途县城乡镇均有丰富的旅游配套设施，加油、用餐、住宿均很方便。最好在乐业县住宿，可以方便第二

天的行程。

田林收费站，下塘收费站，小车收费 5 元。

预计油费：110 元 / 车；住宿：70 元 / 标间。

D2 乐业县—凌云县—凤山县—天峨县

经过路段 B09、B12、B13、B14，行程 269.9 公里，需时 6 小时 10 分钟。

在乐业早餐后出发游览石马湖景区、穿龙岩景区，之后在凤山县内午餐，再前往天峨县，龙滩水电站，全国第二大水电站壮丽的大坝和烟波浩渺的库区会让人震撼，天峨县的食宿条件良好，可以在这里停留一个晚上。

途中有加油站，天峨县城内有不错的维修厂。

预计油费：130 元 / 车；住宿：80 元 / 标间。

D3 天峨县—坡结乡—东兰县

经过 B15、B16、B17 路段，行程 147.3 公里，需时 3 小时 35 分钟。

穿洞河是这条线路中唯一的景点，虽然很少为人所知，近年来才有了部分开发，所以还更多地保留着绝美的天然、原始的风景。而且景区内还有餐厅，可以在这里用餐，好好享受了这份美景之后再继续旅程，然后停留在途中条件较好的东兰县城。

东兰县城有较好的维修厂，沿途有加油站。

预计油费：70 元 / 车；住宿：80 元 / 标间。

D4 东兰县—凤山县—江洲乡—巴马县

经过 B18、B21、B22、B19 路段，全程 191 公里，需时约 4 小时 50 分钟。

鸳鸯泉风景区、波心水源洞风景区、江洲仙人桥、甲篆乡、百魔洞、柳羊洞等景区的美景让人目不暇接，可以在波心水源洞的船上午餐，别有一番风味；晚餐到甲篆乡的餐馆，顺便感受一下乡村气息。建议在甲篆邮政宾馆住宿，是当地条件最好的住宿点。

途中没有维修厂，只有一个中石化加油站。

预计油费：90 元 / 车；住宿：60 元 / 标间。

D5 巴马县—田阳县—百色市（或南宁市）

经过路段 B20、B23，行程 99.4 公里，需时约 2 小时 20 分钟。

巴马长寿村和百鸟园是最后的景点，百鸟园的美景和长寿村的神奇将给这段旅程画上一个完美的句号，可以在长寿村拜访长寿的老人，听听他们长寿的秘诀之后从田阳返回百色或者南宁。

途中没有条件好的餐厅，建议到田阳县城内用餐。

预计油费：45 元 / 车。

8 天方案

D1 百色市—平吉村—西林县

经过 B01、B02、B03、B04 路段，行程 248 公里，需时约 5 小时 35 分钟。沿途有较多加油站和维修点。

沿途有山有水，风景秀丽，虽然没有著名的风景名胜，不过宫保村、岑氏古住宅群等并不为世人熟知的景点并不代表他们没有游览的价值。建议在田林县马鲶鱼饭店或者潞城乡阿牛哥饭店午餐，味道不错，晚餐可以在西林县城，不过营业时间很短，住在西林县城内。

田林收费站，下塘收费站，小车收费 5 元。

预计油费：120 元 / 车；过路费：10 元 / 车；住宿：60 元 / 标间。

D2 西林县—隆林县—天生桥电站大坝—万峰湖景区

经过 B05、B06 路段，部分道路的路况较差，行程 167.5 公里，需时 3 小时 30 分钟。

可先去往隆林县冷水瀑布，再到天生桥电站大坝万峰湖景

区游览，电站让湖泊更为壮阔，午餐后返回隆林县，并在县城内晚餐、住宿。

途中没有修理厂，只有一个加油站。

预计油费：80 元 / 车；住宿：70 元 / 标间。

D3 隆林县—塘兴村—乐业县

经过 B07、B02、B01、B08、B09 路段，行程 321 公里，需时约 6 小时。

虽然路途较远，不过岩流瑶寨，朝里风流街，凌云茶山，布柳河风景旅游区，母里屯母系氏族风情，五台山高山原始森林等景区和途中的风光并不会让人觉得这只是在赶路。而且途中各种旅游配套设施丰富，可以在凌云县午餐后继续旅程，然后在乐业县晚餐住宿，修整好准备接下来的精彩旅程。

途中加油、维修、住宿、餐饮、购物等配套设施齐全。

预计油费：160 元 / 车；住宿：70 元 / 标间。

D4 乐业县—大石围天坑—黄猿洞天坑—凌云县

经过 B11、B09、B10 路段，行程 152.8 公里，需时约 3 小时 30 分钟。

本路段为大石围天坑和黄猿洞两个天坑而设计，同时两个天坑均为喀斯特漏斗奇观，以大石围天坑最为著名，可以在这里午餐后继续当天的路程，当你感叹大自然的鬼斧神工时，就自然会觉得不虚此行，然后回到凌云县城内晚餐及住宿。

途中有两个加油站，没有维修点。

预计油费：70 元 / 车；住宿：80 元 / 标间。

D5 凌云县—凤山县—天峨县

经过 B12、B13、B14 路段，行程 185 公里，需时 4 小时 40 分。

在凌云早餐后出发游览石马湖景区、穿龙岩景区，之后在凤山县内午餐再前往天峨县，龙滩水电站，全国第二大水电站壮丽的大坝和烟波浩渺的库区会让人震撼，天峨县的食宿条件良好，可以在这里停留一个晚上。

沿途较多的加油站，天峨县城内有维修厂。

预计油费：90 元 / 车；住宿：80 元 / 标间。

D6 天峨县—坡结乡—东兰县

经过 B15、B16、B17 路段，行程 147.3 公里，需时 3 小时 35 分钟。

穿洞河是这条线路中唯一的景点，虽然很少为人所知，近年来才有了部分开发，所以还更多地保留着绝美的天然、原始的风景。而且景区内还有餐厅，可以在这里用餐，好好享受了这份美景之后再继续旅程，然后停留在途中条件较好的东兰县城。

预计油费：70 元 / 车；住宿：100 元 / 标间。

D7 东兰县—凤山县—江洲乡—巴马县

经过 B18、B21、B22、B19 路段，全程 191 公里，需时约 4 小时 50 分钟。

鸳鸯泉风景区、波心水源洞风景区、江洲仙人桥、甲篆乡、百魔洞、柳羊洞等景区让美景目不暇接，可以在波心水源洞的船上午餐，别有一番风味；晚餐到甲篆乡的餐馆，顺便感受一下乡村气息。建议在甲篆邮政宾馆住宿，是当地条件最好的住宿点。

东兰县城内有汽修厂，途中加油站较多。

预计油费：90 元 / 车；住宿：80 元 / 标间。

D8 巴马县—田阳县—百色市（或南宁市）

经过路段 B20、B23，行程 99.4 公里，需时约 2 小时 20 分钟。

巴马长寿村和百鸟园是最后的景点，百鸟园的美景和长寿村的神奇将给这段旅程画上一个完美的句号，之后从田阳返回百色或者南宁，没有必要在途中用餐。

途中没有条件好的餐厅，建议到田阳县城内用餐。

预计油费：50 元 / 车。

至西林县 终点

34 69.6 0.0

田林县 33 68.4 1.2 🅿 中国石化

32 65.6 4.0 🔧 补胎点

至乐业县

31 62.7 6.9

30 57.5 12.1

🅿 中国石化 29 56.3 13.3

🔺 54.1 15.5 28

27 51.9 17.7 🍜 新再来饭店

26 51.3 18.3

沿途风光 🅰 48.5 21.1 25 47.0 22.6 🍜 新甜饭店

两甚村，路边新建房屋断断续续持续4公里。 🔺 45.1 24.5 24 41.6 28.0 🔧 加水补胎点

23 37.9 31.7 🔧 加水补胎

左边鲶鱼饭店，有一些小车停车就餐，生意较好。 🍜 38.7 30.9 22 36.0 33.6 洗车加水点

21 20 19

🔺 34.5 35.1 18 32.5 37.1 🔧 补胎加水点

塘兴村 17

27.9 41.7 16 24.9 44.7 🅰 加油站

15 14 13 24.8 44.8

洗车加水点 26.3 43.3 12

下塘村 🔺 23.8 45.8

至凌云县

18.4 51.2 11

补胎加水点 🔧 17.1 52.5 10 15.2 54.4 🍜

🅿 中国石化 PetroChina 中国石油 13.0 56.6 8 12.8 56.8 7 永乐乡

澄碧河风景区 7.9 61.7 6 🏕 澄碧河水库

民族餐馆 🍜 6.5 63.1 5 5.2 64.4 🍜 安龙餐馆

4 3.5 66.1 🔺

至富宁县

3 2

0.0 69.6 1 1.8 67.8 兴义岔口

百色市 起点

至南宁市

34 田林收费站。如果从田林县去往百色方向，请在此将里程表清零。

31 左边中石化右边岔路，四级柏油路至乐业。

30 百色市与田林县交界点。

26 汪甸乡，公路穿越城区1.1公里，路边有水果摊及小卖部，无餐馆及旅馆。

13 下塘收费站，小车收费5元。

28 长平村

18 右边喜屯村

11 右边凌云县及乐业县岔口，去往凌云县及乐业县的公路为二级路。N24-01-143E106-34-173/201

B02 平吉村 凌云县

田林县 B08

B01

塘兴村

百色市

田阳县

N

3 百色隧道

1 百色起义纪念碑山脚下的三岔路口。如果从百色去往田林县方向，请在此将里程表清零。N23-54-404E106-37-451/125

9 右边迎宾水上餐厅。0776-2151058。

勘察报告

全程二级公路，车流量比较大，以长途货车为主，路面适合各种车型通过。

救助信息

汪甸派出所：0776-2301008

餐饮

途中路边餐馆较多，主要是为过往长途货车服务，建议在鲶鱼饭店就餐，也可以在终点田林县就餐，但需要从公路上转进城区内。

住宿

终点田林县城区内有住宿点。

加油

全程各加油站的油品种类及价格都一样，可以任选一家加油。

维修

途中路边有不少货车维修点和补胎点，大修建议在百色市内进行，详见百色市城区图。

里程数据速查表

▽ 从百色起义纪念碑出发, 请从上往下阅读			
①	0.0	百色起义纪念碑	69.6
②	1.8	兴义岔口	67.8	1.8
③	3.5	百色隧道	66.1	1.7
④	5.2	安龙餐馆	64.4	1.7
⑤	6.5	民族餐馆	63.1	1.3
⑥	7.9	澄碧河风景区	61.7	1.4
⑦	12.8	永乐乡	56.8	4.9
⑧	13.0	中石化及中石油	56.6	0.2
⑨	15.2	迎宾水上餐厅	54.4	2.2
⑩	17.1	补胎加水点	52.5	1.9
⑪	18.4	凌云及乐业岔口	51.2	1.3
⑫	23.8	下塘村	45.8	5.4
⑬	24.8	下塘收费站	44.8	1.0
⑭	24.9	下塘加油站	44.7	0.1
⑮	26.3	洗车加水点	43.3	1.4
⑯	27.9	塘兴村	41.7	1.6
⑰	32.5	补胎加水点	37.1	4.6
⑱	34.5	喜屯村	35.1	2.0
⑲	36.0	洗车加水点	33.6	1.5
⑳	37.9	加水补胎	31.7	1.9
㉑	38.7	鲶鱼饭店	30.9	0.8
㉒	41.6	加水补胎点	28.0	2.9
㉓	45.1	两琶村	24.5	3.5
㉔	47.0	新甜饭店	22.6	1.9
㉕	48.5	沿途风光	21.1	1.5
㉖	51.3	汪甸乡	18.3	2.8
㉗	51.9	新再来饭店	17.7	0.6
㉘	54.1	长平村	15.5	2.2
㉙	56.3	中石化	13.3	2.2
㉚	57.5	百色与田林交界点	12.1	1.2
㉛	62.7	乐业岔口	6.9	5.2
㉜	65.6	补胎点	4.0	2.9
㉝	68.4	中石化	1.2	2.8
㉞	69.6	田林收费站	0.0	1.2

从田林收费站出发, 请从下往上阅读 △

㉕ 沿途风光

㉕ 沿途风光

⑲ 平吉三岔路口，右转可前往隆林，为二级公路，左转可前往西林县及那劳宫保府古建筑群。如果从平吉村去往田林县方向，请在此将里程表清零。N24-26-629E106-03-612/350

⑰ 左边翠良餐馆。电话：0776-7100088。旁边有中石化。

⑮ 雅长路口，右转可前往，距离路口82公里，路面为土路。

⑨ 右边中石油，提供0#柴油及93#、90#汽油。

至隆林县　终点
Y　26.8　0.0　⑲　⑱
　　　　　　　⑰　26.7　0.1　左边阿牛哥饭店
平吉村　　　　　　26.2　0.6　中国石化
至西林县　　⑯
　　　　23.0　3.8　至雅长
　　　　　　⑮　21.0　5.8
　　　　　　⑭　20.0　6.8　连续公里下长坡
　　　　　　　　18.3　8.5　左边货车加水点
　　　　　　⑬

⑯ 潞城乡，公路穿越城区800米，有旅馆、大排档，城区内限速30公里。大街左边有岔路。

红旗屯　14.3　12.5　⑫　10.3　16.5　左边陆川补胎点
　　　　　　　　⑪　8.0　18.8　右边灵马鲶鱼饭店，环境卫生及经营状况较好。
　　　　　　　　⑩　7.7　19.1　中国石油
　　　　　　　⑨
中国石化　7.4　19.4　⑧
　　　　　　　　⑦　4.7　22.1　陆川饭店及补胎点
贵州盘兴饭店　5.3　21.5　⑥
　　　　　　　　⑤　4.5　22.3　中国石化
　　　　　　3.1　23.7　④
　　　2.4　24.4　③　起点
常思旅馆　1.4　25.4　②
　　0.0　26.8　①　至百色市
田林县

④ 右边兴安龙餐馆

N

① 田林收费站，如果从田林去往平吉村方向，请在此将里程表清零。N24-17-177E106-14-482/286

本路段为 324 国道，全程二级柏油路面，路面平整，坡度不大，基本没有大的弯道，视野开阔。沿路村庄较多，车流量较大，路况复杂，夜间最好不要在该路段行驶，大车的灯光容易影响视线。

餐饮

沿途多餐馆饭店，味道都很不错。推荐灵马鲶鱼饭店、潞城乡或阿牛哥饭店。

住宿

潞城乡街上有小旅馆，条件一般。

加油

沿途有中石油加油站。

维修

途中有货车维修点及补胎点，大修最好在田林县进行。

路边的村民们悠然自得，日子逍遥。

⑮ 雅长民居

里程数据速查表

		从田林县出发，请从上往下阅读		
❶	0.0	田林收费站	26.8	1.4
❷	1.4	常思旅馆	25.4	1.0
❸	2.4	修理店	24.4	0.7
❹	3.1	餐馆	23.7	1.4
❺	4.5	中石化	22.3	0.2
❻	4.7	饭店及补胎点	22.1	0.6
❼	5.3	饭店	21.5	2.1
❽	7.4	两家中石化	19.4	0.3
❾	7.7	中石油	19.1	0.3
❿	8.0	灵马鲶鱼饭店	18.8	2.3
⓫	10.3	陆川补胎点	16.5	4.0
⓬	14.3	红旗屯	12.5	4.0
⓭	18.3	货车加水点	8.5	1.7
⓮	20.0	连续下长坡	6.8	1.0
⓯	21.0	雅长岔口	5.8	2.0
⓰	23.0	潞城乡	3.8	3.2
⓱	26.2	餐馆及中石化	0.6	0.5
⓲	26.7	饭店	0.1	0.1
⓳	26.8	平吉三岔路口	0.0	
		从平吉村出发，请从下往上阅读		

八渡

⑯ 从潞城乡可去往八渡瑶族乡和宋代古营盘景点，八渡瑶族乡的瑶族民俗一直保持着自己的特色，八渡最有名的特产是八渡笋，脆、嫩是其主要特点。在百色市的太平街与中山路的路口边有一家特产专卖店，专卖八渡及百色的各类特产。

至百色市

潞城乡

起点

平吉村

至隆林县

④ 为防雨天路滑，工人在路上刨出凹纹。雨天驾驶需特别小心。

① 平吉三岔路口，如果平吉村去往定安镇方向，请在此将里程表清零。
N24-26-629E106-03-612/350

⑥ 八桃屯

0.0 70.1

12.6 57.5 ⚠ 连续弯道及悬崖

14.5 55.6   13.2 56.9 ⚡ 连续急弯陡坡

23.9 46.2   24.9 45.2 ⚠

⑤ 路基塌陷，仅能容一个车身通过，会车需避让。

施工路段 29.2 40.9   28.3 41.8 ⚠

班马村 ⚠ 34.5 35.6   30.8 39.3 红亭茶庄

37.0 33.1 🔧 右边陆川补胎

37.5 32.6   至八渡乡

⑦ 路边挂满塑料袋提示下方悬崖，悬崖路段持续500米。

⑬ 三岔路口，右转可前往者苗，距离路口22公里，路面为沙石路；左转可前往西林，从三岔口往西林方向路况变好。

38.5 31.6 Y

⑫ 福达乡，共有三家旅馆和一家饭馆，大街左边有岔路至八渡乡，八渡乡距离路口18公里，路面为乡村柏油路。

44.6 25.5 🍜 快餐店及小卖部

58.8 11.3 Ⓐ 沿途风景

至者苗

村庄 ⚠ 60.5 9.6

那免屯

61.6 8.5 驮娘江吊桥

⑱ 渭密村

64.4 5.7

65.6 4.5 ⚠ 洞洋村

左边高龙岔口，岔道为土路。 66.6 3.5 至高龙

左边中石化，90#汽油4.10元/升，93#汽油4.35元/升。

68.3 1.8 驮娘江在建水电站

🏪 中国石化 69.5 0.6

69.7 0.4 定安桥

终点 70.1 0.0 定安派出所

至西林县 定安镇

N

B02 田林县
平吉村
B07 B03
定安镇
隆林各族自治县

至百色市
至西林县

勘察报告

本路段目前为三级柏油路，有些破损，道路弯曲，路边树木遮挡视线，道路艰险，沿途正在修建平吉至八书二级公路，设计行车时速为60公里，路面宽度为7.5米，最大坡度6.9%，建成后二级公路全长为73.25公里，但开通前因施工会影响通行，所以有些车辆经常绕经隆林县到西林县。

救助信息
福达派出所：0776-7180008

餐饮

途中福达乡及终点定安镇都有小餐馆及粉摊，但晚上营业时间很短。

住宿

途中福达乡及终点定安镇都有小旅馆，住宿价格一般为每人10元左右，如果在定安镇住宿，可以在卫生院的院内停车过夜，马路对面就有几家旅馆。

加油

全程没有加油站，请在相邻路段提前将油箱加满。

维修
途中除了一家补胎点没有任何维修点。

里程数据速查表

从平吉三岔路口出发，请从上往下阅读

❶	0.0	平吉三岔路口	70.1	
				12.6
❷	12.6	连续弯道及悬崖	57.5	
				0.6
❸	13.2	连续急弯陡坡	56.9	
				1.3
❹	14.5	特殊路况	55.6	
				9.4
❺	23.9	路基塌陷	46.2	
				1.0
❻	24.9	八桃屯	45.2	
				3.4
❼	28.3	悬崖路段	41.8	
				0.9
❽	29.2	施工路段	40.9	
				1.6
❾	30.8	红亭茶庄	39.3	
				3.7
❿	34.5	班马村	35.6	
				2.5
⓫	37.0	右边陆川补胎	33.1	
				0.5
⓬	37.5	福达乡	32.6	
				1.0
⓭	38.5	三岔路口	31.6	
				6.1
⓮	44.6	快餐店及小卖部	25.5	
				14.2
⓯	58.8	沿途风景	11.3	
				1.7
⓰	60.5	村庄	9.6	
				1.1
⓱	61.6	驮娘江吊桥	8.5	
				2.8
⓲	64.4	渭密村	5.7	
				1.2
⓳	65.6	洞洋村	4.5	
				1.0
⓴	66.6	高龙岔口	3.5	
				1.7
21	68.3	驮娘江在建水电站	1.8	
				1.2
22	69.5	左边中石化	0.6	
				0.2
23	69.7	定安桥	0.4	
				0.4
24	70.1	定安派出所	0.0	

从定安镇出发，请从下往上阅读

⓯ 沿途风景

❽ 班马村

21 驮娘江在建水电站，短短100多公里内驮娘江上共建有30多座水电站。

⓱ 驮娘江吊桥，江对面为那免屯。　N24-17-094E105-43-438/381

⓭ 驮娘江与小河汇合于桥下，驮娘江浑浊，小河清澈。

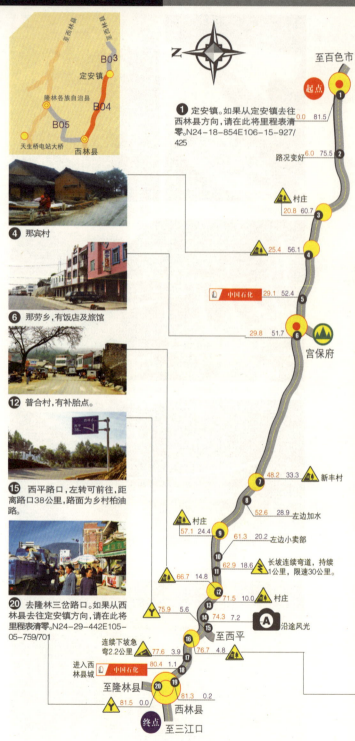

勘察报告

从定安出发6公里后路况变好，路面变宽，二级柏油路视野良好，道路沿江而上。

餐饮

可以在途中那劳乡就餐，也可以在西林县城汽车站附近的小炒店就餐。

住宿

可在西林县城住宿。

加油

在终点西林县城入城口的中石化加油。

维修

西林汽修厂 0776-8683777；金龙汽修 0776-8948783，2289586；广缘汽修 0776-8688993。

里程数据速查表

	从定安镇出发，请从上往下阅读		
①	0.0	定安镇	81.5
			6.0
②	6.0	路况变好	75.5
			14.8
③	20.8	村庄	60.7
			4.6
④	25.4	那宾村	56.1
			3.7
⑤	29.1	右边中石化	52.4
			0.7
⑥	29.8	那劳乡	51.7
			18.4
⑦	48.2	新丰村	33.3
			4.4
⑧	52.6	加水点	28.9
			4.5
⑨	57.1	村庄	24.4
			4.2
⑩	61.3	左边小卖部	20.2
			1.6
⑪	62.9	长坡连续弯道	18.6
			3.8
⑫	66.7	普合村	14.8
			4.8
⑬	71.5	村庄	10.0
			2.8
⑭	74.3	沿途风光	7.2
			1.6
⑮	75.9	西平岔口	5.6
			0.8
⑯	76.7	村庄	4.8
			0.9
⑰	77.6	连续下坡急弯	3.9
			2.8
⑱	80.4	左边中石化	1.1
			0.9
⑲	81.3	进入西林县城	0.2
			0.2
⑳	81.5	西林去隆林三岔路口	0.0

从西林县出发，请从下往上阅读

① 定安镇。如果从定安镇去往西林县方向，请在此将里程表清零。N24-18-854E106-15-927/425

路况变好 6.0 75.5

村庄 20.8 60.7

25.4 56.1

中国石化 29.1 52.4

29.8 51.7 宫保府

48.2 33.3 新丰村

52.6 28.9 左边加水

村庄 57.1 24.4

61.3 20.2 左边小卖部

62.9 18.6 长坡连续弯道，持续1公里，限速30公里。

66.7 14.8

71.5 10.0 村庄

75.9 5.6

74.3 7.2 沿途风光

至西平

连续下坡急弯2.2公里 77.6 3.9

76.7 4.8

进入西林县城 中国石化 80.4 1.1

至隆林县

81.3 0.2 西林县

81.5 0.0

终点 至三江口

④ 那宾村

⑥ 那劳乡，有饭店及旅馆

⑫ 普合村，有补胎点。

⑮ 西平路口，左转可前往，距离路口38公里，路面为乡村柏油路。

⑳ 去隆林三岔路口。如果从西林县去往定安镇方向，请在此将里程表清零。N24-29-442E105-05-759/701

起点 至百色市 0.0 81.5

B03 定安镇 B04 B05

至西林县 至隆林县

隆林各族自治县 天生桥电站大桥 西林县

⑯ 村庄

岑氏古住宅群

　　从西林县城往三江口方向二级公路 9.7 公里到达红星村路口，N24-29-504E105-01-330/723。岑氏古住宅群便位于红星村内。

宫保府

　　那劳乡大街上路口左转 1.1 公里即到宫保府，N24-20-839E105-26-792/500 。

⑭ 沿途风光。N24-28-148E105-08-125/872

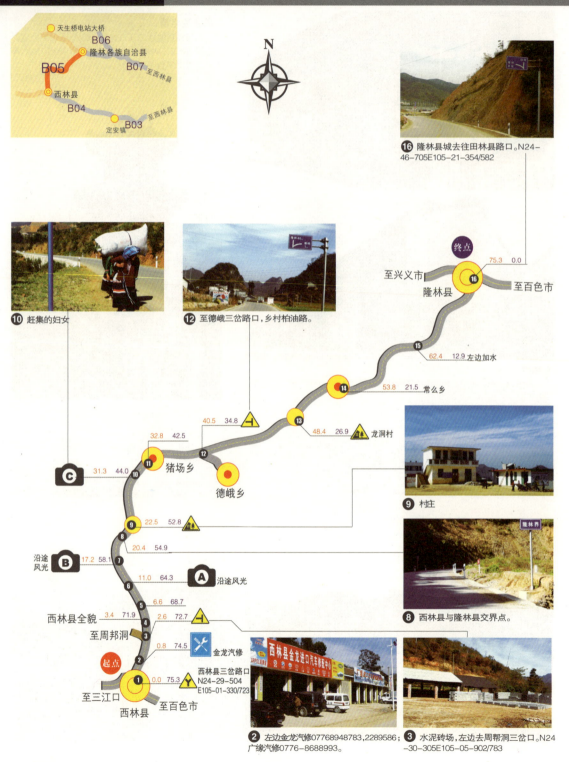

B05

B06 天生桥电站大桥
隆林各族自治县
B05 西林县 B07 至西林县
B04
B03 定安镇 至西林县

N

⑯ 隆林县城去往田林县路口。N24–46–705E105–21–354/582

终点
至兴义市 隆林县 75.3 0.0 ⑯ 至百色市

⑩ 赶集的妇女

⑫ 至德峨三岔路口，乡村柏油路。

62.4 12.9 左边加水 ⑮

53.8 21.5 常么乡 ⑭

40.5 34.8 ⑬

48.4 26.9 龙洞村 ⑬

32.8 42.5 ⑪ 猪场乡

⑫

德峨乡

C 31.3 44.0 ⑩

⑨ 村庄

22.5 52.8 ⑨
⑧
20.4 54.9 ⑦

沿途风光 B 17.2 58.1

11.0 64.3 A 沿途风光

⑥ ⑧ 西林县与隆林县交界点。

6.6 68.7 ⑤

西林县全貌 3.4 71.9 ④ 2.6 72.7

至周邦洞 ③

0.8 74.5 金龙汽修

起点
⑪ 0.0 75.3
至三江口 西林县 至百色市

西林县三岔路口
N24–29–504
E105–01–330/723

② 左边金龙汽修07768948783,2289586；广缘汽修0776–8688993。

③ 水泥砖场,左边去周邦洞三岔口。N24–30–305E105–05–902/783

勘察报告

　　全程三级柏油路面，坡道急弯多。途中猪场乡的各类少数民族风情保存完好，特别是在赶集的时候，男女青年的各类服饰色彩斑斓，令人眼花缭乱，中老年人的服饰也别具一格。

餐饮

　　途中猪场乡有粉摊，或者在隆林县城就餐。

住宿

　　建议在隆林县城住宿

加油

　　途中没有加油站，建议在西林县城或隆林县城加油。

维修

　　西林汽修厂0776-8683777；金龙汽修厂0776-8948783，2289586；广缘汽修厂0776-8688993

里程数据速查表

		从西林县出发，请从上往下阅读		
❶	0.0	西林县三岔路口	75.3	
❷	0.8	金龙汽修	74.5	0.8
❸	2.6	左边周帮洞岔口	72.7	1.8
❹	3.4	西林县全貌	71.9	0.8
❺	6.6	路边山坡板栗树	68.7	3.2
❻	11.0	沿途风光	64.3	4.4
❼	17.2	沿途风光	58.1	6.2
❽	20.4	西林与隆林交界点	54.9	3.2
❾	22.5	村庄	52.8	2.1
❿	31.3	沿途风光	44.0	8.8
⓫	32.8	猪场乡	42.5	1.5
⓬	40.5	德峨岔口	34.8	7.7
⓭	48.4	龙洞村	26.9	7.9
⓮	53.8	常么乡	21.5	5.4
⓯	62.4	左边加水	12.9	8.6
⓰	75.3	隆林县城	0.0	12.9
		从隆林县出发，请从下往上阅读		

❼ 沿途风光

❻ 西林出来11公里连续爬坡弯道，海拔最高1253米，沿路有不少赶集的村民。

❺ 路两边山坡种满板栗树

⓫ 猪场乡，赶集的妇女衣着鲜艳，很有民族特色。

⑰ 天生桥水电站入口

⑲ 天生桥水电站大桥,这里也是广西与贵州的交界点。如果从天生桥电站去往隆林县方向,请在此将里程表清零。

终点

46.1 0.0

三岔路口 38.3 7.8

天生桥镇N24-55-366
E105-05-819/883

39.0 7.1

⑲

⑯

⑰ 41.7 4.4

至兴义市

⑮ ⑱ 43.1 3.0

至桠杈镇

⑭

⑬ 36.4 9.7 A

⑱ 三岔路口,直行去桠杈镇,左转下坡去兴义市。

35.1 11.0 坡隆村,在此开始路况变差

30.5 15.6 ⑫

岩场村 24.8 21.3 ⑪

那隆水库 18.1 28.0 ⑩

那隆村 17.5 28.6 ⑨

央腊村 14.9 31.2 ⑧

⑭ 沿途风光,水库上游的湖中有很多养殖筏。

者浪乡 10.8 35.3 ⑦

至蒙里 10.5 35.6 至蒙里路口
9.8 36.3 右边加水

那谷
5.4 40.7
至者堡

⑥ ⑤ ④ ③ 4.4 41.7

⑫ 祥播村,N24-52-818E105-08-510/849

中国石化

隆林县
②
① 起点

3.1 43.0

至田林

三岔路口N24-46-705
E105-21-354/582 0.0 46.1

至西林

天生桥电站大桥
B06
B07
隆林各族自治县
B05
西林县
至西林县
定安镇
至西林县

N

② 右边中石化

③ 至者堡三岔路,土路。

勘察报告

本路段为三级柏油路面，多在山谷间穿行，时有盘山公路，坡道弯多，路况一般，避免夜间行车，后一小段路况变差，不过小车依然可以通过。沿途经过两处水库，风光优美。

救助信息

者浪派出所 0776-8407401
天桥派出所 0776-860231

餐饮

沿途路边偶有几家小餐馆，可选择的余地非常小。

住宿

沿途无住宿点，建议在隆林县城或相邻的下个路段住宿。

加油

全路段只有离隆林县城 3 公里处有一个加油站。

维修

沿途只有路边维修小店和加水点，大修还是建议在相邻路段比较大的县城里进行。

深谷里的村庄

里程数据速查表

	从隆林县出发，请从上往下阅读			
❶	0.0	隆林县路口	46.1	
❷	3.1	右边中石化	43.0	3.1
❸	4.4	至者堡路口	41.7	1.3
❹	5.4	那谷	40.7	1.0
❺	9.8	右边加水	36.3	4.4
❻	10.5	至蒙里路口	35.6	0.7
❼	10.8	者浪乡	35.3	0.3
❽	14.9	央腊村	31.2	4.1
❾	17.5	那隆村	28.6	2.6
❿	18.1	那隆水库	28.0	0.6
⓫	24.8	岩场村	21.3	6.7
⓬	30.5	祥播村	15.6	5.7
⓭	35.1	坡隆村路况变差	11.0	4.6
⓮	36.4	沿途风光	9.7	1.3
⓯	38.3	三岔路口	7.8	1.9
⓰	39.0	天生桥镇	7.1	0.7
⓱	41.7	天生桥水电站入口	4.4	2.7
⓲	43.1	兴义市路口	3.0	1.4
⓳	46.1	天生桥水电站大桥	0.0	3.0

从天生桥水电站大桥出发，
请从下往上阅读

天生桥水电站

库区风光

109

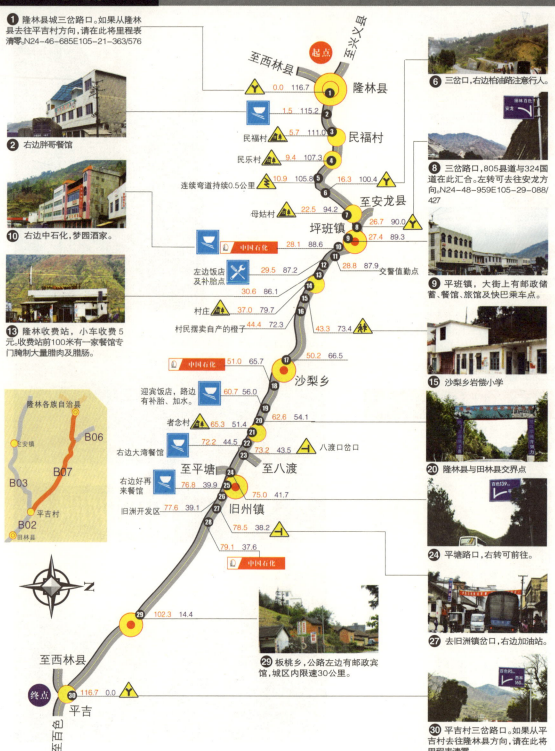

1 隆林县城三岔路口。如果从隆林县去往平吉村方向，请在此将里程表清零。N24-46-685E105-21-363/576

至西林县

起点

至兴义县

6 三岔口，右边柏油路注意行人。

0.0　116.7

1.5　115.2

隆林县

2 右边胖哥餐馆

5.7　111.0

民福村

民福村

8 三岔路口，805县道与324国道在此汇合。左转可去往安龙方向。N24-48-959E105-29-088/427

9.4　107.3

民乐村

连续弯道持续0.5公里　10.9　105.8

16.3　100.4

至安龙县

10 右边中石化，梦园酒家。

母姑村　22.5　94.2

26.7　90.0

9 坪班镇，大街上有邮政储蓄、餐馆、旅馆及快巴乘车点。

坪班镇

27.4　89.3

28.1　88.6　中国石化

左边饭店及补胎点　29.5　87.2

28.8　87.9　交警值勤点

30.6　86.1

13 隆林收费站，小车收费5元。收费站前100米有一家餐馆专门腌制大量腊肉及腊肠。

村庄　37.0　79.7

村民摆卖自产的橙子　44.4　72.3

43.3　73.4

隆林各族自治县

德峨镇

B06

15 沙梨乡岩偿小学

B03

B07

中国石化　51.0　65.7

50.2　66.5

平吉村

沙梨乡

B02

田林县

迎宾饭店，路边有补胎、加水。　60.7　56.0

62.6　54.1

20 隆林县与田林县交界点

者念村　65.3　51.4

右边大湾餐馆　72.2　44.5

73.2　43.5　八渡口岔口

至平塘

至八渡

24 平塘路口，右转可前往。

右边好再来餐馆　76.8　39.9

75.0　41.7

旧洲开发区　77.6　39.1

旧州镇

N

78.5　38.2

79.1　37.6　中国石化

27 去旧洲镇岔口，右边加油站。

29　102.3　14.4

至西林县

29 板桃乡，公路左边有邮政宾馆，城区内限速30公里。

终点

30　116.7　0.0

平吉

至百色

30 平吉村三岔路口。如果从平吉村去往隆林县方向，请在此将里程表清零。

里程数据速查表

①	0.0	隆林县城三岔路口	116.7		
②	1.5	右边胖哥餐馆	115.2		1.5
③	5.7	民福村	111.0		4.2
④	9.4	民乐村	107.3		3.7
⑤	10.9	连续弯道	105.8		1.5
⑥	16.3	三岔口	100.4		5.4
⑦	22.5	母姑村	94.2		6.2
⑧	26.7	三岔路口	90.0		4.2
⑨	27.4	平班镇	89.3		0.7
⑩	28.1	中石化及梦园酒家	88.6		0.7
⑪	28.8	交警值勤点	87.9		0.7
⑫	29.5	饭店及补胎点	87.2		0.7
⑬	30.6	隆林收费站	86.1		1.1
⑭	37.0	村庄	79.7		6.4
⑮	43.3	岩偿小学	73.4		6.3
⑯	44.4	路边水果摊	72.3		1.1
⑰	50.2	沙梨乡	66.5		5.8
⑱	51.0	左边中石化	65.7		0.8
⑲	60.7	迎宾饭店	56.0		9.7
⑳	62.6	隆林与田林交界点	54.1		1.9
㉑	65.3	者念村	51.4		2.7
㉒	72.2	右边大湾餐馆	44.5		6.9
㉓	73.2	八渡口岔口	43.5		1.0
㉔	75.0	平塘岔口	41.7		1.8
㉕	76.8	右边好再来餐馆	39.9		1.8
㉖	77.6	旧洲开发区	39.1		0.8
㉗	78.5	旧洲镇岔口	38.2		0.6
㉘	79.1	右边中石化	37.6		23.2
㉙	102.3	板桃乡	14.4		14.4
㉚	116.7	平吉村三岔路口	0.0		

从隆林县城三岔路口出发，请从上往下阅读

从平吉村出发，请从下往上阅读

⑰ 沙梨乡

⑦ 母姑村

⑯ 路边数公里内陆续有村民摆卖自产的橙子，0.6元/斤，也有整袋装的，每袋约20斤，8元/袋。

至乐业县

终点

凌云县 ㉙ 64.0 0.0

至凤山县

㉘ 县城道路

62.2 1.8 ㉘

61.5 2.5 左边云台揽胜，约150米高山上有凉亭，可俯看田园。 ㉗

㉔ 弄福路口，右转可前往，距离路口17公里，路面为四级柏油路。

56.2 7.8 平里 ㉖

至弄福

去九洞岔口 52.5 11.5

下甲乡

至九洞 ㉕

㉔ 51.7 12.3

㉓ 朝里路口，左转可前往，距离路口27公里，路面为四级柏油路。

㉔ 朝里路口，左转可前往，距离路口27公里，路面为四级柏油路。

㉑8 九民路口，左转可前往，距离路口1.5公里。

至朝里 ㉓ 48.1 15.9

㉒ 46.3 17.7 连续下坡湾道

凉风坳隧道 43.2 20.8

㉑

左边田园风光 A 39.0 25.0 ㉒0

㉑6 岩流寨路口，右转可前往，距离路口7公里，路面四级柏油路。

37.0 27.0 ㉑9

㉑8

弄孟 35.1 28.9 ㉑7

34.6 29.4

至岩流寨

坡贴 34.1 29.9 ㉕5 ㉑6

㉘8 田林路口，左转可前往，距离路口68公里，路面四级柏油路。

33.6 30.4 ㉑4

中国石化 32.9 31.1 ㉑3 33.2 30.8 左岔口

㉑2 至伶站

伶站岔口 31.6 32.4 ㉑1

㉔ 朝里路口，左转可前往，距离路口27公里，路面为乡村土路。

百贯 28.6 35.4 31.3 32.7 福多多酒楼

㉑0

至田林 27.8 36.2 ㉘

㉘7 那力水电站

㉑

25.4 38.6 ㉖ 25.8 38.2

㉖ 那力

23.6 40.4 ㉕

㉕5 百色凌云交界点

21.4 42.6 ㉔

㉓ 20.2 43.8 上惠村

㉒

11.7 52.3 九六岭隧道

起点

塘兴村 ㉑ 0.0 64.0

㉔4 平塘

N

至田林

至百色

平吉村 B02
B09
田林县 凌云县
B01 B08
塘兴村
百色市
田阳县

㉙ 汽车站。如果从凌云县去往百色塘兴村方向，请在此将里程表清零。N24-20-695E106-33-792/448

㉑ 百色塘兴三岔路口，N24-01-161E106-34-189/196。

勘察报告

全程为省道206，路比较好走，各种车辆均能轻松通过，全程柏油路面，弯多坡陡，需小心驾驶。黄昏的时候要注意晚归的农民、农用车辆和牲畜。

救助信息

下甲乡派出所　0776-7408012

餐饮

沿途村庄餐厅较多，主要为当地村民消费，均可就餐。

住宿

途中无住宿点，建议在凌云县城内住宿。

加油

途中以及县城内均有加油站可以加油。

维修

沿途没有修理店，必须到县城才有修理点。

里程数据速查表

从百色塘兴三岔路口出发，请从上往下阅读

#		地点		间距
1	0.0	百色塘兴三岔路口	64.0	11.7
2	11.7	九六岭隧道	52.3	8.5
3	20.2	上惠村	43.8	1.2
4	21.4	平塘	42.6	2.2
5	23.6	百色凌云交界点	40.4	1.8
6	25.4	那力	38.6	0.4
7	25.8	那力水电站	38.2	2.0
8	27.8	田林路口	36.2	0.8
9	28.6	百贯	35.4	2.7
10	31.3	右边福多多酒楼	32.7	0.3
11	31.6	伶站路口	32.4	1.3
12	32.9	左边中石化	31.1	0.3
13	33.2	左路口	30.8	0.4
14	33.6	朝里路口	30.4	0.5
15	34.1	坡贴	29.9	0.5
16	34.6	岩流寨路口	29.4	0.5
17	35.1	弄孟	28.9	1.9
18	37.0	去九民岔口	27.0	2.0
19	39.0	田园风光	25.0	3.4
20	42.4	路况	21.6	0.8
21	43.2	凉风坳隧道	20.8	3.1
22	46.3	连续下坡	17.7	1.8
23	48.1	朝里路口	15.9	3.6
24	51.7	下甲乡	12.3	0.8
25	52.5	九洞路口	11.5	3.7
26	56.2	平里	7.8	5.3
27	61.5	景点	2.5	0.7
28	62.2	县城道路	1.8	1.8
29	64.0	凌云县汽车站	0.0	

从凌云县出发，请从下往上阅读

19 左边田园风光

3 上惠村

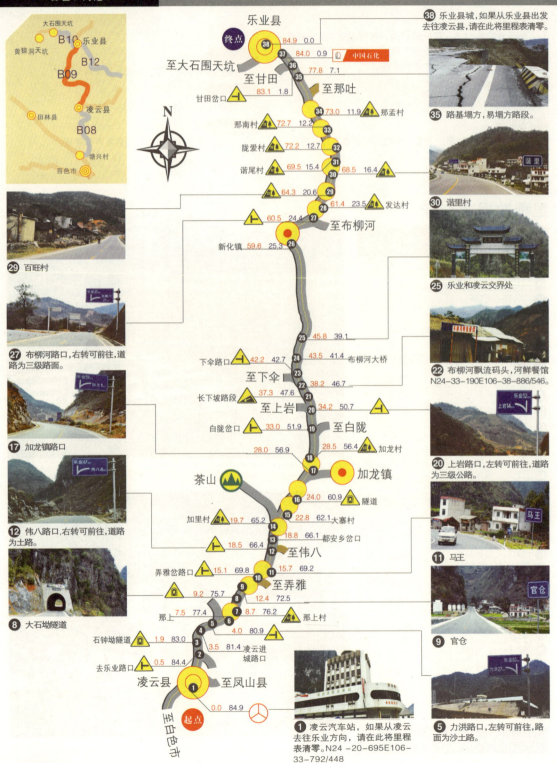

B10 乐业县
B12
B09
凌云县
B08
大石围天坑
黄猱洞天坑
田林县
塘兴村
百色市

乐业县
终点
38
37
36
35

38 乐业县城，如果从乐业县出发去往凌云县，请在此将里程表清零。

至大石围天坑
至甘田
甘田岔口
那南村
陇爱村
谐尾村
新化镇

至那吐
那孟村
发达村
至布柳河

84.9 0.0
84.0 0.9 中国石化
77.8 7.1
83.1 1.8
73.0 11.9 34
72.7 12.2 33
72.2 12.7 32
69.5 15.4 31
68.5 16.4 30
64.3 20.6 29
61.4 23.5 28 发达村
60.5 24.4 27 至布柳河
59.6 25.3 26

35 路基塌方，易塌方路段。

30 谐里村

29 百旺村

27 布柳河路口，右转可前往，道路为三级路面。

下伞路口
至下伞
长下坡路段
至上岩
白陇岔口

25 45.8 39.1
24 43.5 41.4 布柳河大桥
23 42.2 42.7
22 38.2 46.7
21 37.3 47.6
20 34.2 50.7
19 33.0 51.9 至白陇
    28.0 56.9 18 28.5 56.4 加龙村

25 乐业和凌云交界处

22 布柳河飘流码头，河鲜餐馆
N24-33-190E106-38-886/546。

20 上岩路口，左转可前往，道路为三级公路。

茶山
加里村
加龙镇
17 加龙镇路口

17
16 24.0 60.9 隧道
15 22.8 62.1 大寨村
14 19.7 65.2
13 18.8 66.1 都安乡岔口
12 至伟八

12 伟八路口，右转可前往，道路为土路。

弄雅岔口
11 15.7 69.2
10 15.1 69.8
9   至弄雅
    12.4 72.5
    9.2 75.7
8   大石坳隧道

11 马王

8   大石坳隧道
那上
石钟坳隧道
去乐业路口
凌云县
至凤山县

8.7 76.2
7.5 77.4 那上村
4.0 80.9
1.9 83.0
3.5 81.4 凌云进城路口
0.5 84.4
0.0 84.9

起点

9 官仓

1 凌云汽车站，如果从凌云去往乐业方向，请在此将里程表清零。N24-20-695E106-33-792/448

5 力洪路口，左转可前往，路面为沙土路。

至白色市

114

里程数据速查表

从凌云汽车站出发，请从上往下阅读

	里程	地点	剩余	间距
❶	0.0	凌云汽车站	84.9	
				0.5
❷	0.5	去乐业路口	84.4	
				1.4
❸	1.9	石钟坳隧道	83.0	
				1.6
❹	3.5	凌云进城路口	81.4	
				0.5
❺	4.0	力洪岔口	80.9	
				3.5
❻	7.5	那上	77.4	
				1.2
❼	8.7	那上村	76.2	
				0.5
❽	9.2	大石坳隧道	75.7	
				3.2
❾	12.4	官仓	72.5	
				2.7
❿	15.1	弄雅岔路	69.8	
				0.6
⓫	15.7	马王	69.2	
				2.8
⓬	18.5	伟八路口	66.4	
				0.3
⓭	18.8	都安乡岔口	66.1	
				0.9
⓮	19.7	加里村	65.2	
				3.1
⓯	22.8	大寨村	62.1	
				1.2
⓰	24.0	隧道	60.9	
				4.0
⓱	28.0	加龙镇岔口	56.9	
				0.5
⓲	28.5	加龙村	56.4	
				4.5
⓳	33.0	白陇岔口	51.9	
				1.2
⓴	34.2	上岩岔口	50.7	
				3.1
㉑	37.3	长下坡路段	47.6	
				0.9
㉒	38.2	布柳河飘流码头	46.7	
				4.0
㉓	42.2	下伞路口	42.7	
				1.3
㉔	43.5	布柳河大桥	41.4	
				2.3
㉕	45.8	乐业与凌云交界	39.1	
				13.8
㉖	59.6	新化镇	25.3	
				0.9
㉗	60.5	布柳河岔口	24.4	
				0.9
㉘	61.4	发达村	23.5	
				2.9
㉙	64.3	百旺村	20.6	
				4.2
㉚	68.5	谐里村	16.4	
				1.0
㉛	69.5	谐尾村	15.4	
				2.7
㉜	72.2	陇爱村	12.7	
				0.5
㉝	72.7	那南村	12.2	
				0.3
㉞	73.0	那孟村	11.9	
				4.8
㉟	77.8	易塌方路段	7.1	
				5.3
㊱	83.1	甘田岔口	1.8	
				0.9
㊲	84.0	中石化	0.9	
				0.9
㊳	84.9	乐业县城	0.0	

从乐业县城出发，请从下往上阅读

勘察报告

全程省道 206，路比较好走，全程柏油路面，弯多坡陡，需小心驾驶，沿途车流量少，空气纯净，风光优美。通过村庄时注意行人、农用车辆和牲畜的通过。

餐饮

沿途村庄乡镇餐厅很多，主要为当地村民消费，均可就餐。

住宿

途中无住宿点，可以在凌云县或者乐业县城内住宿。

加油

在距离乐业县城 1 公里处有中石化加油站，也是全路段唯一的加油站，建议在此加油。

维修

沿途没有维修点，出发前最好做车辆的维护工作。

⑮ 大寨村风光

⑭ 沿途风光

看牛坪 11.5 23.4

11.3 23.6

终点

12.6 22.3

大石围天坑

穿洞天坑

至黄猄洞

⑧ 穿洞天岔路口，穿洞天坑附近的沿途风光。

8.3 26.6 ⑦

下六 6.7 28.2 ⑥

六路坪 4.9 30.0 ⑤

玫瑰大厅

玫瑰大厅后洞
谭家洞

谭家山庄

⑦ 六为三岔路口风光。

3.1 31.8 岔口(土路) ④

2.8 32.1 ③

乐业县

隧道 0.1 34.8 ②

县城三岔路口，如果从乐业县出发去往大石围天坑，请在此将里程表清零。N24－46－251E106－32－878/933 ①

起点

至凌云县

⑩ 大石围天坑大门，如果从大石围天坑出发去往乐业县，请在此将里程表清零。N24－49－619E106－29－194/1144

③ 朝阳乡

里程数据速查表

从乐业县出发，请从上往下阅读

①	0.0	县城三岔路口	12.6	
②	0.1	隧道	12.5	0.1
③	2.8	朝阳	9.8	2.7
④	3.1	岔口(土路)	9.5	0.3
⑤	4.9	六路坪	7.7	1.8
⑥	6.7	下六	5.9	1.8
⑦	8.3	六为三岔口	4.3	1.6
⑧	11.3	穿洞天坑路口	1.3	3.0
⑨	11.5	看牛坪	1.1	0.2
⑩	12.6	大石围天坑大门	0.0	1.1

从大石围天坑出发，请从下往上阅读

大石围天坑
B11 B10 乐业县
黄猄洞天坑
B12
B09
田林县
凌云县
塘兴村

N

勘察报告

从县城过去 12.9 公里为柏油三级路面，12.9 公里后到黄猄洞景区为沙石。土路弯多路窄，灰尘较大，车流量少，尤以本地车辆居多。大石围天坑门票 90 元 / 人，儿童 50 元 / 人，电话：0776-7921529。黄猄洞门票 60 元 / 人。

救助信息

花坪镇派出所　0776-7711190

餐饮

可以在平班镇、隆林收费站附近或板桃乡就餐。也可以转入旧洲镇内就餐，但街道很窄，大街上挤满三轮车及兜客的微型车。

住宿

谭家山庄：电话 0776-7921057，有一间单人房一间双人房，吃饭 15 元 / 人，住宿 10 元 / 人。

玫瑰大厅后洞

天坑外观

⑤ 谭家洞

田林县
黄猄洞天坑
大石围天坑
B11
B10
塘兴村　凌云县　乐业县

黄猄洞

22.3　0.0　⑩

终点

19.2　3.1　⑨

勘察报告

从县城到 12.9 公里处的大石围天坑为柏油三级路面，大石围景区到黄猄洞景区为沙石土路，弯多路窄，灰尘较大，车流量少，尤以本地车辆居多。沿途为典型的喀斯特漏斗地貌，一路风景优美。

救助信息

花坪镇派出所　0776-7711190

餐饮

可以在平班镇、隆林收费站附近或板桃乡就餐。也可以转入旧洲镇内就餐，但街道很窄，大街上挤满三轮车及兜客的微型车。

住宿

谭家山庄：电话 0776-7921057 有一间单人房一间双人房，吃饭 15 元/人，住宿 10 元/人。白云山庄：0776-7711258，100 个床位，有餐厅；四合院套房 230~300 元，标间 140~200 元，可打折；特点：地处森林中的山顶，周边环境雅致且安静。大石围天坑门票 90 元/人，儿童 50 元/人，电话 0776-7921529。黄猄洞门票 60 元/人。

花坪镇区，有银松林宾馆，有饭馆。
16.6　5.7　⑧

中国石化　16.2　6.1　⑦

14.8　7.5　⑥

岔路　10.2　12.1　⑤

8.2　14.1

④

大石围天坑后门

⑩ 黄猄洞景区大门，大门距景区 6 公里，绕山而上，如果从黄猄洞景区出发去往大石围景区请在此将里程表清零。N24-50-722E106-19-802/794

⑨ 路况抽样，土路，道路宽 6 米，灰压较大。

④ 左边白云山庄

② 左边天坑餐馆

在此开始为沙石路面　1.4　20.9

0.1　22.2

0.0　22.3

大石围天坑

起点

至乐业县

① 大石围天坑大门，如果从大石围天坑出发去往黄猄洞天坑，请在此将里程表清零。N24-49-619E106-29-194/1144

里程数据速查表

从大石围天坑大门出发，请从上往下阅读

①	0.0	大石围天坑大门	22.3	
				0.1
②	0.1	天坑餐馆	22.2	
				1.3
③	1.4	开始为沙石路面	20.9	
				6.8
④	8.2	白云山庄	14.1	
				2.0
⑤	10.2	岔路	12.1	
				4.6
⑥	14.8	花坪镇	7.5	
				1.4
⑦	16.2	中石化	6.1	
				0.4
⑧	16.6	花坪镇	5.7	
				2.6
⑨	19.2	路况	3.1	
				3.1
⑩	22.3	黄猄洞景区大门	0.0	

从黄猄洞景区大门出发，请从下往上阅读

观景台景观

观景台的最高处，悬崖绝壁。

深不见底

观景台的山路，可谓是山路十八弯。

　　大石围天坑位于同乐镇刷把村，距县城 23 公里，属红水河南端的干热河谷地带，经国土资源部岩溶地质专家和岩溶洞穴专家实地考察论证，大石围的地下原始森林面积 9.6 万平方米，为世界第一。大石围天坑垂直深度约为 613 米，东西宽约为 600 米，南北宽约为 420 米，其容积约 0.8 亿立方米，有世界"天坑博物馆"之美称。大石围是一处典型的喀斯特漏斗奇观，集独特奇绝的地下溶洞、地下原始森林、珍稀动物及地下暗河于一体的巨型天坑。天坑底部林中有洞，洞中有河，河流湍急，且有冷热交汇的两条庞大的地下暗河，地下暗河中的石笋挺拔丛生，石帘晶莹透亮，具有很高的观赏价值。在大石围周边村屯又有独特奇绝的白洞、神木、苏家坑、邓家坨、甲蒙、燕子、盖帽、黄猄、风岩、大坨、穿洞等 20 几个天坑，形成了世界上独一无二的"天坑群"，在"天坑群"的周边，还有冒气洞、马蜂洞、熊家东、西洞等 50 多个溶洞景点与之相配。

27 天峨县路口，左转可前往，去天峨的公路穿过凤阳关天然遂洞，直行过桥进入凤山县城区。如果从凤山县出发去往凌云县，请在此将里程表清零。N24 –33–064E107–02–436/481

22 金牙乡路口，左转可前往，去金牙乡的道路为四级柏油路；右边去平乐乡15公里，去平乐乡砂土路面水毁严重。

21 六马村

15 哥顶村

9 陇朗村，有摩托修理店。

10 左边加尤岔口，岔道为四级柏油路面。

5 白马村

3 盘山公路，时速20公里。

26 左边中石化

16 凌云县与凤山县交界处，也是百色市与河池市交界处。

14 祥福路口，右转可前往，去往祥福的岔道为土面。

13 沙里路口，右转可前往，岔道为四级柏油路面。

12 逻楼镇，有住宿，饭馆。

8 安水村

6 沿途路边有很多墓碑加工场

7 东和乡

4 事故多发点，悬崖石壁挡住视线，路面平整，易导致车速过快

1 凌云县城大茶壶，以此为起点。如果从凌云县出发去往凤山县，请在此将里程表清零。N24 –20–967E106–33–987/431

终点 凤山县

88.2 0.0
87.7 0.5 中国石化
81.1 7.1 凤旁林场
77.2 11.0 久文村
73.6 14.6 罗孟林场
67.0 21.2 至平乐乡
60.3 27.9
56.4 31.8 中亭乡
50.5 37.7 柏林村
48.3 39.9 凤界村
46.1 42.1 积善村
45.4 42.8
43.7 44.5 至祥福
39.7 48.5
37.6 50.6 至沙里
37.1 51.1
36.9 51.3 中国石化
36.4 51.8
30.6 57.6
27.8 60.4
24.7 63.5
21.4 66.8
16.6 71.6
12.6 75.6
5.9 82.3
1.2 87.0 左边水源洞路口
0.0 88.2

至东兰县
至天峨县
至巴马县
至平乐乡
至金牙乡

水源洞
起点
至乐业县
凌云县
至白色市

凤山交界点
B13
凤山县
平乐乡
江洲乡
B12
乐业县
凌云县

勘察报告

本路段为三级柏油路面，多为盘山公路，弯急坡陡，车流量较少，尽量避免在夜间行车。沿途为典型的喀斯特地貌，山体为石灰岩，有时会出现天然隧道，让人感叹大自然的鬼斧神工。

救助信息

逻楼派出所　　0776-7538003

餐饮

途中的逻楼镇街头有小餐馆，或者到凤山县城区就餐。

住宿

途中的逻楼镇街头有小旅馆，或者到凤山县城区住宿，详见凤山县城区图介绍。

加油

建议在起点凌云县城或终点凤山县城的中石化加油站加油，主要提供93#汽油

维修

凌云县城或终点凤山县城都有维修厂，详见城区介绍。

路边的孩子见了车都会行礼，虽然动作不标准，但那份童真让人温暖。

里程数据速查表

	从凌云县城出发，请从上往下阅读		
❶	0.0	凌云县城	88.2
❷	1.2	左边水源洞路口	87.0
❸	5.9	盘山公路	82.3
❹	12.6	事故多发点	75.6
❺	16.6	白马村	71.6
❻	21.4	沿途墓碑加工场	66.8
❼	24.7	东和乡	63.5
❽	27.8	安水村	60.4
❾	30.6	陇朗村	57.6
❿	36.4	左边加尤岔口	51.8
⓫	36.9	中石化及洗车点	51.3
⓬	37.1	逻楼镇	51.1
⓭	37.6	右边沙里岔口	50.6
⓮	39.7	右边祥福岔口	48.5
⓯	43.7	哥顶村	44.5
⓰	45.4	凌云与凤山交界处	42.8
⓱	46.1	积善村	42.1
⓲	48.3	凤界村	39.9
⓳	50.5	柏林村	37.7
⓴	56.4	中亭乡	31.8
㉑	60.3	六马村	27.9
㉒	67.0	左边金牙岔口	21.2
㉓	73.6	罗孟林场	14.6
㉔	77.2	久文村	11.0
㉕	81.1	凤旁林场	7.1
㉖	87.7	左边中石化	0.5
㉗	88.2	天峨县路口	0.0

里程差：1.2　4.7　6.7　4.0　4.8　3.3　3.1　2.8　5.8　0.5　0.2　0.5　2.1　4.0　1.7　0.7　2.2　2.2　5.9　3.9　6.7　6.6　3.6　3.9　6.6　0.5

从凤山县岔口出发，请从下往上阅读

山里的孩子早当家

哥哥在认真的写字，妹妹扛着一卷席子，也许是为了让哥哥能坐得舒服些。

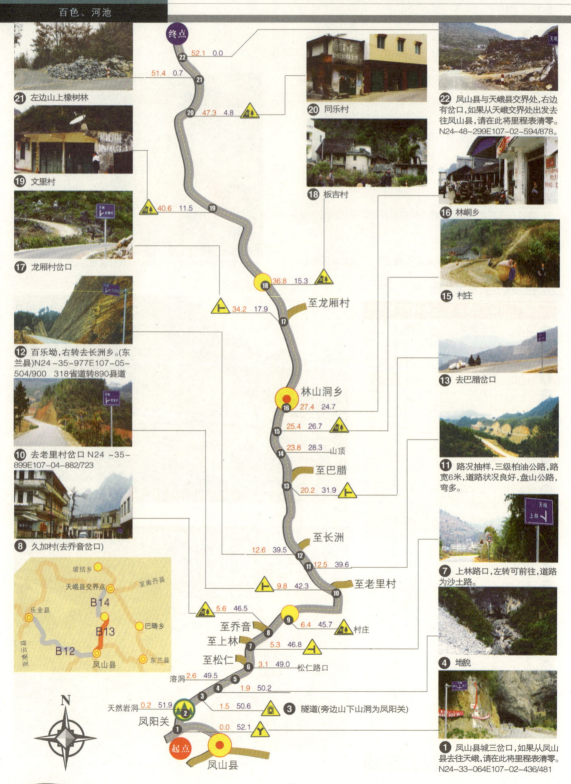

㉑ 左边山上橡树林

⑲ 文里村

⑰ 龙厢村岔口

⑫ 百乐坳，右转去长洲乡。(东兰县) N24-35-977E107-05-504/900 318省道转890县道

⑩ 去老里村岔口 N24-35-899E107-04-882/723

⑧ 久加村(去乔音岔口)

㉒ 凤山县与天峨县交界处，右边有岔口，如果从天峨交界处出发去往凤山县，请在此将里程表清零。N24-48-299E107-02-594/878。

⑳ 同乐村

⑱ 板吉村

⑯ 林峒乡

⑮ 村庄

⑬ 去巴腊岔口

⑪ 路况抽样，三级柏油公路，路宽6米，道路状况良好，盘山公路，弯多。

⑦ 上林路口，左转可前往，道路为沙土路。

④ 地貌

① 凤山县城三岔口，如果从凤山县去往天峨，请在此将里程表清零。N24-33-064E107-02-436/481

终点
22 52.1 0.0
21 51.4 0.7
20 47.3 4.8
19 40.6 11.5
18 36.8 15.3   至龙厢村
17 34.2 17.9
16 27.4 24.7   林山洞乡
15 25.4 26.7
14 23.8 28.3   山顶
13 20.2 31.9   至巴腊
12 12.6 39.5   至长洲
11 12.5 39.6   至老里村
10 9.8 42.3
9 5.6 46.5   至乔音
     6.4 45.7   村庄
8 至上林
7 5.3 46.8
6 3.1 49.0   松仁路口
   至松仁
5 2.6 49.5   溶洞
4 1.9 50.2
3 1.5 50.6   隧道(旁边山下山洞为凤阳关)
2 0.2 51.9   天然岩洞
1 0.0 52.1
凤阳关
起点
凤山县

坡结乡
天峨县交界点
至南丹县
乐业县
B14
巴暗乡
B13
至凌云县
B12
东兰县
凤山县

勘察报告

凤山县至长洲路口(百乐坳)为318省道，为三级柏油路面，弯多坡陡，大多为盘山公路，由于山路对灯光反馈不好，避免在夜间行驶该路段。

救助信息

八腊乡街上卫生院	0778-7625020
八腊派出所	0778-7625110
龙滩坝派出所	0778-7626110
交警中队	0778-7822636

餐饮

八腊乡街上有粉摊，有邮政储蓄。

加油

八腊乡街上的小卖部有可乐瓶装的汽油卖，7元/瓶。

公路边的岩洞

里程数据速查表

沿途风光

	从凤山县城三岔口出发，请从上往下阅读			
①	0.0	凤山县城三岔口	52.1	
②	0.2	天然岩洞	51.9	0.2
③	1.5	隧道	50.6	1.3
④	1.9	地貌	50.2	0.4
⑤	2.6	溶洞	49.5	0.7
⑥	3.1	松仁路口	49.0	0.5
⑦	5.3	去上林岔口	46.8	2.2
⑧	5.6	久加村	46.5	0.3
⑨	6.4	村庄	45.7	0.8
⑩	9.8	去老里村岔口	42.3	3.4
⑪	12.5	路况	39.6	2.7
⑫	12.6	百乐坳	39.5	0.1
⑬	20.2	去巴腊岔口	31.9	7.6
⑭	23.8	山顶	28.3	3.6
⑮	25.4	村庄	26.7	1.6
⑯	27.4	林峒乡	24.7	2.0
⑰	34.2	去龙厢村岔口	17.9	6.8
⑱	36.8	板吉村	15.3	2.6
⑲	40.6	文里村	11.5	3.8
⑳	47.3	同乐村	4.8	6.7
㉑	51.4	左边山上橡树林	0.7	4.1
㉒	52.1	凤山与天峨交界点	0.0	0.7

从凤山与天峨交界点出发，请从下往上阅读

沿途风光

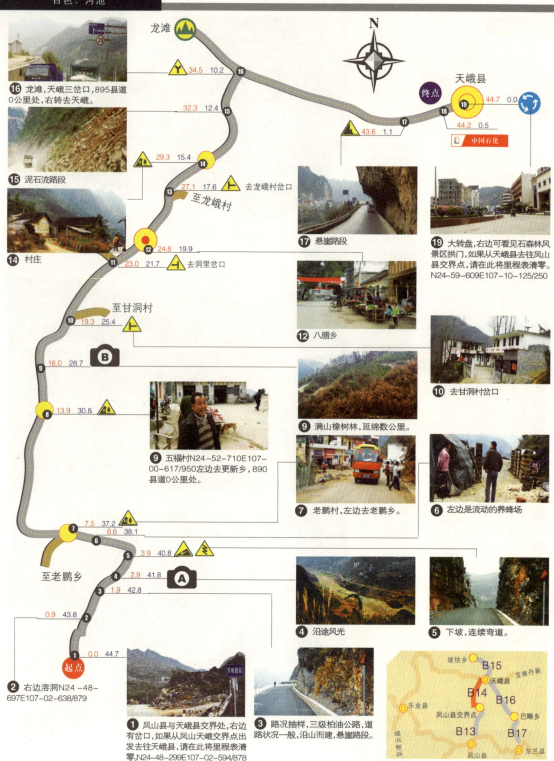

龙滩

⑯ 龙滩,天峨三岔口,895县道0公里处,右转去天峨。

34.5　10.2

32.3　12.4

⑮ 泥石流路段

29.3　15.4

27.1　17.6　去龙峨村岔口
至龙峨村

⑭ 村庄

24.8　19.9

23.0　21.7　去洞里岔口

至甘洞村

19.3　25.4

16.0　28.7　B

13.9　30.8

⑨ 五福村N24-52-710E107-00-617/950左边去更新乡,890县道0公里处。

7.5　37.2

6.6　38.1

3.9　40.8

至老鹏乡

2.9　41.8　A

1.9　42.8

0.9　43.8

0.0　44.7　起点

② 右边溶洞N24-48-697E107-02-638/879

① 凤山县与天峨县交界处,右边有岔口,如果从凤山天峨交界点出发去往天峨县,请在此将里程表清零N24-48-299E107-02-594/878

③ 路况抽样,三级柏油公路,道路状况一般,沿山而建,悬崖路段。

④ 沿途风光

⑤ 下坡,连续弯道。

天峨县

终点　44.7　0.0

44.2　0.5

中国石化

43.6　1.1

⑰ 悬崖路段

⑲ 大转盘,右边可看见石森林风景区拱门,如果从天峨县去往凤山县交界点,请在此将里程表清零。N24-59-609E107-10-125/250

⑫ 八腊乡

⑩ 去甘洞村岔口

⑨ 满山橡树林,延绵数公里。

⑦ 老鹏村,左边去老鹏乡。

⑥ 左边是流动的养蜂场

坡结乡　B15

至南丹县

天峨县

乐业县

B14　B16

凤山县交界点　巴畴乡

至凌云县

B13　B17

凤山县　东兰县

勘察报告

　　百乐坳至五福村为 890 县道，五福村至龙滩路口为 895 县道，全程为三级柏油路面，弯多坡陡，大多为盘山公路，山势险峻，避免在夜间行车。

救助信息

八腊乡街上卫生院	0778-7625020
八腊派出所	0778-7625110
龙滩坝派出所	0778-7626110
交警中队	0778-7822636

餐饮

　　八腊乡街上有粉摊，有邮政储蓄。

加油

　　八腊乡街上的小卖部有可乐瓶装的汽油卖，7 元 / 瓶。

建设中的龙滩电站

里程数据速查表

		从凤山县与天峨县交界出发，请从上往下阅读		
①	0.0	凤山县与天峨县交界	44.7	
②	0.9	右边溶洞	43.8	0.9
③	1.9	路况抽样	42.8	1.0
④	2.9	沿途风光	41.8	1.0
⑤	3.9	下坡，连续弯道	40.8	1.0
⑥	6.6	左边是流动的养蜂场	38.1	2.7
⑦	7.5	老鹏村	37.2	0.9
⑧	13.9	五福村	30.8	6.4
⑨	16.0	满山橡树林	28.7	2.1
⑩	19.3	去甘洞村岔口	25.4	3.3
⑪	23.0	去洞里岔口	21.7	3.7
⑫	24.8	八腊乡	19.9	1.8
⑬	27.1	去龙峨村岔口	17.6	2.3
⑭	29.3	村庄	15.4	2.2
⑮	32.3	泥石流路段	12.4	3.0
⑯	34.5	龙滩.天峨三岔口	10.2	2.2
⑰	43.6	悬崖路段	1.1	9.1
⑱	44.2	右边中石化	0.5	0.6
⑲	44.7	天峨县大转盘	0.0	0.5

从天峨县大转盘出发，请从下往上阅读

在建的龙滩电站

125

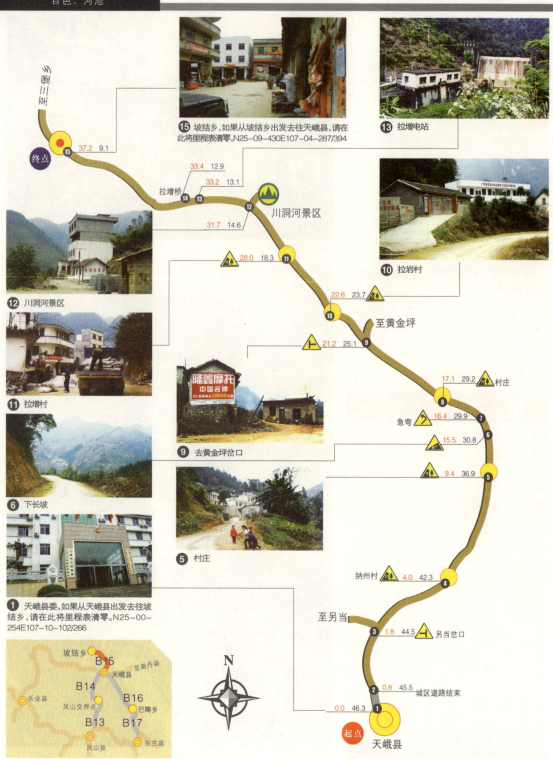

至三堡乡

⑮ 坡结乡，如果从坡结乡出发去往天峨县，请在此将里程表清零。N25-09-430E107-04-287/394

⑬ 拉增电站

终点

37.2　9.1

33.4　12.9
拉增桥　33.2　13.1
⑭　⑬

⑫
川洞河景区

31.7　14.6

⑩ 拉岩村

28.0　18.3
⑪

⑫ 川洞河景区

22.6　23.7
⑩

至黄金坪

21.2　25.1

⑪ 拉增村

隆鑫摩托
中国名牌

9 去黄金坪岔口

17.1　29.2　村庄
⑧　⑦

急弯　16.4　29.9

15.5　30.8
⑥

⑥ 下长坡

9.4　36.9
⑤

⑤ 村庄

纳州村　4.0　42.3
④

① 天峨县委，如果从天峨县出发去往坡结乡，请在此将里程表清零。N25-00-254E107-10-102/266

至另当

1.8　44.5　另当岔口
③

坡结乡
B15
天峨县
至南丹县
B14
乐业县　B16
凤山交界点　巴畴乡
B13　B17
凤山县　东兰县

N

0.8　45.5　城区道路结束
②

0.0　46.3
①

起点
天峨县

勘察报告

全程沙石路，灰尘较大，弯多坡陡，车流量较少，小车通行的时候需注意车辆底盘别被沙子挂伤。

救助信息

川洞河景区船夫罗起韩　0778-7665343

餐饮

川洞河景区有餐厅，还有一些村庄内有小餐厅，可以在途中就餐。

住宿

川洞河景区内设有宾馆，也可以在天峨县城内住宿。

加油

本路段沿途没有加油站，出发前做好油料的准备。

维修

本路段沿途无维修点，部分村庄有简易的补胎点。

川洞河景区

里程数据速查表

	从天峨县委出发，请从上往下阅读			
①	0.0	天峨县委	37.2	
				0.8
②	0.8	城区道路结束	36.4	
				1.0
③	1.8	另当岔口	35.4	
				2.2
④	4.0	纳州村	33.2	
				5.4
⑤	9.4	村庄	27.8	
				6.1
⑥	15.5	下长坡	21.7	
				0.9
⑦	16.4	急弯	20.8	
				0.7
⑧	17.1	村庄	20.1	
				4.1
⑨	21.2	去黄金坪岔口	16.0	
				1.4
⑩	22.6	拉岩村	14.6	
				5.4
⑪	28.0	拉增村	9.2	
				3.7
⑫	31.7	川洞河景区	5.5	
				1.5
⑬	33.2	拉增电站	4.0	
				0.2
⑭	33.4	拉增桥	3.8	
				3.8
⑮	37.2	坡结乡	0.0	
	从坡结乡出发，请从下往上阅读			

川洞河景区

　　穿洞河也叫川洞河，溶洞是入景区的唯一入口，里面以前曾经有几户人家居住，但是每次都要坐船从水路穿过溶洞才能进出，由于交通不便这几户人家就搬到外面生活了，至今水边仍留有几间茅屋。

穿洞河景区

　　这是一个很少为外人所知的景点，近年来刚由天峨县旅游部门进行开发。

　　穿洞河也叫川洞河，溶洞是入景区的唯一入口，里面以前曾经有几户人家居住，但是每次都要坐船从水路穿过溶洞才能进出，由于交通不便这几户人家就搬到外面生活了，至今水边仍留有几间茅屋。

　　从水上坐船穿过一个高达50米的溶洞后，里面出现一片新天地，四面环山，桶状的山壁把四周封闭得只有猴子和飞鸟能够跨越，坐船进入洞内后河水变得很浅，深入1公里后变成了小溪，溪水由各处岩石中的大小溶洞流出汇聚而成。小溪两岸都是原始森林，森林里生长着野芭蕉等许多植物和灌木，森林中生活着各类野生动物，最常见的有飞虎、穿山甲等，水中有乌龟和冷水鱼，特别是在溶洞的峭壁上经常有蟒蛇出没，在石壁上还有猴结。猴结是一种名贵中药，山民们要冒着生命危险攀上悬崖才能采到，现在已经不多见。

天峨县

0.0　110.1

起点

① 三岔路口,如果从天峨县出发去往巴畴乡,请在此将里程表清零。N24-59-609E107-10-125/25

4.8　105.3　八打

6.2　103.9　峨里路口

7.5　102.6

10.5　99.6　纳洞休闲山庄

11.2　98.9

八打

④ 纳王,六塔路口,右转可前往,路面为沙土路。

⑥ 纳罗屯

16.4　93.7

⑦ 巴暮乡

18.5　91.6　**A** 田园风光

20.7　89.4　大曹村岔口

22.5　87.6

⑩ 都楼村,烈士塔,韦国英之墓。N24-51-125E107-11-671/594

29.1　81.0　岔口

30.5　79.6　金谷乡岔口

岔口　30.0　80.1

悬崖路段　32.2　77.9

32.6　77.5

⑮ 右边岩洞

当芒岔口　50.7　59.4

⑰ 巴英村,路边景色怡人,小溪潺潺流水清澈见底。　51.5　58.6

⑱ 右边巴畴路口,2.5公里到巴畴乡。　57.2　52.9

巴畴乡

终点

往东兰县

N

坡结乡
B15
天峨县　至南丹县
乐业县　**B16**
凤山交界点　巴畴乡
B17
凤山县　东兰县

勘察报告

　　本路段行驶在 899 国道上，为二级柏油公路，沿途村庄密集，黄昏的时候要注意晚归的农民、农用车辆和牲畜，道路依山傍水，一路都有不错的风景。

救助信息

　　巴畴乡派出所　0778-6420146
　　城关派出所　　0778-7822566

住宿

　　县委招待所，第一招待所均可住宿。

维修

　　途中没有维修点

❽ 田园风光

里程数据速查表

▼ 从天峨县三岔路口出发，请从上往下阅读				
❶	0.0	三岔路口	57.2	
				4.8
❷	4.8	八打	52.4	
				1.4
❸	6.2	峨里路口	51.0	
				1.3
❹	7.5	纳王，六塔路口	49.7	
				3.0
❺	10.5	纳洞休闲山庄	46.7	
				0.7
❻	11.2	纳罗屯	46.0	
				5.2
❼	16.4	巴暮乡	40.8	
				2.1
❽	18.5	田园风光	38.7	
				2.2
❾	20.7	大曹村岔口	36.5	
				1.8
❿	22.5	烈士塔	34.7	
				6.6
⓫	29.1	岔口	28.1	
				0.9
⓬	30.0	岔口	27.2	
				0.5
⓭	30.5	金谷乡岔口	26.7	
				1.7
⓮	32.2	悬崖路段	25.0	
				0.4
⓯	32.6	岩洞	24.6	
				18.1
⓰	50.7	当芒岔口	6.5	
				0.8
⓱	51.5	巴英村	5.7	
				5.7
⓲	57.2	巴畴路口	0.0	
△ 从巴畴乡路口出发，请从下往上阅读				

沿途风光

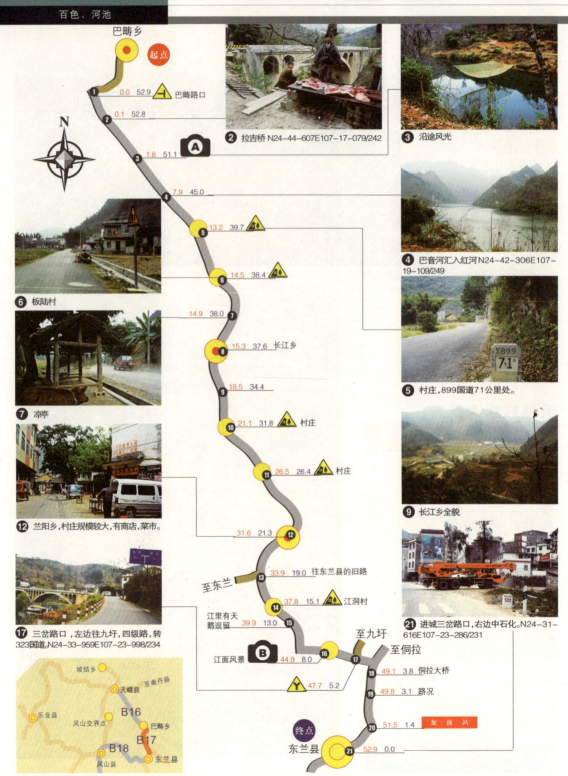

巴畴乡 **起点**

① 0.0 52.9 巴畴路口

② 0.1 52.8

② 拉吉桥 N24-44-607E107-17-079/242

③ 沿途风光

③ 1.8 51.1 **A**

④ 7.9 45.0

④ 巴音河汇入红河 N24-42-306E107-19-109/249

⑤ 13.2 39.7

⑥ 14.5 38.4

⑥ 板陆村

⑦ 14.9 38.0

⑧ 15.3 37.6 长江乡

⑤ 村庄，899国道71公里处。

⑨ 18.5 34.4

⑦ 凉亭

⑩ 21.1 31.8 村庄

⑪ 26.5 26.4 村庄

⑫ 兰阳乡，村庄规模较大，有商店、菜市。

⑫ 31.6 21.3

⑨ 长江乡全貌

至东兰 ⑬ 33.9 19.0 往东兰县的旧路

⑭ 37.8 15.1 江洞村

⑰ 三岔路口，左边往九圩，四级路，转323国道。N24-33-959E107-23-998/234

江里有天鹅逗留 ⑮ 39.9 13.0

江面风景 **B**

⑯ 44.9 8.0

⑰ 至九圩

至侗拉

⑳ 进城三岔路口，右边中石化。N24-31-616E107-23-286/231

Ⓨ 47.7 5.2

⑱ 49.1 3.8 侗拉大桥

⑲ 49.8 3.1 路况

终点

⑳ 51.5 1.4 加油站

东兰县 ㉑ 52.9 0.0

坡结乡
天峨县 至南丹县
乐业县
凤山交界点 B16
巴畴乡
B17
B18
凤山县 东兰县

勘察报告

本路段行驶在 899 国道上，为二级柏油公路，沿途村庄密集，道路依山傍水，一路都有不错的风景。

救助信息

巴畴乡派出所 0778-6420146

餐饮

兰阳乡、长江乡均有较多的餐厅。

住宿

县委招待所标间 120 元，可打折，0778-6327175。

加油

东兰县入口处有一个民营加油站。

维修

东兰县忠敏汽修 0778-6693281

沿途的湖边不时有天鹅飞过

里程数据速查表

		从巴畴乡出发，请从上往下阅读		
1	0.0	巴畴路口	52.9	0.1
2	0.1	拉吉桥	52.8	1.7
3	1.8	沿途风光	51.1	6.1
4	7.9	巴音河汇入红河	45.0	5.3
5	13.2	村庄	39.7	1.3
6	14.5	板陆村	38.4	0.4
7	14.9	凉亭	38.0	0.4
8	15.3	长江乡	37.6	3.2
9	18.5	长江乡全貌	34.4	2.6
10	21.1	村庄	31.8	5.4
11	26.5	村庄	26.4	5.1
12	31.6	兰阳乡	21.3	2.3
13	33.9	往东兰县的旧路	19.0	3.9
14	37.8	江洞村	15.1	2.1
15	39.9	江里有天鹅逗留	13.0	5.0
16	44.9	江面风景	8.0	2.8
17	47.7	三岔路口	5.2	1.4
18	49.1	侗拉大桥	3.8	0.7
19	49.8	路况	3.1	1.7
20	51.5	在建加油站	1.4	1.4
21	52.9	进城三岔路口	0.0	

从东兰县出发，请从下往上阅读

铜鼓

铜鼓是我国南方少数民族地区的特色文物，其最早的史料记载距今已有 2700 多年。有"世界铜鼓之乡"之称的广西东兰县目前在册的传世铜鼓就有 612 面。

铜鼓多以青铜铸成，鼓面饰有花纹，另一头空心，鼓面铸有青蛙、太阳、禾苗、雨水等多种图案，讲述壮族先民占天斗地、生生不息的历史故事。

铜鼓有雌雄之分，雌鼓声音清雅高洁，雄鼓声音雄壮有力，配以不同的鼓点敲击，壮族舞蹈，仿佛在叙述着一个民族生生不息的跋涉与希冀。

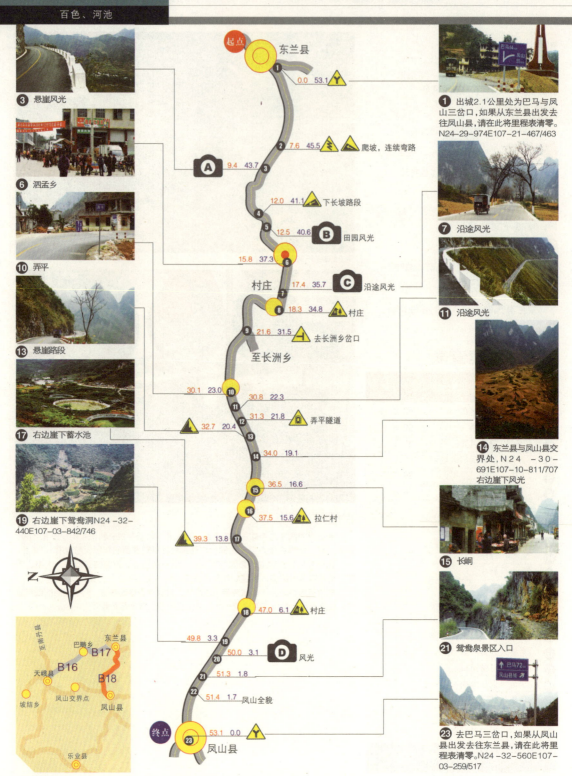

③ 悬崖风光

⑥ 泗孟乡

⑩ 弄平

⑬ 悬崖路段

⑰ 右边崖下蓄水池

⑲ 右边崖下鸳鸯洞N24-32-440E107-03-842/746

起点 东兰县
1 0.0 53.1 Y

① 出城2.1公里处为巴马与凤山三岔口，如果从东兰县出发去往凤山县，请在此将里程表清零。N24-29-974E107-21-467/463

⑦ 沿途风光

⑪ 沿途风光

⑭ 东兰县与凤山县交界处，N24-30-691E107-10-811/707右边崖下风光

⑮ 长峒

⑳ 鸳鸯泉景区入口

㉓ 去巴马三岔口，如果从凤山县出发去往东兰县，请在此将里程表清零。N24-32-560E107-03-259/517

2 7.6 45.5 爬坡，连续弯路
A 9.4 43.7
3
4 12.0 41.1 下长坡路段
5 12.5 40.6 B 田园风光
6 15.8 37.3
村庄
7 17.4 35.7 C 沿途风光
8 18.3 34.8 村庄
9 21.6 31.5 去长洲乡岔口
至长洲乡
10 30.1 23.0
11 30.8 22.3
12 31.3 21.8 弄平隧道
13 32.7 20.4
14 34.0 19.1
15 36.5 16.6
16 37.5 15.6 拉仁村
17 39.3 13.8
18 47.0 6.1 村庄
19 49.8 3.3
20 50.0 3.1 D 风光
21 51.3 1.8
22 51.4 1.7 凤山全貌
终点 23 53.1 0.0 Y
凤山县

B17
B16
B18
东兰县
巴暮乡
天峨县
凤山交界点
坡结乡
凤山县
乐业县
至天峨县

N

勘察报告

全程为盘山公路，二级柏油路面，多为悬崖路段，坡高弯急，尽量避免夜间行驶在该路段；沿途村庄、乡镇较密集，注意行人、牲畜及农用车辆的通行。

救助信息 派出所0778-6148048

餐饮

途中部分乡村有餐厅可用餐，就餐条件一般。

住宿

沿途无住宿点，建议在东兰县城内住宿。

加油

全程没有加油站，出发前做好油料的准备。

维修 沿途没有车辆维修点

里程数据速查表

⑤ 田园风光

	从出东兰县出发，请从上往下阅读		
❶	0.0	出东兰县三岔口	53.1
❷	7.6	爬坡，连续弯路	45.5
❸	9.4	悬崖风光	43.7
❹	12.0	下长坡路段	41.1
❺	12.5	田园风光	40.6
❻	15.8	泗孟乡	37.3
❼	17.4	沿途风光	35.7
❽	18.3	村庄	34.8
❾	21.6	去长洲乡岔口	31.5
❿	30.1	弄平	23.0
⓫	30.8	沿途风光	22.3
⓬	31.3	弄平隧道	21.8
⓭	32.7	悬崖路段	20.4
⓮	34.0	东兰县凤山县交界	19.1
⓯	36.5	长峒	16.6
⓰	37.5	拉仁村	15.6
⓱	39.3	右边崖下蓄水池	13.8
⓲	47.0	村庄	6.1
⓳	49.8	右边崖下鸳鸯洞	3.3
⓴	50.0	风光	3.1
㉑	51.3	鸳鸯泉景区入口	1.8
㉒	51.4	凤山	1.7
㉓	53.1	凤山去巴马三岔口	0.0

（右侧里程间隔：7.6　1.8　2.6　0.5　3.3　1.6　0.9　3.3　8.5　0.7　0.5　1.4　1.3　2.5　1.0　1.8　7.7　2.8　0.2　1.3　0.1　1.7）

从凤山县出发，请从下往上阅读

盘山公路

起点 凤山县

① 凤山县三岔路口,如果从凤山县出发去往巴马县,请在此将里程表清零。N24-32-610E107-02-260/48

至红军 2 2.5 67.2 红军路岔口

④ 去平乐岔口,左转柏油路。N24-24-872E107-02-405/560

⑤ 央垌路口,左转可到达,路面为沙土路。

至仁安 18.6 51.1 仁安岔口

⑦ 坡心路口,左转可到达,路面为三级柏油公路。

至平乐 4 20.1 49.6

至央垌 5 23.2 46.5

6 23.3 46.4 沿途风光

7 24.7 45.0 至坡心

⑧ 袍里乡

8 25.1 44.6

9 26.7 43.0 ⑨ 巴马县与凤山县交界处

10 29.5 40.2

⑩ 兴仁村

凤山县 东兰县
B19 巴马长寿村及百鸟岩
巴凤公路 B20
巴马瑶族自治区 B21
B22 平乐乡
B23 江洲乡
田阳县

⑪ 坡月村

⑰ 百鸟岩路口 N24-13-613E107-06-648/260,右转可到达百鸟岩N24-13-793E107-06-916/251,距离0.5公里,路面为三级柏油公路。

坡月村 11 40.1 29.6

至岩洞 12 41.0 28.7

13

A 41.1 28.6

14 43.4 26.3

⑫ 左边的岩洞

⑬ 沿途风光

15 47.5 22.2 百雄山一号隧道

二号隧道 47.9 21.8

16 55.6 14.1

至那社

至所略

⑭ 巴盘弄劳长寿村口 N24-14-333E107-06-264/287

17 57.3 12.4

18 至田阳

⑱ 甲篆乡,那社路口,左转可到达,路面为沙土路。

至百鸟岩

去所略路口 60.2 9.5

19

20 66.8 2.9 中国石化

21

⑳ 田阳路口,左转可到达,路面为沙土路。N24-09-514E107-13-640/248

66.6 3.1

22 69.7 0.0

终点 巴马县

⑫ 巴马县汽车站,如果从巴马县出发去往凤山县,请在此将里程表清零。N24-08-447E107-14-831/230

勘察报告

道路为二级柏油公路，公路沿山而建，一路上弯道较多。沿途岩洞众多，村庄密集，可以感受到不同的人文及自然景观。

救助信息

派出所　0778-6148048

餐饮

袍里乡，长寿村，甲篆乡等乡村内有餐馆。

住宿

甲篆乡有邮政储蓄饭馆

加油

巴马县入口附近有一个中石化加油站

维修

沿途没有维修点，出发前必要做须好车辆的检查与维修。

凤山至巴马一带的公路一直修建在石山和丘陵中，周边环境仿佛是一幅百里山水长廊画卷，沿途不是傍山就是临水，公路边的河流很深，河水清澈透明，河水经常是从溶洞中流出，又流入下游的溶洞内。

里程数据速查表

	从凤山县三岔口出发，请从上往下阅读			
❶	0.0	凤山县三岔口	69.7	
❷	2.5	红军路岔口	67.2	2.5
❸	18.6	仁安岔口	51.1	16.1
❹	20.1	去平乐岔口	49.6	1.5
❺	23.2	去央垌岔口	46.5	3.1
❻	23.3	沿途风光	46.4	0.1
❼	24.7	去坡心岔口	45.0	1.4
❽	25.1	袍里乡	44.6	0.4
❾	26.7	巴马与凤山交界	43.0	1.6
❿	29.5	兴仁村	40.2	2.8
⓫	40.1	坡月村	29.6	10.6
⓬	41.0	右边的岩洞	28.7	0.9
⓭	41.1	沿途风光	28.6	0.1
⓮	43.4	巴盘弄劳长寿村口	26.3	2.3
⓯	47.5	百雄山一号隧道	22.2	4.1
⓰	47.9	二号隧道	21.8	0.4
⓱	55.6	去百鸟岩岔口	14.1	7.7
⓲	57.3	甲篆乡	12.4	1.7
⓳	60.2	去所略路口	9.5	2.9
⓴	66.6	去田阳岔口	3.1	6.4
㉑	66.8	中石化	2.9	0.2
㉒	69.7	巴马汽车站	0.0	2.9

从巴马汽车站出发，请从下往上阅读

公路边上的天坑

沿途风光

❶ 巴盘弄劳长寿村口，如果从巴凤公路出发去往百鸟岩，请在此将里程表清零。N24-14-333E107-06-264/287

❷ 百岁屯 24-16-008E107-06-593/288

至凤山县

起点

至长寿县

0.0 16.9

3.0 13.9

❸ 松吉村

5.3 11.6

吉屯 6.5 10.4

百鸟岩

终点

16.9 0.0 百鸟岩

❺ 隧道

百鸟岩停车场 P 15.2 1.7

8.2 8.7

至凤山

9.6 7.3

❻ 百鸟岩路口 N24-13-613E107-06-648/260

甲篆乡

田阳县
B23 江洲乡
B22 凤山县
平乐乡
B21 B20 巴凤公路
巴马长寿村
巴马瑶族 及百鸟岩
自治区 东兰县

至巴马县

里程数据速查表

▼	从大石围天坑大门出发，请从上往下阅读		
❶	0.0 长寿村路口	16.9	3.0
❷	3.0 百岁屯	13.9	2.3
❸	5.3 松吉村	11.6	1.2
❹	6.5 吉屯	10.4	1.7
❺	8.2 隧道	8.7	1.4
❻	9.6 三岔路口	7.3	5.6
❼	15.2 百鸟岩停车场	1.7	1.7
❽	16.9 百鸟岩	0.0	
▲	从黄洞景区大门出发，请从下往上阅读		

勘察报告

　　前一段道路为二级柏油公路，在百鸟园景区路口转入三级柏油公路，路况良好。道路沿着山势而建，弯道较多，部分弯道上没有防护措施，注意提前减速。

救助信息　派出所　0778-6148048

餐饮　路边有小吃店

住宿　百鸟岩景区内有宾馆可住宿

加油　路两边有很多加油站。

维修　德胜加油站电话：5279052

　　巴马瑶族自治县是广西壮族自治区的一个山区县，位于南宁以西 250 公里，境内多山，环境幽静，空气清新，由于山区日照时间相对地要比平原少，所以山区居民受太阳辐射的影响小，体细胞引起早衰甚至短命的情况也就比平原少。长寿老人最多的甲篆乡是世界著名的长寿之乡。

　　巴马处在热带、亚热带的重要地理分界线上，属于亚热节季风气候，受高原气候和海洋气候的双重影响，冬无严寒，夏无酷热，四季如春，形成一个独特的小气候区，空气中每立方厘米含负氧离子高达 2 万以上，无污染，这里的长寿老人之多，有时一个村子 100 个人中就有 1 名百岁老人，10 个人中就有一名 80 岁以上的老人。

　　巴马人开门见山，每天的基本活动就是劳动与爬山，由于长年累月生活在山区，经常从事登山活动，所以延迟了衰老。另外，巴马的长寿老人生活都非常正常，起居有常，参加劳动，性情温和，待人坦率，开朗乐观，无忧无虑。

百鸟岩后洞的风光

长寿村的百岁老人，在她面前，80岁的子女仍然被差遣着给客人端茶送水，而子女们手脚都很轻快。

长寿村的百岁老人，每天仍坚持做家务活。

❻ 平乐路口,如果从平乐乡去往巴凤公路请在此将里程表清零。

❺ 海亭村

❹ 社更村

平乐乡

终点 ❻ 13.9　0.0 ⓨ 平乐岔口

❺ 10.7　3.2

至江洲

至凤山县

❶ 三岔路口,如果从巴凤公路出发去往平乐乡,请在此将里程表清零。N24-24-872E107-02-405/560

起点 ❶ 0.0　13.9 ⓨ

❹ 4.2　9.7

坡心水源洞 2.4　11.5 ❸

1.6　12.3 ❷

凤山县　东兰县

平乐乡 **B21** 巴凤公路

B22

江洲乡　巴马长寿村及百鸟岩

巴马瑶族自治区

田阳县

N

至巴马县

❷ 坡心村

勘察报告

全程四级柏油路，各种车辆均可轻松通过，沿途有坡心水源洞，东垇天坑，地下长廊，仙人桥等风景。

餐饮

各景点内均可用餐，价位都不高，可以吃到地道的当地特色菜品。

住宿

各景区都有宾馆可住宿，住宿条件不错。

加油

沿途无加油站

维修

全程都没有维修点

里程数据速查表

		从三岔路口出发，请从上往下阅读	
①	0.0	三岔路口	13.9
②	1.6	坡心村	12.3
③	2.4	坡心水源洞	11.5
④	4.2	社更村	9.7
⑤	10.7	海亭村	3.2
⑥	13.9	平乐岔口	0.0

1.6
0.8
1.8
6.5
3.2

从平乐岔口出发，请从下往上阅读

波心水源洞风景区

距凤山县城西南面22公里，总面积约14平方公里，为完整的喀斯特地貌。它由波心河、水源洞、飞龙洞、南天门、雷劈岩、社更天桥等景点组成。波心风景区以山奇、水秀、洞秘等特点而令人神往。波心河其实是一条暗河，只是在波心露出形成波心河，它由凤山境内的平乐、金牙、江洲三支暗流汇集而成，地下流程50多公里，平均流量5.1立方米／秒，是广西流量最大且流程最长的溶洞暗河。波心河全程60多公里，地下暗流蜿蜒曲折，偶尔出露明流，形成规模宏大，神奇多彩的岩溶景观和地下水群景观。从地下出的明流犹如一条蛟龙缠绕波心大坝，又经波心桥转入袍村溶洞长廊。

注：岸边点一桌酒菜，然后乘木排进洞，价格类似一般餐馆，不另收费，联系人：黄姐，0778-6958156；照片上的酒菜为两桌10多个人的量，200元，全程游览，1个小时以上。

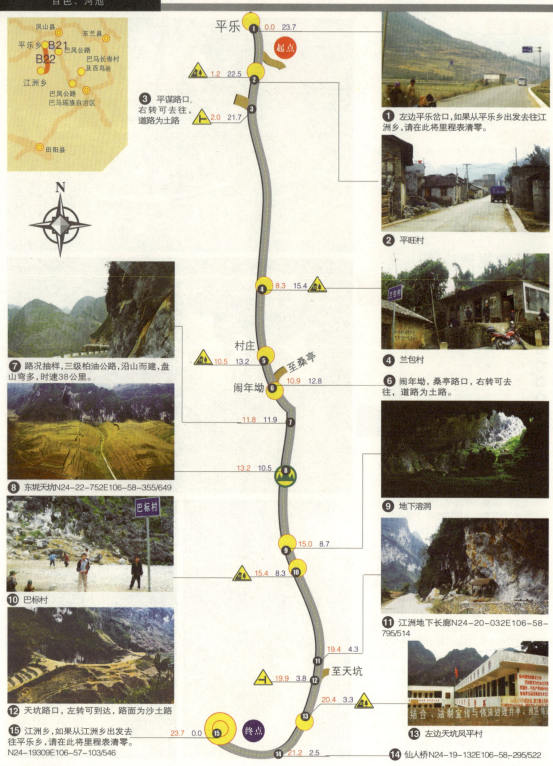

凤山县
东兰县
平乐乡 B21
B22
巴凤公路
巴马长寿村
及百鸟岩
江洲乡
巴凤公路
巴马瑶族自治区
田阳县

N

平乐　① 0.0　23.7
起点

① 1.2　22.5 ②

③ 平谋路口，
右转可去往，
道路为土路　2.0　21.7 ③

① 左边平乐岔口，如果从平乐乡出发去往江
洲乡，请在此将里程表清零。

② 平旺村

④ 8.3　15.4

村庄　10.5　13.2 ⑤

至桑亭

闹年坳　10.9　12.8 ⑥

④ 兰包村

⑥ 闹年坳，桑亭路口，右转可去
往，道路为土路。

11.8　11.9 ⑦

⑦ 路况抽样，三级柏油公路，沿山而建，盘
山弯多，时速38公里。

13.2　10.5 ⑧

⑨ 地下溶洞

⑧ 东妮天坑N24-22-752E106-58-355/649

15.0　8.7 ⑨

⑨

巴标村

⑩ 15.4　8.3 ⑩

⑩ 巴标村

⑪ 江洲地下长廊N24-20-032E106-58-795/514

19.4　4.3 ⑪

至天坑

19.9　3.8 ⑫

20.4　3.3

⑫ 天坑路口，左转可到达，路面为沙土路

⑬ 左边天坑凤平村

⑮ 江洲乡，如果从江洲乡出发去
往平乐乡，请在此将里程表清零。
N24-19309E106-57-103/546

23.7　0.0 ⑮　终点

⑭ 21.2　2.5

⑭ 仙人桥N24-19-132E106-58-295/522

勘察报告

全程三级柏油路，车辆在山间穿行，最好不要在夜间行车，沿途有坡心水源洞，东坯天坑，地下长廊，仙人桥等风景。

救助信息

巴畴乡派出所　0778-6420146

餐饮

途中没有餐厅，简易在平乐乡或者江洲乡用餐。

住宿

江洲武装部招待所　0778-6956072

加油

途中没有加油站

维修

东兰县忠敏汽修　0778-6693281

喀斯特地形在适宜的气候条件下，因溶蚀力较强，经千万年的岩溶作用，天坑、天生桥到处形成。

波心水源洞风景区有 6 个天坑，最大为大东坯天坑直径达千余米。这些天坑平面上呈圆形或椭圆形，边缘为悬崖陡壁，深度为 100 至 400 米。随着千万年的岩溶变化，凤山境内峰丛洼地的沿河和历史的流水道形成诸多的天生桥。

天生桥

江洲地下长廊

东坯天坑里的村庄

里程数据速查表

从平乐岔口出发，请从上往下阅读			
①	0.0	平乐岔口	23.7
②	1.2	平旺村	22.5
③	2.0	右边平谋岔口	21.7
④	8.3	兰包村	15.4
⑤	10.5	村庄	13.2
⑥	10.9	闹年坳	12.8
⑦	11.8	路况抽样	11.9
⑧	13.2	东坯天坑	10.5
⑨	15.0	地下溶洞	8.7
⑩	15.4	巴标村	8.3
⑪	19.4	地下长廊	4.3
⑫	19.9	至天坑路口	3.8
⑬	20.4	凤平村	3.3
⑭	21.2	仙人桥	2.5
⑮	23.7	江洲乡	0.0

区间里程：1.2　0.8　6.3　2.2　0.4　0.9　1.4　1.8　0.4　4.0　0.5　0.5　0.8　2.5

从江洲乡出发，请从下往上阅读

东坯天坑里的村庄

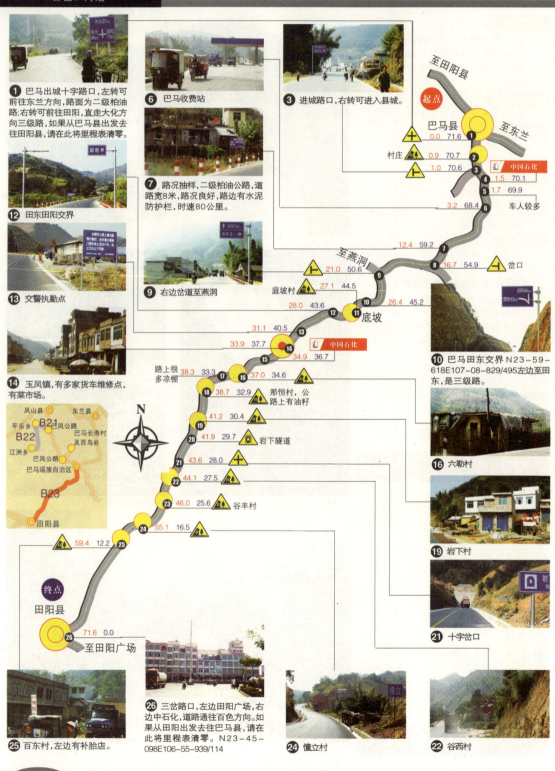

① 巴马出城十字路口，左转可前往东兰方向，路面为二级柏油路；右转可前往大化、田阳，直走大化方向三级路。如果从巴马县出发去往田阳县，请在此将里程表清零。

⑥ 巴马收费站

③ 进城路口，右转可进入县城。

起点

巴马县 0.0　71.6　**①** 至东兰

村庄 0.9　70.7　**②**

1.0　70.6　**③**

中国石化 1.5　70.1　**④**

1.7　69.9　**⑤**

3.2　68.4　**⑥** 车人较多

⑫ 田东田阳交界

⑦ 路况抽样，二级柏油公路，道路宽8米，路况良好，路边有水泥防护栏，时速80公里。

12.4　59.2　**⑦**

至燕洞

16.7　54.9　**⑧** 岔口

21.0　50.6　**⑨** 右边岔道至燕洞

庭坡村 27.1　44.5

28.0　43.6　**⑫**

26.4　45.2　**⑩** 底坡

⑬ 交警执勤点

31.1　40.5　**⑬**

33.9　37.7　**⑮**

中国石化 34.9　36.7　**⑭**

⑩ 巴马田东交界 N23-59-618E107-08-829/495左边至田东，是三级路。

⑭ 玉凤镇，有多家货车维修点，有菜市场。

路上很多凉棚 38.3　33.3　**⑰**

37.0　34.6　**⑯**

38.7　32.9　**⑱** 那恒村，公路上有油籽

41.2　30.4　**⑲**

41.9　29.7　**⑳** 岩下隧道

凤山县 东兰县

平乐乡 **B21**

B22 巴凤公路 巴马长寿村及百鸟岩

江洲乡 巴凤公路

巴马瑶族自治区

B23

田阳县

43.6　28.0　**㉑**

44.1　27.5　**㉒**

46.0　25.6　**㉓** 谷丰村

55.1　16.5　**㉔**

⑯ 六勒村

⑲ 岩下村

59.4　12.2　**㉕**

终点

田阳县 71.6　0.0　**㉖** 至田阳广场

㉑ 十字岔口

㉖ 三岔路口，左边田阳广场，右边中石化，道路通往百色方向。如果从田阳出发去往巴马县，请在此将里程表清零。N23-45-098E106-55-939/114

㉕ 百东村，左边有补胎店。

㉔ 懂立村

㉒ 谷西村

勘察报告
全线二级柏油公路，路况良好。沿途村庄乡镇较多，注意行人穿越公路。各个岔路均有明显的路牌指示。

救助信息
田阳交警　　　0776-3212171

餐饮
玉凤镇有餐厅

住宿
沿途有些小旅馆，如果有住宿需要，建议在巴马县城内住宿。

加油
途中 3 个中石化加油站

维修
有多家汽车维修点，有菜市场。

里程数据速查表

依山而建的村庄

	百色从出发，请从上往下阅读			
1	0.0	出城十字路口	71.6	
2	0.9	村庄	70.7	0.9
3	1.0	进城岔口	70.6	0.1
4	1.5	中石化	70.1	0.5
5	1.7	车人较多	69.9	0.2
6	3.2	巴马收费站	68.4	1.5
7	12.4	路况	59.2	9.2
8	16.7	岔口	54.9	4.3
9	21.0	燕洞岔口	50.6	4.3
10	26.4	巴马田东交界	45.2	5.4
11	27.1	庭坡村	44.5	0.7
12	28.0	田东田阳交界	43.6	0.9
13	31.1	交警执勤点	40.5	3.1
14	33.9	玉凤镇	37.7	2.8
15	34.9	中石化	36.7	1.0
16	37.0	六勒村	34.6	2.1
17	38.3	路上凉棚	33.3	1.3
18	38.7	那恒村	32.9	0.4
19	41.2	岩下村	30.4	2.5
20	41.9	岩下隧道	29.7	0.7
21	43.6	十字岔口	28.0	1.7
22	44.1	谷西村	27.5	0.5
23	46.0	谷丰村	25.6	1.9
24	55.1	懂立村	16.5	9.1
25	59.4	百东村	12.2	4.3
26	71.6	田阳广场	0.0	12.2

从田阳出发，请从下往上阅读

沿途天坑景观

天生桥

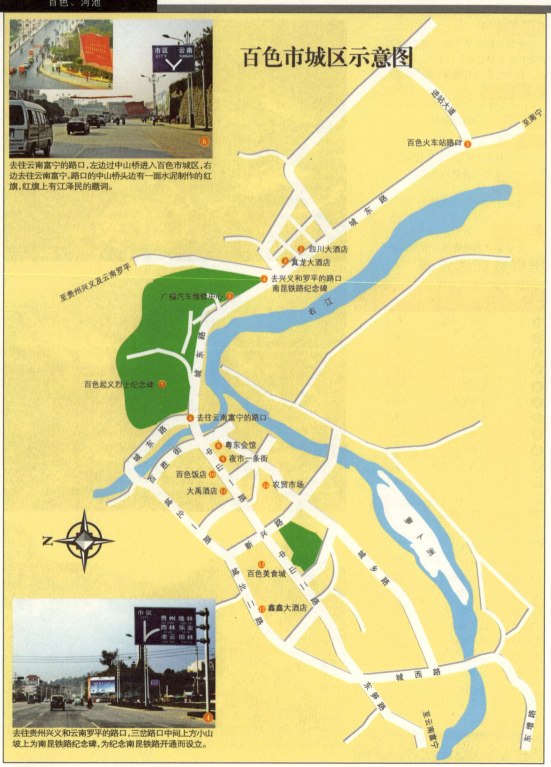

百色市城区示意图

去往云南富宁的路口,左边过中山桥进入百色市城区,右边去往云南富宁。路口的中山桥头边有一面水泥制作的红旗,红旗上有江泽民的题词。

去往贵州兴义和云南罗平的路口,三岔路口中间上方小山坡上为南昆铁路纪念碑,为纪念南昆铁路开通而设立。

百色起义纪念碑

百色起义烈士纪念碑为纪念百色起义中牺牲的将士而设立，于1984年12月11日落成，位于后龙山上，由邓小平同志题书，碑高23.8米，前临右江，可俯瞰百色市区全景。

在纪念园山脚下正前方，过桥后左转即到粤东会馆，主要展出左江农民运动和武装斗争的史实，以及百色起义和红七军光荣的战斗历程，陈列有红七军在百色期间的革命文物和大量史料。

吃

百色小巷里的大排档，有几十家火锅店及烧烤摊集中在这条小巷里。

百色美食城，集中了数十家各具特色的餐馆，装修豪华，消费价格适中。

其他

农贸市场里的百色老百姓，这样的场面几乎在百色市的许多偏僻的小巷里都能看到。

住

百色火车站路口。

四川大酒店。

真龙大酒店。

百色饭店，主要用于公务接待。

大禹酒店，价格比较实惠，标间60~80元。

鑫鑫大酒店，目前百色市最豪华的酒店。

修

广福汽车维修中心，百色市规模较大的维修厂之一。

景点

粤东会馆及红七军旧址。

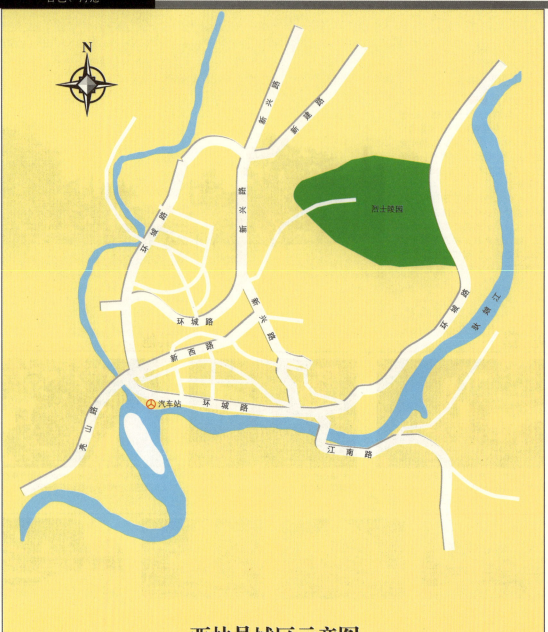

西林县城区示意图

吃

王子茶楼

布依河茶庄

住

左边林业大厦

其他

汽车总站

修

西林汽车修理厂，电话：0776-8683777。

金龙汽修，电话：8948783；2289586。

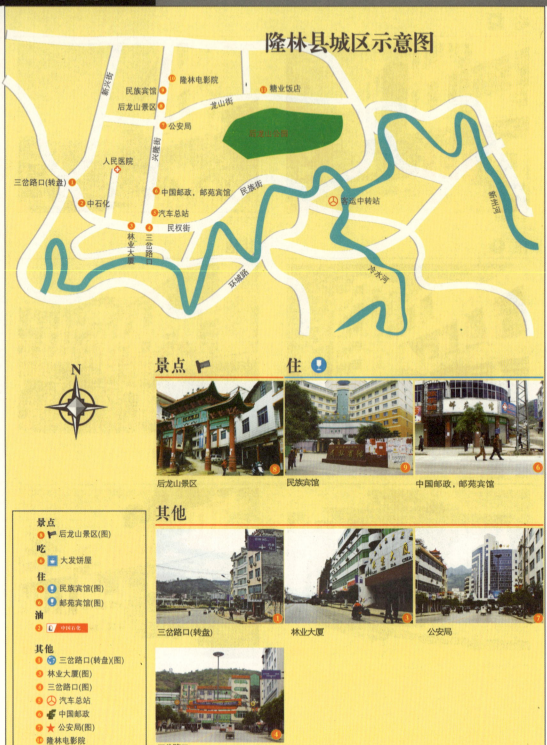

隆林县城区示意图

新兴街
⑩ 隆林电影院
民族宾馆 ⑨
后龙山景区 ⑧
⑪ 糖业饭店
龙山街
⑦ 公安局
后龙山公园
兴隆街
人民医院
三岔路口(转盘) ①
⑥ 中国邮政，邮苑宾馆
民族街
⊕ 客运中转站
郭水河
② 中石化
⑤ 汽车总站
③
④ 民权街
三岔路口
林业大厦
环城路
冷水河

N

景点 📢

后龙山景区 ⑧

住 🎤

民族宾馆 ⑨

中国邮政，邮苑宾馆 ⑥

其他

三岔路口(转盘) ①

林业大厦 ③

公安局 ⑦

三岔路口 ④

景点
⑧ 后龙山景区(图)

吃
⑥ 大发饼屋

住
⑨ 民族宾馆(图)
⑥ 邮苑宾馆(图)

油
② 中国石化

其他
① 三岔路口(转盘)(图)
③ 林业大厦
④ 三岔路口(图)
⑤ 汽车总站
⑥ 中国邮政
⑦ 公安局(图)
⑩ 隆林电影院

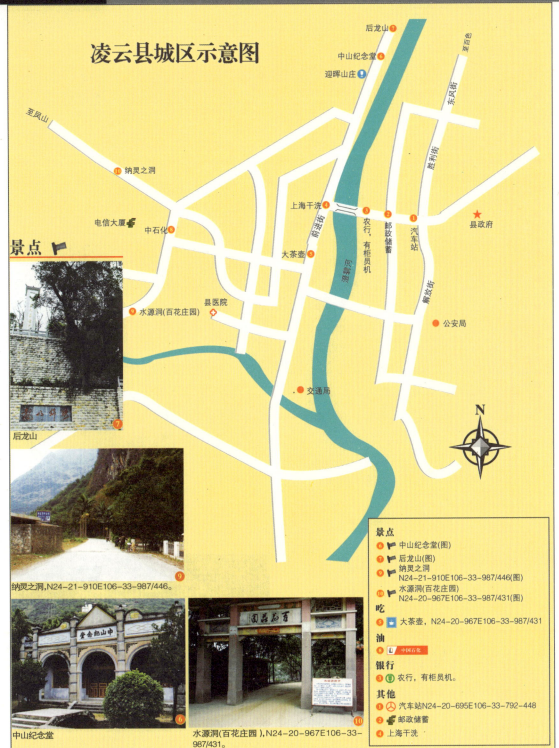

凌云县城区示意图

景点

后龙山

纳灵之洞，N24-21-910E106-33-987/446。

中山纪念堂

水源洞(百花庄园)，N24-20-967E106-33-987/431。

景点

- 中山纪念堂(图)
- 后龙山(图)
- 纳灵之洞
  N24-21-910E106-33-987/446(图)
- 水源洞(百花庄园)
  N24-20-967E106-33-987/431(图)

吃

- 大茶壶，N24-20-967E106-33-987/431

油

- 中国石化

银行

- 农行，有柜员机。

其他

- 汽车站N24-20-695E106-33-792-448
- 邮政储蓄
- 上海干洗

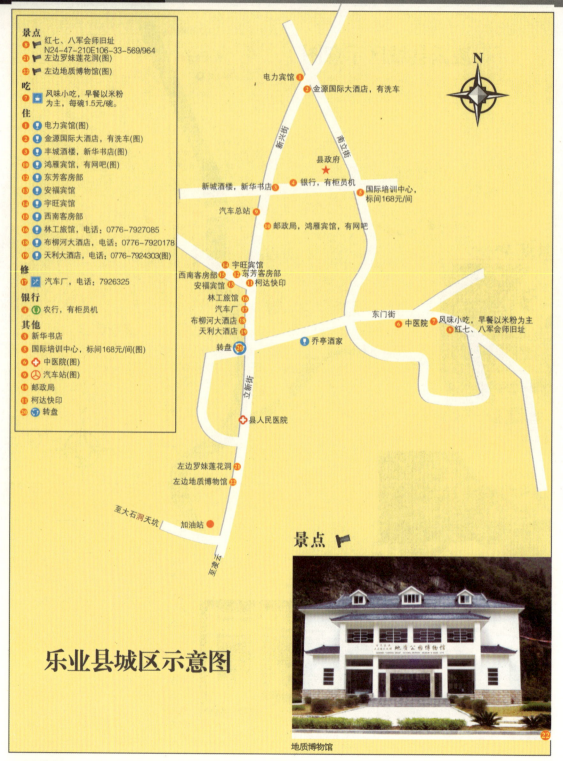

景点
- ⑧ 红七、八军会师旧址 N24-47-210E106-33-569/964
- ㉑ 左边罗妹莲花洞(图)
- ㉒ 左边地质博物馆(图)

吃
- ⑦ 风味小吃，早餐以米粉为主，每碗1.5元/碗。

住
- ① 电力宾馆(图)
- ③ 金源国际大酒店，有洗车(图)
- ③ 丰城酒楼，新华书店(图)
- ⑩ 鸿雁宾馆，有网吧(图)
- ⑫ 东芳客房部
- ⑬ 安福宾馆
- ⑭ 宇旺宾馆
- ⑮ 西南客房部
- ⑯ 林工旅馆，电话：0776-7927085
- ⑱ 布柳河大酒店，电话：0776-7920178
- ⑰ 天利大酒店，电话：0776-7924303(图)

修
- ⑰ 汽车厂，电话：7926325

银行
- ④ 农行，有柜员机

其他
- ③ 新华书店
- ⑤ 国际培训中心，标间168元/间(图)
- ⑥ 中医院(图)
- ⑨ 汽车站(图)
- ⑩ 邮政局
- ⑪ 柯达快印
- ⑳ 转盘

电力宾馆① 金源国际大酒店，有洗车③ 县政府 新兴街 南立街 新城酒楼，新华书店③ 银行，有柜员机④ 国际培训中心，标间168元/间⑤ 汽车总站⑨ 邮政局，鸿雁宾馆，有网吧⑩ 宇旺宾馆⑭ 西南客房部⑮ 东芳客房部⑫ 柯达快印⑪ 安福宾馆⑬ 林工旅馆⑯ 汽车厂⑰ 布柳河大酒店⑱ 天利大酒店⑲ 转盘⑳ 东门街 中医院⑥ 风味小吃，早餐以米粉为主⑦ 红七、八军会师旧址⑧ 乔亭酒家 立新街 县人民医院 左边罗妹莲花洞㉑ 左边地质博物馆㉒ 至大石洞天坑 加油站

乐业县城区示意图

景点

地质博物馆

住 🎤

电力宾馆 ①

金源国际大酒店,有洗车 ②

丰城酒楼,新华书店 ③

邮政局,鸿雁宾馆,有网吧。 ⑩

其他

天利大酒店,电话:0776-7924303。 ⑲

国际培训中心,标间168元/间。 ⑤

中医院 ⑥

罗妹莲花洞 ㉑

凤山县城区示意图

吃
- 5 花江狗肉(图)
- 7 潮汕生滚粥(图)
- 10 重庆鱼火锅

住
- 3 雅芳旅馆
- 15 金穗宾馆(图)
- 21 凤山宾馆,标间72元送早餐

修
- 12 汽配修理(图)
- 16 广益大型修理厂
- 23 汽车总站修理厂
  电话:07786817637(图)
- 24 大众汽修厂
- 25 两家轮胎店

银行
- 13 右边农行,有柜员机
- 20 农行(图)

其他
- 1 凤山照相馆
- 2 青苹果网吧
- 4 兴林大厦(图)
- 6 施耐普洗车美容中心
- 8 柯达快印
- 9 凤凰路
- 11 洗车场(图)
- 13 中国银行
- 14 人民医院(图)
- 17 邮政局(储蓄),新华书店(图)
- 18 T字路口(图)
- 19 百货商场
- 22 汽车总站(图)
- 26 三岔路(图)

两家轮胎店 25 24 三岔路
  24 大众汽修厂
双泉路 农行
凤山广场 20 21 凤山宾馆,标间72元送早餐。
  23 汽车总站修理厂,电话07786817637。
  22 汽车总站5341

云峰路

5 花江狗肉

凤山照相馆 1 2 青苹果网吧
桐军路
百货商场 19 雅芳旅馆 3 4 兴林大厦
T字路口 18

6 施耐普洗车美容中心

17 邮政局(储蓄),新华书店。

16 广益大型修理厂
凤凰路 9 民安路 7 潮汕生滚粥
右边农行,有柜 8 柯达快印
员机。金穗宾馆。 15 10 重庆鱼火锅

14 人民医院

13 中国银行

12 汽配修理

11 洗车场

N

吃 | 住 | 修

花江狗肉 5 | 潮汕生滚粥 7 | 右边农行,有柜员机。金穗宾馆 15 | 汽配修理 12

修

汽车总站修理厂,电话：0778-6817637。

银行

农行

其他

兴林大厦

洗车场

人民医院

邮政局(储蓄),新华书店。

T字路口

汽车总站

三岔路

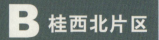
天峨县城区示意图

住
- ④ 行通大酒店(图)
- ⑤ 龙滩宾馆(图)
- ⑩ 林朵大酒店,有停车场(图)
- ⑲ 第一招待所

银行
- ③ 工行,有柜员机
- ⑨ 建行,有柜员机
- ⑪ 农行(图)
- ⑰ 农行

其他
- ① 龙滩电站
- ② 贝石森林风景区大门 N24-59-609E107-10-125/250(图)
- ⑥ 红水河大桥
- ⑦ 河池南丹路口
- ⑧ 汽车总站
- ⑫ 县政府(图)
- ⑬ 邮政储蓄
- ⑭ 城关派出所,电话:0778-7822566。
- ⑮ 丽君照相馆(图)
- ⑯ 人民医院(图)
- ⑱ 县委N25-00-254 E107-10-102/266(图)

至东兰

至河池、南丹

槿芙大道

⑦ 河池南丹路口

⑤ 龙滩宾馆

④ 行通大酒店

⑧ 汽车总站

⑥ 红水河大桥

⑨ 建行,有柜员机

③ 工行,有柜员机

② 贝石森林风景区大门

⑩ 林朵大酒店,有停车场

城东街

⑪ 农行

县政府⑫
邮政储蓄⑬

⑭ 城关派出所,电话:0778-7822566

⑮ 丽君照相馆

N

五好街

五好桥

至八蜡乡

县委⑱
⑰ 农行
⑲ 第一招待所

⑯ 人民医院

龙滩电站①

住 🛏

龙滩宾馆

林朵大酒店，有停车场。

行通大酒店

其他

贝石森林风景区大门,N24-59-609E107-10-125/250。

农行

县委,N25-00-254E107-10-102/266。

天峨县政府

丽君照相馆

人民医院

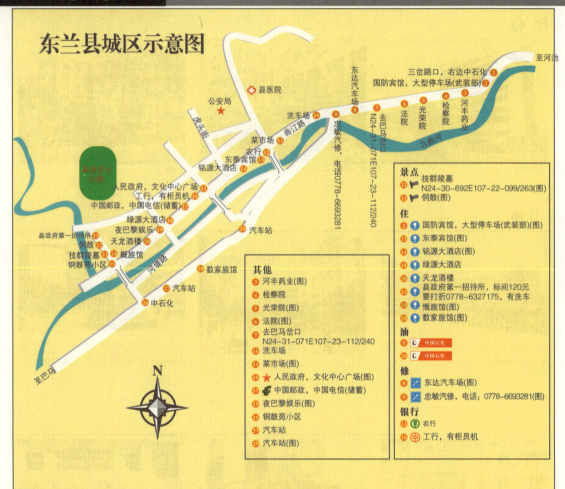

东兰县城区示意图

公安局

县医院

东达汽车场

至河池

三岔路口，右边中石化
国防宾馆，大型停车场(武装部)

河丰药业

检察院

光荣院

法院

去巴马岔口
N24-31-071E107-23-112/240

曲江路

洗车场

菜市场

农行

东泰宾馆

铭源大酒店

人民政府，文化中心广场

工行，有柜员机

中国邮政，中国电信(储蓄)

绿源大酒店

夜巴黎娱乐

县政府第一招待所

侗鼓

天龙酒楼

技群陵墓

慨旅馆

铜鼓苑小区

数家旅馆

河堤路

汽车站

中石化

至巴马

忠敏汽修，电话0778-6693281

九曲河

N

景点 技群陵墓
N24-30-692E107-22-099/263(图)
侗鼓(图)

住
国防宾馆，大型停车场(武装部)(图)
东泰宾馆(图)
铭源大酒店(图)
绿源大酒店
天龙酒楼
县政府第一招待所，标间120元
要打折0778-6327175，有洗车
慨旅馆
数家旅馆(图)

油
中国石化
中国石化

修
东达汽车场(图)
忠敏汽修，电话：0778-6693281(图)

银行
农行
工行，有柜员机

其他
河丰药业(图)
检察院
光荣院(图)
法院(图)
去巴马岔口
N24-31-071E107-23-112/240
洗车场(图)
菜市场(图)
人民政府，文化中心广场(图)
中国邮政，中国电信(储蓄)
夜巴黎娱乐(图)
铜鼓苑小区
汽车站
汽车站(图)

景点

技群陵墓 N24-30-692E107-22-099/263

住 🛈

国防宾馆，大型停车场(武装部)。

东泰宾馆

铭源大酒店

慨旅馆

修 🛠   其他

数家旅馆

东达汽车场

忠敏汽修，电话：0778-6693281。

河丰药业

光荣院

法院

菜市场

人民政府，文化中心广场。

夜巴黎娱乐

汽车站

铜鼓

巴马县城区示意图

至凤山

至东兰

公安局
县医院 ✚
延征轮胎店 ⑯
洗车场 ⑮
县政府
文化街
解放街
新兴街
天耀轮胎店 ⑭
巴马旅社 ⑬
检察院 ⑫
巴马大酒店，中石化 ⑪
马山岔路口 ⑨
系都酒店 ⑩
友谊宾馆 ⑧
汽车站 ⑦
金福宾馆 ⑥
阳光汽配 ⑤
洗车点 ④
长城轮胎店 ③
补胎 ②
中石化 ①

至大化

N

至田阳

住	
⑥	金福宾馆(图)
⑧	友谊宾馆
⑩	系都酒店(图)
⑪	巴马大酒店
⑬	巴马旅社(图)
油	
①	中国石化
⑪	中国石化
修	
②	补胎
③	长城轮胎店(图)
⑤	阳光汽配
⑭	天耀轮胎店
⑯	延征轮胎店(图)
其他	
④	洗车点
⑦	汽车站
⑨	马山岔路口(图)
⑫	检察院(图)
⑮	洗车场

住 🛈

金福宾馆 ⑥

系都酒店 ⑩

巴马旅社 ⑬

修 🛠

长城轮胎店 ③

其他

延征轮胎店 ⑯

马山岔路口 ⑨

检察院 ⑫

C

桂南片区

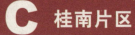
C桂南片区公路分段示意图

路段号	路段名	总里程(km)	用时	页码
C01	南宁市—苏圩镇	36.8	50分钟	166
C02	苏圩镇—崇左市	146.8	2小时35分	168
C03	崇左市—宁明县	53.4	1小时05分钟	170
C04	宁明县—花山景区	15.2	25分钟	172
C05	宁明县—友谊关	53.0	48分钟	174
C06	凭祥市—蒲寨(边境巡逻公路)	27.1	1小时10分钟	176
C07	南友高速—蒲寨及弄尧高速	9.1	22分钟	178
C08	凭祥市—峙浪乡	73.7	2小时40分钟	180
C09	沿边公路—法卡山	4.0	10分钟	182
C10	峙浪乡路口—宝华山古炮台	5.3	8分钟	183
C11	峙浪乡—板岸村	76.9	2小时10分钟	184
C12	板岸村—垌中镇	42.7	1小时13分钟	185
C13	垌中镇—东兴市	75.0	1小时50分钟	186
C14	东兴市—防城港市	41.3	35分钟	188
C15	防东公路—金滩景区	10.6	18分钟	190
C16	防东公路—江山半岛景区	24.3	46分钟	192
C17	南宁市—北海市	206.7	2小时25分钟	194
C18	防城港市—南北高速	43.6	40分钟	196
C19	南北高速钦州港出口—三娘湾	45.5	45分钟	197

桂南片区概况

桂南片区涵盖崇左市、防城港市、钦州市、北海市辖区。

本片区的自然风光和人文景观主要有三大看点：

1. 从友谊关到东兴市之间300多公里的中越边境公路拥有瑰丽神秘的边关风貌，这条公路建成后很少使用，几乎成了一条为汽车驾驶者而设立的专线。在两国边境线上的公路上行驶，其间随时会碰到意外的惊喜，比如人们手里把玩着热带丛林盛产的蜥蜴、毒蜘蛛，或者邂逅目光清澈的越南少女，或丛林里突然冒出一群越南司机，围坐在空地上打扑克。

2. 由东兴金滩到防城港月亮湾沙滩、防城港大平坡沙滩、钦州三娘湾沙滩和北海银滩，总里程仅360公里内5个沙滩组成密集的环北部湾的沙滩群，淋漓尽致地展示了亚热带的滨海风韵。

3. 最不可错过的是东兴市北仑河码头和竹山港出海口。东兴市北仑河码头是个三岔河交汇点，东兴与越南芒街隔河相望，两边的建筑相互映衬，码头上挤满了背着各种日用品的边民，三岔河上船只来往穿梭热闹非凡，两国的船只都挤在仅几十米宽的河道中央分不清你我，在海水退潮的时候北仑河的水位突然降得很低，有的越南边民干脆涉水到对岸来。

竹山港出海口有一个不起眼的石墩，是中国海岸线最西端终点的标志。这里既是中国与越南陆地、河流、海域的分界点，也是中国边境公路的0公里处，0公里里程碑边立有大清国界碑。海上滩涂长满了红树林，红树林枝头上停着许多白鹭。竹山港出海口不是一个开发的旅游景点，但绝对是值得一看的地方。

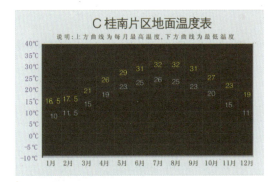

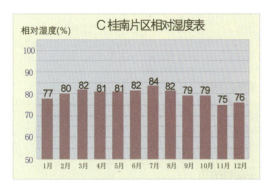

桂南片区的各项指标

【地理环境】

桂南片区共拥有两种地貌，与越南接壤的广西西部地区为丘陵山地，地势向南逐渐过渡到低山丘陵，地貌变得低平，甚至有局部变为平原台地，在这样的地貌环境中驾车旅行很有戏剧性，前一天还逶迤穿行在热带雨林中，第二天就到了广阔无垠的大海边，周边自然环境及人文风光的迅速变化使旅途不再单调乏味。

【气候温度】

桂南片区属于亚热带季风气候区域，每年5~10月为多雨季节，10~翌年4月为旱季，冬季气候温暖，适合寒冷地区的人们避寒越冬，特别是北海一带冬季空气湿度适中，国内许多老年人都选择这里作为哮喘病的自然康复疗养基地。

★穿衣指数

游览该片区一年四季只需要带夏装和秋装就可以了，如果喜欢晚上到海边吹海风，冬天的时候最好加穿一件风衣。

【总体路况】

桂南片区的公路网建设比较发达，从南宁市到友谊关之间的南友高速公路2006年刚开通。如果想体验沿途的风光可以走国道和省道，路况也不错。从友谊关到东兴市之间300多公里的中越边境公路地处丘陵山地地貌，道路蜿蜒曲折，但是山势并不险峻，柏油路面很平整。从东兴市到北海市之间的道路最低等级为一级公路，公路两边是长满植被的低山丘陵。

边境公路全程不设收费站，但东兴市到北海及南宁之间的一级公路和高速公路是要收费的。

【语言与沟通】

桂南片区主要是说白话（粤语），但是口音与广东的粤语相差较大，大部分人都能用普通话进行沟通。广西经济虽然不是很发达，但是桂南片区相对来说属于沿海地区，经济比其他片区要好，老百姓的经商意较浓，与他们交往时不能指望他们像其他山区老百姓那样淳朴，但他们都同样热情厚道。

【民风民俗】

桂南片区的沿海一线世代居住着渔民，海边的渔民有许多风俗和禁忌，最需要注意的是在海滩上玩耍时，如果沙滩上停留有渔船，最好不要攀爬，有渔民在修理渔船时女性最好不要靠近旁观，就算是男性，也不要用"坏、修"等渔民忌讳的字眼来询问。不过有什么不清楚的规矩，只要事先询问一下，渔民都会主动介绍的，而且随着思想意识的转变，许多禁忌渔民们已经不太在意。

【特产】

在凭祥友谊关和东兴市的口岸桥头有许多越南特产卖，东兴市的新华路与解放路十字路口向东30米有一个菜市，路面有许多越南特产在批发，有越南拖鞋、绿豆糕和菠萝密，越南的拖鞋质量很好，很轻很舒适，绿豆糕和菠萝密非常甜腻，不能当主食吃，吃一点要喝好多水，最好是作为茶点吃。

北部湾海域盛产对虾、珍珠、青蟹、鱿鱼等海产，除了在海边吃上一顿海鲜，也可以买上一点虾米和鱿鱼干，还有一种海货叫沙虫干，虽然价格不便宜，但是并不是馈赠亲友的好礼品，因为沙虫干里沙子太多许多内地人并不习惯食用。

北部湾海域最具特色的特产当属南珠，南珠是南海珍珠家族的总称，中国海产珍珠最负盛名的是南珠，故有"东珠不如西珠，西珠不如南珠"之说，南珠尤以北海合浦珍珠质量为最好，现在在北海市面上能买到的珍珠都是人工海水养殖，成色难以保证，质量参差不齐。

【沿途餐饮】

在桂南片区可以品尝到两种风格迥异的美食，一种是越南菜，另一种是北部湾海鲜。

越南菜的特点是冷菜、生菜比较多，各种希奇古怪的叶子包着食物，然后沾佐料吃，如果运气好的话，还可以吃到芭蕉蕾、蚂蚁蛋等。吃越南菜不一定非要到越南才能吃，东兴市靠近北仑河一带的小巷子里有些餐馆会做越南菜。

北部湾的海鲜很多，除了各种鱼、虾、蟹和生蚝，还有泥丁和沙虫，泥丁刺身很有特色，沙虫晒干后用来煲汤。北海外沙岛的各类海鲜大排档可以算是海鲜美食的天堂，到北海的客人一般都会到那里吃一餐海鲜，如果不吃那些很稀有的品种，一般8个人的分量费用大约400元。

【沿途住宿】

桂南片区的宾馆很多，在凭祥市可以到蒲寨里面的小旅馆住宿，在东兴市可以在市内入住星级酒店或私人旅馆，也可以到海滩边入住度假村。在北海则选择范围更宽，可以在市内入住各种档次的酒店，也可以到银滩或桥港入住海边酒店，在海边的别墅区内还有许多培训中心和疗养中心可以住宿。

【安全保障】

治安和交警部门的配置：每个乡镇都有交警中队，在边境一带负责维护公共安全的是边防派出所，职能与普通的派出所差不多，治安报警电话和交通事故报警电话都是全国统一的110和119。

【通讯条件】

除了友谊关至东兴市之间的边境公路上手机信号没有覆盖全区域，桂南片区其他区域内包括近海区域都覆盖了中国移动和中国联通的手机信号。所有乡镇及村庄均开通固定电话。

所有乡镇都有邮政营业网点，开通普通函件和包裹邮寄及邮政储蓄业务。

【油品质量】

桂南片区的加油站网点较多，一般都有97#、93#和90#汽油，油品质量都有保障。

【食品饮料】

沿途的城镇规模都较大，食物和饮料可以随地补充，车上不需要囤积太多的东西。

【公共厕所】

各个旅游景点都设有公共厕所，但是市内的公共厕所不好找，建议到酒店内询问厕所，在途中则可以选择加油站进厕所。

【安全停车地点】

在各景点的入口附近都有大量的私人停车场可以停车，但是不负责24小时看管车辆，夜间停车最好还是选择在住宿点内停车，如果所住的地方没有停车点，也可以把车开到附近的酒店停车，只要交了停车费，酒店并不介意是否在他们那里入住。

【汽车修理】

桂南片区的进口汽车保有量很大，造就了各维修厂的技术水平也比较高，特别是东兴市、钦州市、防城港市和北海市，修理厂都具备一定的规模，可以承接大部分车辆的不同等级维修与养护。

公路沿线的补胎点很少，在每个城镇内都有轮胎店可以补胎。

各县市都有修理厂提供远程救助，详见各条线路的救助信息。

与旅行相关的一些配套设施：

● 中行、建行、工行、农行在桂南片区主要城市及县城都开设有营业网点和柜员机。

● 各景区门前有出售普通胶卷，北海市的数码照片冲印质量不错。

● 各县城都有网吧，酒店内可以为客房开通拨号上网服务，比较上点等级的酒店都有宽带网。

● 桂南片区可选择的交通种类比较多，南宁国际机场和北海机场开有通往全国主要城市的航班，北海港有去往广东、海南及越南的客轮，西南各省都开有北海市的旅游专线客车。

桂南片区自驾旅游参考行程

2天方案（北海主题）

D1 南宁市—北海市—银滩景区

早上从南宁出发，2.5小时后可到北海市，在城区吃海鲜，然后游玩银滩景区，晚上建议住市区，各类档次宾馆很齐全。

北海是海边城市，气候温和，四季都适合旅游度假。冬天带件薄外套即可。银滩是国家4A级景区，风景优美。

费用：全程206公里，油费100元，路费80元。食宿按各自喜好的标准而定。银滩不收门票。

D2 北海市—星岛湖景区—钦州三娘湾—南宁市

早上出发前往星岛湖景区，在钦州午餐后游玩三娘湾，看完落日后回南宁，用时2小时。

费用：全程约200公里，油费100元，路费50元。门票：三娘湾30元。

特产：北海的海鲜和珍珠都很出名。

3天方案（友谊关主题）

D1 南宁市—崇左市—宁明县—花山景区

早上从南宁出发，3.5小时后到达崇左市，在市区午餐后游玩崇左石景林、崇左斜塔等景点，晚上到达宁明县花山景区，宿花山景区。

全程252公里，油费150元，路费：无。

花山民族山寨内的度假村电话0771-8637338

D2 宁明县—友谊关—蒲寨及弄尧边贸区

早上游玩花山景区，观看花山壁画。回宁明县午餐后前往友谊关，登友谊关城楼，上金鸡山观看古炮台。黄昏时分前往距友谊关9公里处的蒲寨边贸区，宿蒲寨。蒲寨几家旅馆的住宿费都很便宜，标间30~40元。

D3 蒲寨—凭祥市(边境巡逻公路)- 南宁市

气候：全路程所在地都是亚热带气候区，四季温度变化不大，分春夏雨季和秋冬旱季，最好的出游季节为旱季，最冷时加件外套就可。

看点：花山崖壁画是瑰宝，不可错过；凭祥曾被众多游者评为国内十大必去的小城之一；行走在祖国南疆的边境巡逻公路是不可多得的体验。

油修：本行程所经之处只有南宁是维修点比较齐全的城市，建议大修和正规保养在南宁做完再出发。沿途加油维修都成问题，要多多留心。沿途乡镇加油点和维修点不多，只能在凭祥解决。边境公路上有村民用可乐瓶装汽油卖，杂质很多，在非万不得已的情况下不建议购买。

5天方案（边境公路及海滩主题）

D1 南宁市—崇左市—宁明县—花山景区

早上从南宁出发，3.5 小时后到达崇左市，在市区午餐后游玩崇左石景林、崇左斜塔等景点，晚上到达宁明县花山景区，宿花山景区。

全程 252 公里，油费 150 元，路费：无。
花山民族山寨内的度假村电话0771-8637338

D2 宁明县—友谊关—凭祥市—蒲寨(边境巡逻公路)

早上游玩花山景区，观看花山壁画。回宁明县午餐后前往友谊关，登友谊关城楼，上金鸡山观看古炮台。黄昏时分前往距友谊关 9 公里处的蒲寨边贸区，宿蒲寨。蒲寨几家旅馆的住宿费都很便宜，标间 30~40 元。

D3 蒲寨—凭祥市—东兴市

本天行程安排比较紧凑，车程约需 8 小时，沿路感受沿边公路风情，游览法卡山和宝华山古炮台，午餐在峒中镇吃羊肉，然后泡泡温泉，黄昏时分前往东兴，宿东兴市。

D4 东兴市—越南芒街—金滩景区

早上过境到越南芒街体验异国风情，午餐后回东兴游玩金滩景区，晚上宿金滩，建议到渔民家里住，吹着海风，闻着咸鱼味入眠。

D5 金滩景区—江山半岛景区—防城港市—南宁市

早上游玩江山半岛，观看古炮台，饱餐海鲜后到防城港市，游览大清界碑、胡志明小道 O 号码头，在防城港吃海鲜后回南宁。

气候：沿海城市只有雨季和旱季之分，冬春两季最适合旅游。最冷时分也只需加件外套就可御寒。

看点：花山崖壁画是瑰宝，不可错过；凭祥曾被众多游者评为国内十大必去的小城之一；行走在祖国南疆的边境巡逻公路是不可多得的体验；法卡山记录着当年战争的惨烈；防城港有海陆国界标示碑，当年闻名中外的胡志明小道，东兴和防城港之间漫长的港湾，形成金滩、江山半岛等景区，沙质细腻，风景优美。

7天方案

5天方案（边境公路及海滩主题）＋2天方案（北海主题）

D1 南宁市—崇左市—宁明县—花山景区

早上从南宁出发，3.5 小时后到达崇左市，在市区午餐后游玩崇左石景林、崇左斜塔等景点，晚上到达宁明县花山景区，宿花山景区。

全程 252 公里，油费 150 元，路费：无。
花山民族山寨内的度假村电话0771-8637338

D2 宁明县—友谊关—凭祥市—蒲寨(边境巡逻公路)

早上游玩花山景区，观看花山壁画。回宁明县午餐后前往友谊关，登友谊关城楼，上金鸡山观看古炮台。黄昏时分前往距友谊关 9 公里处的蒲寨边贸区，宿蒲寨。蒲寨几家旅馆的住宿费都很便宜，标间 30~40 元。

费用：全程 94 公里，油费 100 元，路费 20 元。

D3 蒲寨—凭祥市—东兴市

本天行程安排比较紧凑，车程约需 8 小时，沿路感受沿边公路风情，游览法卡山和宝华山古炮台，午餐在峒中镇吃羊肉，然后泡泡温泉，黄昏时分前往东兴，宿东兴市。

费用：全程 281 公里，油费 130 元，路费：无。

D4 东兴市—越南芒街—金滩景区

早上过境到越南芒街体验异国风情，午餐后回东兴游玩金滩景区，晚上宿金滩，建议到渔民家里住，吹着海风，闻着咸鱼味入眠。

D5 金滩景区—江山半岛景区—防城港市—南宁市

早上游玩江山半岛，观看古炮台，饱餐海鲜后到防城港市，游览大清界碑、胡志明小道 O 号码头，在防城港吃海鲜后前往南宁，宿南宁市。

费用：全程 206 公里，油费 100 元，路费 80 元。

D6 北海市—银滩景区

早上从南宁出发，2.5 个小时后可到北海市，在城区吃海鲜，然后游玩银滩景区，晚上建议住市区，各类档次宾馆很齐全。

北海是海边城市，气候温和，四季都适合旅游度假。冬天带件薄外套即可。银滩是国家 4A 级景区，风景优美。

费用：在市区内游玩，花费按各自喜好的标准而定。银滩不收门票。

D7 北海市—星岛湖景区—钦州三娘湾—南宁市

早上出发前往星岛湖景区，在钦州午餐后游玩三娘湾，看完落日后回南宁，用时 2 小时。

费用：全程约 200 公里，油费 100 元，路费 50 元。门票：三娘湾 30 元。

救助信息

东门镇派出所	0771-7666082
东门镇交警中队	0771-7666155
柳利镇派出所	0771-7620082
板利镇交警中队	0771-7930009
亭亮乡卫生院	0771-8685006
宁明县公安局	0771-8620757
宁明县公安部局报警	0771-8620757
宁明火车站派出所	0771-8628077
宁明县工商局投诉	12315或0771-8621139
宁明县旅游局投诉	0771-8620003
广西旅游质量监督管理所投诉	0771-5529315
崇左旅游质量监督管理所投诉	0771-7840238
凭祥旅游质量监督管理所投诉	0771-8522601
爱店镇派出所电话	0771-8771208
东兴市交通事故报警	122或0770-7682230
东兴市人民医院急诊	0770-7690550

2 右边中石化，路边持续200米有十多家简陋修车铺和补胎点。

3 路况抽样，该路段车流量很大，在南友高速开通之前该路段目前为南宁市往崇左、扶绥、宁明、凭祥的必经之路。

8 路况抽样，二级柏油公路，道路笔直平整，路宽7米，时速65公里。

10 良凤江国家森林公园，马路对面有几家餐馆，南宁市内经常有人驱车到这里就餐，生意很好。

11 大王滩风景区岔口，左边18公里到大王滩风景区，景区电话0771-4778120。

14 左边珍珠饭店，为酒楼式的大排档，门前有高耸的白桦树，有停车场，饭店旁有洗车店，招牌菜是风味牛杂，电话0771-4207839。

南宁市 大道

中国石化

起点

至机场

中国石化

甘氏柠檬鸭饭店

中南石油

加油站

轮胎店

路边有一大片葡萄园

0.0 36.8
0.1 36.7
0.6 36.2
1.5 35.3
1.8 35.0
2.7 34.1
2.9 33.9
4.0 32.8
5.3 31.5
6.3 30.5
7.2 29.6
8.0 28.8 收费站
12.0 24.8
16.1 20.7

至机场

壮锦大道 机场高速

友谊关253km ✛ 永和大桥

1 南宁市白沙大道与友谊路交叉路口，左转从友谊路出城。限速40公里。如果从南宁去往苏圩方向，请在此将里程表清零。

13 路况抽样，单实线，双向两车道，软土路基，路面起伏大，时速60公里，路面树木很茂密，偶尔有车辆从树林间钻出，请注意减速。

邕宁区
南宁市
C01
苏圩镇
C02
扶绥县
至崇左市

N

20 三岔路口，岔道中间有中石化，路边有几家修理店，还有一家轮胎店，经营货车轮胎，可补胎，由此开始往凭祥方向道路变窄，路面画有虚黄线。

左边吴圩钢管厂路口

中国石化

加油站

18.4 18.4
18.6 18.2
19.4 17.4
19.5 17.3
20.1 16.7
23.0 13.8
26.6 10.2

21 路况抽样，进入喀斯特地貌区域，时速50公里。

永红村风光

22 路况抽样，二级柏油公路，路宽7米，道路情况良好。注意路上三轮货车和行人通过，此处为322国道815公里处。

16 吴圩镇城区，穿越城区2公里，限速30公里。路边有4间大排档和中石化。

15 右边吴圩王府牛杂，电话0771-4207337。绿丰加油站，加油免费洗车。

27 扶绥岔口，在此右转12公里可到扶绥县城。如果从苏圩去往南宁方向请在此将里程表清零。

PetroChina 中国石油

加油站

33.1 3.7
33.7 3.1
35.3 1.5
36.8 0.0

至崇左市

终点

至扶绥县

26 苏圩镇，穿越城区1.5公里，限速30公里，右边中石油，左边有一家"58大排档"生意不错。

16.4 20.4
16.0 19.0
17.8

勘察报告

本路段全线为二级柏油公路，道路宽10米，道路情况一般，由于道路上车流量大，过往车辆多，路基偏软，道路起伏较大。沿途行人、车辆较多，通过时需注意道路两侧情况。道路绿化不错，路旁一直都有高大的树木。

救助信息

吴圩镇派出所	0771-4207216/4207480
苏圩镇交警中队	0771-4178016
苏圩镇派出所	0771-4178015
苏圩镇卫生院	0771-4178384

餐饮

沿途饮食点较多，其中吴圩镇的风味牛杂很有特色，如果在途中有就餐需要，建议在这里用餐。吴圩王府牛杂，电话0771-4207337。

住宿

苏圩镇珍珍饭店是途中住宿条件最好的地方，如果在途中有住宿的需要，建议在这里住宿，电话0771-4207839。

加油

途中加油站众多，中石化、中石油、民营加油站遍布道路两旁，油品齐全，价格相当。

维修

沿途有数十家维修点，不过维修条件不好，建议在南宁市做好车辆维修检查之后出发，南宁市是广西维修条件最好的地方。

❾ 路边有一大片草莓园，可以自己到田里去摘草莓，这是许多南宁自驾爱好者的周末活动节目。草莓价格8元一斤。

里程数据速查表

	从南宁市出发，请从上往下阅读		
❶	0.0	白沙大道交叉路口	36.8
			0.1
❷	0.1	右边中石化	36.7
			0.5
❸	0.6	路况抽样	36.2
			0.9
❹	1.5	右边中石化	35.3
			0.3
❺	1.8	甘氏柠檬鸭饭店	35.0
			0.9
❻	2.7	中南石油加油站	34.1
			0.2
❼	2.9	右边两个轮胎店	33.9
			1.1
❽	4.0	路况抽样	32.8
			1.3
❾	5.3	路边一大片草莓园	31.5
			1.0
❿	6.3	良凤江森林公园	30.5
			0.9
⓫	7.2	岔道	29.6
			0.8
⓬	8.0	收费站	28.8
			4.0
⓭	12.0	路况抽样	24.8
			4.1
⓮	16.1	左边珍珍饭店	20.7
			0.3
⓯	16.4	右边吴圩王府牛杂	20.4
			1.4
⓰	17.8	吴圩镇城区	19.0
			0.6
⓱	18.4	吴圩钢管厂路口	18.4
			0.2
⓲	18.6	右边中石化	18.2
			0.8
⓳	19.4	右边农机加油站	17.4
			0.1
⓴	19.5	三岔路口	17.3
			0.6
㉑	20.1	路况抽样	16.7
			2.9
㉒	23.0	路况抽样	13.8
			3.6
㉓	26.6	永红村风光	10.2
			6.5
㉔	33.1	右边中石油	3.7
			0.6
㉕	33.7	右边中正石油	3.1
			1.6
㉖	35.3	苏圩镇	1.5
			1.5
㉗	36.8	扶绥岔口	0.0

从苏圩镇出发，请从下往上阅读

南宁良凤江国家森林公园

良凤江森林公园属3A景区，门票仅10元。清澈的良凤江从国家森林公园内缓缓流过，江畔林木繁茂，亭阁错落。公园是一个天然的大氧吧，有亚热带树种及广西濒临灭绝的树种，属国家保护植物85种，最珍贵的是园内一株全国唯一的阴阳合株菩提树，据说会发出佛光。园内还设有游乐场，是休闲娱乐的好去处。公园门口有停车场，大门对面马路边有餐厅。

❿ 良凤江国家森林公园

㉓ 永红村风光

至南宁市

起点

至绥扶县

❶ 扶绥岔口，右转可前往扶绥县城，扶绥县城路口距离12公里，路面为二级柏油公路。如果从苏圩去往崇左方向，请在此将里程表清零。

0.0　146.8

❸ 路况抽样，二级柏油公路，路宽8米，车流量较大。

左急弯 38.1　108.7

42.2　104.6

42.6　104.2　**中国石化**

❼ 路况抽样，二级柏油公路，路宽8米，道路笔直平整，路边开满了紫荆花，时速65公里。

❺ 上思路口，左转可前往上思县，路面为三级公路。

43.6　103.2

至上思县
46.3　100.5

右边岔道 45.8　101.0

47.4　99.4

❽ 崇左市与南宁市交界处，限速70公里。

51.9　94.9　**加油站**　❾ 右边山圩农场加油站

山圩镇 53.2　93.6

54.4　92.4　**中国石化**

58.9　87.9

❿ 右边岔道，四级柏油路。

渠荣镇 68.2　78.6

69.4　77.4　**加油站**　❶❹ 左边东门龙城加油站

74.2　72.6　**中国石化**

74.3　72.5

76.9　69.9　**中国石化**

❶❻ 东门镇，右边有农行ATM取款机，道路穿越城区3公里，每年12月到来年2月为榨甘蔗的季节，路边两公里停满了运送甘蔗的车辆，交通很拥挤。

❶❽ 西长镇，有三岔路口，右转可前往东罗，去往东罗的公路为四级柏油公路。

86.1　60.7

89.1　57.7

❶❾ 路况抽样，二级柏油公路，公路两边是大片甘蔗林，长达几十公里。

❷⓪ 柳桥镇，道路穿越城区500米，柳桥镇比较发达，各项市政配套设施齐全，路边行人车辆较多，注意提前减速。

97.7　49.1

❷❶ 去往上思县的公路为四级柏油公路

106.1　40.7

至上思县
107.5　39.3

❷❷ 崇左至上思的二级公路正在与老路平行修建

111.7　35.1

108.0　38.8　**板利镇**

❷❺ 路况为四级公路，周边环境从平原丘陵地貌转为喀斯特地貌。

111.5　35.3　扶贫路岔口

117.8　29.0

❷❻ 路况抽样，二级柏油公路，路面老化，车辆通过时有较大灰尘，右急弯。

❷❾ 石林大道，2006年新修建而成，自从崇左市成立地级市以后各项市政设施一直在加紧建设。

❷❼ 路况抽样，二级柏油公路，长上坡，路面有起伏。

❸❶ 石林大道与沿山路交叉点，这里是崇左市的市中心，如果从崇左市去往苏圩镇和南宁市方向，请在此三岔路口将里程表清零。

145.0　1.8

141.1　5.7

142.3　4.5

崇左市

终点

146.8　0.0

146.3　0.5　**中国石化**

❷❽ 南友高速入口，南宁至友谊关的南友高速于2006年刚刚开通。

至南宁市

苏圩镇

上思县

扶绥县

C02

崇左市

至宁明县

勘察报告

本路段为二级柏油公路，道路宽 8 米，路面状况良好。在进入崇左市区的公路上有部分复杂路段，但道路两边绿化很好，参照物明显。途中经过大片的甘蔗林，在甘蔗成熟季节里车流量很大。

救助信息

东门镇派出所	0771-7666082
东门镇交警中队	0771-7666155
柳利镇派出所	0771-7620082
板利镇交警中队	0771-7930009

里程数据速查表

从苏圩镇出发，请从上往下阅读 ▼

❶	0.0	扶绥岔口	146.8	
❷	38.1	左急弯	108.7	38.1
❸	42.2	路况抽样	104.6	4.1
❹	42.6	右边中石化	104.2	0.4
❺	43.6	左边上思路口	103.2	1.0
❻	45.8	右边岔道	101.0	2.2
❼	46.3	路况	100.5	0.5
❽	47.4	崇左与南宁交界	99.4	1.1
❾	51.9	山圩农场加油站	94.9	4.5
❿	53.2	山圩镇	93.6	1.3
⓫	54.4	右边中石化	92.4	1.2
⓬	58.9	右边岔道	87.9	4.5
⓭	68.2	渠荣镇	78.6	9.3
⓮	69.4	东门龙城加油站	77.4	1.2
⓯	74.2	左边中石化	72.6	4.8
⓰	74.3	东门镇机	72.5	0.1
⓱	76.9	右边中石化	69.9	2.6
⓲	86.1	西长镇	60.7	9.2
⓳	89.1	路况	57.7	3.0
⓴	97.7	柳桥镇	49.1	8.6
㉑	106.1	左边上思岔口	40.7	8.4
㉒	107.5	上思路口	39.3	1.4
㉓	108.0	板利镇	38.8	0.5
㉔	111.5	扶贫路岔口	35.3	3.5
㉕	111.7	四级公路	35.1	0.2
㉖	117.8	路况	29.0	6.1
㉗	141.1	路况	5.7	23.3
㉘	142.3	南友高速	4.5	1.2
㉙	145.0	石林大道	1.8	2.7
㉚	146.3	右边中石化	0.5	1.3
㉛	146.8	石林大道交叉点	0.0	0.5

从崇左市出发，请从下往上阅读 ▲

餐饮

途中餐饮点较多，东门镇、柳桥镇都有齐全的配套设施，不过这里餐饮点主要都为沿途货车司机提供服务，用餐条件一般。

住宿

途中没有条件较好的住宿点，如果有住宿需要最好到崇左市区内住宿。崇左市左江宾馆 豪双 138 元，标双 80 元；崇左市公路宾馆 标双 90 元；崇左市绿园宾馆 三人间 90 元，标双 60 元。

加油

途中 4 个中石化加油站，一个民营加油站，油品齐全，途中不必担心加油的问题。

维修

沿途没有维修点，只有部分补胎、加水点，出发前请做好车辆检查维护。崇左市沿山路阳光顺驰汽车修理厂规模较大。

崇左左江风光

崇左的水源极其丰富，明江、平而江、水口河和黑水河四条河流在这里汇合，成为左江。左江两岸群峰秀峦，翠竹相映，江中时有小岛横卧，小船飘泊。明代徐霞客于 1637 年深秋游左江达 20 天，在他的游记中把左江风光与阳朔、五夷山比美。

崇左石景林

石景林景区入口位于崇左市内的石林大道边，景区内 1000 亩景观全是石块，形似树木丛生，虽小巧玲珑，却处处如诗如画。踏入石景林，曲径幽通，路面凹凸不平，石级上野藤古蔓荫蔽。上下左右，满目石山大小不一，高低起伏，一峰连一峰，一座接一座。奇石低者垂手可摸，高的不外二三十步便可攀上其顶。景区南面和西部的山石脚下地势陷凹，每逢春夏两季，雨水汇成一个小湖泊，环绕石林，可划舟楫，此时群峰倒影在碧波幽水中，令人乐而忘返。门票：10 元

崇左斜塔

崇左斜塔位于崇左郊区鳌头山的小岛上，这座挺立岛上的古老斜塔，人称"归龙塔"。归龙塔为世界八大斜塔之一，与意大利比塞塔并列。斜塔建于明朝，已有 370 余年的历史，为太平知府李友梅所造，当时只建了 3 层。过了 39 年，清康熙年间，太平知府徐越又续建了两层。鳌头峰处在左江漩涡翻卷、波涛滚滚的急流转弯处，地势凶险，宝塔孤立峰顶呈倾斜之势，数百年来一直巍然挺立，纹丝不动。门票：5 元

❷ 路况抽样，三级柏油公路，路宽7米，路面情况良好，时速65公里。

❶ 崇左交通警察支队，距市中心2公里，如果从崇左市出发往宁明市，请在此将里程表清零。

❸ 水口桥，桥头有岔道前往职业技术学校，岔道是乡村柏油路。

崇左市
起点

0.0　53.4
1.2　52.2
1.0　52.4
2.1　51.3
6.3　47.1
5.9　47.5
8.9　44.5

❹ 右边岔道，岔道为四级公路。由此岔道也可进入崇左城区。经常有载重车辆从该路口出入，请提前减速。

❻ 落石路段，道路开始变窄，进入连续弯道路段。

❼ 路况抽样，二级柏油公路，路宽8米，道路笔直，路况良好，两边有高大整齐的护林，实测行使时速61公里。

沿途风光 Ⓐ　16.3　37.1
19.6　33.8
17.8　35.6

❾ 水电厂岔道，岔道为四级公路。

❿ 辉村，位于公路左边树林里。

25.3　28.1　岔道
28.0　25.4
❶❷ 右边岔道，岔道为土路。

29.0　24.4
❶❸ 左边南友高速入口

❶❹ 亭亮乡，街道右边有一家顺意汽车修理铺，可为过往车辆提供简易维修服务，电话0771-8685276。

❶❺ 出城口，左边中石化。右边亭亮乡卫生院。

中国石化　37.3　16.1
36.0　17.4
39.0　14.4

❶❻ 从亭亮乡开始往宁明县方向道路变窄，有些地方仅能容一个车身通过，沿线为甘蔗产区，每年秋冬季路上有许多运送甘蔗的货车行驶。

❶❼ 路况抽样，斜坡，连续弯道，路边树木遮挡视线。

43.0　10.4
49.0　4.4
❶❽ 右边岔道，岔道为土路。

52.0　1.4
❶❾ 布天村，公路穿越村庄300米，路边有西靖小学，小心学生出入。

宁明县
53.4　0.0
终点
至南宁市

❷⓿ 三岔路口，这里位于宁明县的城郊结合部，是宁明县去往南宁市与崇左市的两条道路的交汇点，三岔路口边有废弃的加油站，如果从宁明县出发往崇左市，请在此将里程表清零。

勘察报告

本路段为三级柏油公路，路宽6米，全程路边都是茂密的护路林，道路周围大部分是喀斯特地貌的石山，有部分落石、悬崖路段，路上车流量不大，但是在秋冬季节会有许多满载甘蔗的车辆和农用车，他们的视线不是很好，超车时要鸣号并注意保持并行距离。沿途经过的一些小村庄保持了浓郁的壮族风情，有部分妇女和儿童仍身着民族服装，淳朴热情，路边的田园风光适合在春夏两个季节一边驾车一边欣赏。

救助信息

亭亮乡卫生院　　0771-8685006

宁明县公安局　　0771-8620757

餐饮

途中餐饮条件不好，只有一些简易的餐厅，如果有用餐需要，最好在崇左市或者宁明县选择餐厅。

住宿

沿途无住宿点，在崇左市区内住宿。

加油

沿途只有亭亮乡一个中石化加油站，行程中做好油料的准备，可以在崇左市或者宁明县加油。

维修

亭亮乡有一个简易维修点，电话0771-8685276

里程数据速查表

⑩ 辉村是位于公路边树林里的一个小村庄，世代居住着壮族同胞，保持了浓郁的壮族习俗，辉村四周绿树掩映，祥和宁静，保持了较原始的田园风光。

		从崇左市出发，请从上往下阅读		
①	0.0	崇左交警支队	53.4	
				1.0
②	1.0	路况抽样	52.4	
				0.2
③	1.2	水口桥头岔道	52.2	
				0.9
④	2.1	岔道	51.3	
				3.8
⑤	5.9	沿途风光	47.5	
				0.4
⑥	6.3	落石路段	47.1	
				2.6
⑦	8.9	路况抽样	44.5	
				7.4
⑧	16.3	沿途风光	37.1	
				1.5
⑨	17.8	水电厂岔道	35.6	
				1.8
⑩	19.6	辉村	33.8	
				5.7
⑪	25.3	岔道	28.1	
				2.7
⑫	28.0	岔道	25.4	
				1.0
⑬	29.0	南友高速入口	24.4	
				7.0
⑭	36.0	亭亮乡	17.4	
				1.3
⑮	37.3	中石化及卫生院	16.1	
				1.7
⑯	39.0	道路变窄	14.4	
				4.0
⑰	43.0	路况抽样	10.4	
				6.0
⑱	49.0	岔道	4.4	
				3.0
⑲	52.0	布天村	1.4	
				1.4
⑳	53.4	宁明三岔路口	0.0	

宁明县出发，请从下往上阅读

⑲ 布天村路边的小集市，各种瓜果蔬菜和肉类食品就这样自给自足。

⑲ 布天村的一些妇女在地上架着小锅，为小学生和路人提供一些油炸糕点。

⑲ 布天村的水井。

民族山寨

花山景区

终点

⑭ 花山码头及民族山寨,如果从花山景区出发往宁明县城,请在此将里程表清零。

⑭ 15.2 0.0

⑬ 12.6 2.6 弄那村,路边有码头,为村民经营的渡船。

⑫ 岜莪村。

⑫ 10.8 4.4

⑪ 10.4 4.8 花山隧道

Ⓐ 10.2 5.0 ⑩

⑩ 10.0 5.2 ⑨ 路况抽样,三级柏油公路,宽7米,两边有1米宽的沙土可作为紧急停车带。

⑩ 沿途风光。

⑧ 7.8 7.4 穿过桥洞

⑦ 6.5 8.7

⑦ 右边岔道,岔道四级公路。

④ 岔道,中间是中石化,右边岔道为四级公路。

⑥ 5.5 9.7 ⑥ 左边岔道,岔道为乡村柏油路。

⑤ 4.9 10.3 ⑤ 路况抽样,急弯,两边没有防护带,注意提前减速。

中国石化 4.2 11.0 ④

③ 4.0 11.2 铁路道口

② 3.5 11.7 宁明火车站

N

① 0.0 15.2 ① 宁明桥头西岸,如果从宁明县出发往花山景区,请在此将里程表清零。

宁明县

起点

龙州县 崇左市

花山景区 C03

C04

凭祥市 C05 宁明县

C06 沿边公路 峙浪乡

蒲寨 C07

友谊关

172

勘察报告

从宁明县城去花山景区有两种走法，如果走水路，宁明县城驮龙街有码头去往花山，往返需要 5 个小时，也可以在途中的弄那村包船，费用更贵。如果走陆路，宁明县城的各主要街道都有去花山的指路牌，到达终点民族山寨后再坐船到花山景区，船费每人 8~10 元不等。建议走陆路到民族山寨再坐船，可以节省时间及金钱。

救助信息

宁明县公安部局报警	0771-8620757
宁明火车站派出所	0771-8628077
宁明县工商局投诉	12315 或
	0771-8621139
宁明县旅游局投诉	0771-8620003

餐饮

民族山寨内有餐厅。

住宿

位于花山民族山寨内的度假村，电话 0771-8637338

加油

沿途没有加油站，建议在宁明县城加油。

里程数据速查表

花山景区前的雕塑

	从宁明县出发，请从上往下阅读		
①	0.0	宁明桥头西岸	15.2
②	3.5	宁明火车站	11.7
③	4.0	铁路道口	11.2
④	4.2	岔道及中石化	11.0
⑤	4.9	路况抽样	10.3
⑥	5.5	左边岔道	9.7
⑦	6.5	右边岔道	8.7
⑧	7.8	穿过桥洞	7.4
⑨	10.0	路况抽样	5.2
⑩	10.2	沿途风光	5.0
⑪	10.4	花山隧道	4.8
⑫	10.8	岜萪村	4.4
⑬	12.6	弄那村	2.6
⑭	15.2	花山码头	0.0

(区间里程: 3.5 / 0.5 / 0.2 / 0.7 / 0.6 / 1.0 / 1.3 / 2.2 / 0.2 / 0.2 / 0.4 / 1.8 / 2.6)

从花山景区出发，请从下往上阅读

花山崖壁画

进入左江花山地带，只见群峰耸立，山回水转，两岸青峰绿树倒映在澄碧的江水中。左江沿岸 200 多公里长的陡峭崖壁上，有着规模巨大的原始崖壁画群。其中宁明花山壁画的画幅最大，图像最多，分布最密，是左江原始崖壁画的代表作，故人们把左江沿岸的崖壁画统称为"花山崖壁画"。

花山崖壁画绘制在宁明县明江东岸的花山悬崖峭壁上，画面宽约 150 米，高约 95 米，画有各种图像约 1800 个。这些图像多为人像，也有动物和器具，画中人物形态各异，基本由"大"字变化成形，只粗画体态，不细描五官。人像周围有单层或双层圆圈，象征太阳和月亮。整个画面布局工整，画像简单生动，古朴而原始。据考证，花山崖壁画始画于春秋战国，延至后汉，距今约 1800~4000。壁画虽经千年风霜，图像至今仍清晰可见，充分体现了古代壮族人民的智慧和才能。花山崖壁画的主题、内容、颜色原料成分和如何绘制至今还是一个不解之谜。

水上交通

1.驮龙镇桥头码头乘船到花山崖，私人小木船，往返 80 元／船，可讲价，包船即走。联系电话：0771-8637220 郭天宝

2.从宁明前往花山半途的弄那村有包船点，可坐30人的大船往返300元，可坐10人的小船往返150元，可讲价。联系电话：13317861720 0771-8628688 乌先生

3.花山民族山寨码头，这里大小船很多，还有快艇，包船价从50元到600元不等。

门票：免票，因为现在为保护壁画已经禁止上岸观看。

起点

至崇左市

至花山景区

宁明县

1 宁明火车站，如果从宁明县出发往花山景区，请在此将里程表清零。

0.0 53.0

村庄 4.0 49.0

0.7 52.3

2 凭祥岔口，直走宁明，路面为二级柏油公路，右转去往凭祥方向，路面为沙土路，该路段主要是本地货车行驶，实测行使速度28公里。

4.8 48.2

4 兴宁大道路口。兴宁大道是为连接宁明县城与高速公路修建，路边还没有房屋。

5.5 47.5

中国石化 高速路口及中石化

宁明收费站 8.7 44.3

7.0 46.0

6 路况抽样，二级柏油公路，路面宽10米，路面崭新平整，实测行使速度80公里。

12.2 40.8

8 路况抽样，高速公路，双向4车道，全封闭，全隔离，两边有紧急停车带实测行使时速100公里。

23.8 29.2 夏石、龙州出口

26.0 27.0 A

10 右边沿途风光

14 四岔路口，直行穿过隧道可直达凭祥市城区，右转到凭祥南，左转去友谊关和凭祥南，凭祥南习惯称为"南山"。

34.8 18.2 连续弯道路段

39.6 13.4 六尖山隧道

40.9 12.1 凭祥收费站

41.0 12.0

凭祥市

43.2 9.8 A

44.0 9.0 凭祥服务区

15 沿途风光

50.6 2.4 蒲寨出口

53.0 0.0 友谊关

终点

蒲寨

崇左市

峙浪乡

宁明县 C04 沿边公路

花山景区

C05

龙州县

凭祥市 友谊关

C06 蒲寨

18 友谊关，如果从友谊关出发往宁明县，请在此将里程表清零。

⑱ 友谊关

　　从宁明县到友谊关可以在宁明县城走兴宁大道直接到达南宁至友谊关的南友高速公路，但如果是去花山景区游玩结束后转去友谊关，可以不经过市中心，在火车站附近抄近道即到达南友高速。

救助信息

宁明县公安部局报警　0771-8620757

广西旅游质量监督管理所投诉　0771-5529315

崇左旅游质量监督管理所投诉　0771-7840238

凭祥旅游质量监督管理所投诉　0771-8522601

餐饮

　　友谊关没有餐馆，建议到蒲寨就餐，蒲寨大街上有几家大排档。

住宿

　　友谊关没有旅馆，建议到蒲寨住宿，几家旅馆的住宿费都很便宜，标间30~40元，详见"南友高速－蒲寨及弄尧"路段介绍。

加油

　　可在各服务区加油，但因南友高速为2006年新开通的，有些服务区的加油站不能及时投入使用，建议尽量提前加满油。

里程数据速查表

▼ 从宁明县出发，请从上往下阅读			
❶	0.0	宁明火车站	53.0
❷	0.7	凭祥岔口	52.3
❸	4.0	村庄	49.0
❹	4.8	兴宁大道路口	48.2
❺	5.5	高速路口及中石化	47.5
❻	7.0	路况抽样	46.0
❼	8.7、	宁明收费站	44.3
❽	12.2	路况抽样	40.8
❾	23.8	夏石、龙州出口	29.2
❿	26.0	右边沿途风光	27.0
⑪	34.8	连续弯道路段	18.2
⑫	39.6	六尖山隧道	13.4
⑬	40.9	凭祥收费站	12.1
⑭	41.0	四岔路口	12.0
⑮	43.2	左边沿途风光	9.8
⑯	44.0	凭祥服务区	9.0
⑰	50.6	蒲寨出口	2.4
⑱	53.0	友谊关	0.0

（区间里程：0.7　3.3　0.8　0.7　1.5　1.7　3.5　11.6　2.2　8.8　4.8　1.3　0.1　2.2　0.8　6.6　2.4）

从友谊关出发，请从下往上阅读 ▲

友谊关

　　友谊关位居中越边境之两山对峙险坳处，距凭祥市18公里，距越南16公里，扼中越交通之咽喉。关楼为三层楼阁建筑，高22米，底层为石砌隧道型拱城门，公路从城门通过。城门上"友谊关"三字为陈毅元帅墨迹，因其建筑雄伟，又有"天下第二关"之称，也是我国九大名关之一。

　　关楼前有宽阔的广场，两旁木棉挺拔，前侧有一棵千年古榕，伞形的树冠，绿叶婆娑，仿佛在诉说友谊关悠久而古老的历史。这里历史上曾是闻名中外的"镇南关大捷"和孙中山领导的"镇南关起义"之处，为历代军事要地。1885年，清军名将冯子材率军在此痛击法国侵略者，取得举世闻名的"镇南关大捷"，如今这里还留有中法战争古战场。1907年，伟大的民主革命先驱孙中山先生在金鸡山举行了震惊中外的镇南关起义，这是孙中山先生一生反清革命生涯中唯一一次亲自指挥，并参加战斗的起义。门票：10元

金鸡山

　　位于友谊关西侧的金鸡山，海拔511米，西南两面为悬崖峭壁，山势险峻。其山顶有3个山头，呈鼎立之势，为守关之兵家要地，历代均设重兵把守。登上此山可一揽中越边界方圆数里迷人的风景。

　　中法战争镇南关大捷后，苏元春为了加强中越边境防备，选此山营造了三座炮台，名为"镇北"、"镇中"、"镇南"台。炮台倚山势而建，均以青石砌就，严丝合缝。各炮台除配置有一门可旋转180°的德制十二生大炮外，还分别筑有地下营垒，用以屯积粮草弹药和士兵居住。门票：包含在友谊关门票里。

金鸡山上可旋转180°的大炮

通道

虬生的榕树根须裹着昔日的石阶

❿ 沿途风光

至龙州县

② 匠止村

① 凭祥市政府。如果从凭祥市出发往蒲寨,请在此将里程表清零。

❺ 蒲寨岔道,右边往龙州,为四级公路,左边往蒲寨,为沙土路。

5.2 21.9 ⑤

3.4 23.7 路况抽样

④

2.4 24.7 ③

2.1 25.0

②

6.5 20.6 ⑥

0.0 27.1

①

起点

至南宁市

凭祥市

至友谊关

③ 右边匠止烈士陵园

匠止烈士陵

7.3 19.8 ⑦

8.2 18.9 ⑧

8.8 18.3 ⑨ 悬崖路段

8.9 18.2 ⑩

11.3 15.8 ⑪ 左边岔道

13.3 13.8 ⑫ Ⓐ 沿途风光

⑩ 里程碑

⑦ 上阳村

❽ 路况抽样,四级沙石路面,路面颠簸狭窄,道路状况很差,实测行驶时速9公里。

17.8 9.3 ⑬ 左急弯岔道上坡

21.1 6.0 ⑭ Ⓐ 沿途风光

⑭ 公路边的芦苇丛

❿ 蒲寨边防检查站,如果从蒲寨出发去往凭祥市,请在此将里程表清零。

25.1 2.0

15

25.6 1.5 ⑯ 俯视高速公路

27.1 0.0 ⑰

终点 至友谊关

蒲寨

⑮ 右边蒲寨全貌

勘察报告

柏油路部分为沿边公路，土路部分为中越边境的巡逻公路，地势险峻，最好不要在夜晚行驶在该路段。可以在山上路边一览中越两国山川，并能俯瞰蒲寨全貌。

餐饮

民族山寨内有餐厅。

住宿

位于花山民族山寨内的度假村电话 0771-8637338

加油

沿途没有加油站，建议在宁明县城加油。

⑫ 沿途风光

⑯ 左边俯视南友高速公路

里程数据速查表

	从凭祥市出发，请从上往下阅读			
①	0.0	凭祥市政府	27.1	
②	2.1	匠止村	25.0	2.1
③	2.4	烈士陵园	24.7	0.3
④	3.4	路况抽样	23.7	1.0
⑤	5.2	岔道	21.9	1.8
⑥	6.5	下阳村	20.6	1.3
⑦	7.3	上阳村	19.8	0.8
⑧	8.2	路况抽样	18.9	0.9
⑨	8.8	悬崖路段	18.3	0.6
⑩	8.9	里程碑	18.2	0.1
⑪	11.3	左边岔道	15.8	2.4
⑫	13.3	沿途风光	13.8	2.0
⑬	17.8	左急弯岔道上坡	9.3	4.5
⑭	21.1	沿途风光	6.0	3.3
⑮	25.1	蒲寨全貌	2.0	4.0
⑯	25.6	俯视高速公路	1.5	0.5
⑰	27.1	蒲寨边防检查站	0.0	1.5

从蒲寨景区出发，请从下往上阅读 ▲

⑦ 上阳村小姐姐

⑦ 上阳村开朗的大妈

① 南友高速公路蒲寨出口1

从①南友高速公路蒲寨出口行驶15公里后到②兰岔路口

② 兰岔路口

从②兰岔路口走右边0.8公里到达④三友道从②兰岔路口走左边2.6公里到达③友道

弄尧边境贸易点

　　弄尧边境贸易点位于中越边界16号界碑中方一侧，距越南同登3公里、凉山省会15公里。弄尧边境贸易点共有600多间铺面，在斜坡上延绵1.6公里，每天到贸易点进行边境贸易的中外客商3000多人。整个弄尧只有一个宾馆：澳珠宾馆，标间80元，客商及游客一般都转到蒲寨去吃住。

　　门票：每人1元，车辆2元，司机免票。

③ 友谊关

⑤ 弄尧边境贸易点大门
从 ④ 三岔路口走左边，
去 9 公里到达 ⑤ 弄尧边境贸
易点大门。从大门还要进去
5 公里到达弄尧边境贸易点街
头

④ 三岔路口

⑥ 蒲寨边境贸易区大门
从 ④ 三岔路口走右边，
1 公里到达 ⑥ 蒲寨边境贸易
区大门。

蒲寨中越边贸城

　　蒲寨位于凭祥市西南端，与越南国境相连，对面是越南凉山省辖下的村镇。蒲寨自 19 世纪中叶建屯以来就与越南边民易货通商。1990 年 8 月，蒲寨被辟为对越贸易点，已建成集旅游、贸易、娱乐为一体的具有东南亚特色的国际贸易口岸。在这里进行交易的有钢材、机电产品、化学品、纸张、糖类、面粉等；季节性的货物则有苹果、香蕉、橄榄、芒果、荔枝、龙眼、八角等。每天车流不息，人流如潮，一派繁荣兴旺的景象。

　　门票：每人 1 元，车辆 2 元，司机免票。

至友谊镇　　起点
① 0.0　73.7　凭祥市

1.7　72.0

② 板杏村

③ 2.4　71.3　左边岔口
3.2　70.5　至板蒙
④ 3.0　70.7　左边烈士公园

右边岔道　10.2　63.5　至油隘
⑥

⑤ 右边沿途风光
10.5　63.2
⑦ 10.9　62.8　左边上石岔口
⑧ 至上石镇

⑨ 12.6　61.1　板标村

⑦ 运木薯的车辆。因中国对木薯发酵的酒精需求量很大，有很多直接从西贡过来装满木薯的车辆常年穿梭于这条公路上。

15.0　58.7　左边上石岔口
⑩ 至上石镇

⑪ 16.7　57.0
⑫ 18.1　55.6

法卡山
⑬ 19.6　54.1
下梨村

⑭ 24.3　49.4

⑭ 路况抽样，三级柏油公路，道路宽6米，旁边有高大的护路林。
⑮ 29.6　44.1　A　沿途风光
30.4　43.3　⑯

凭祥与宁明分界处　35.4　38.3
⑰ 35.1　38.6　左边夏石岔口
⑱
⑲ 36.9　36.8　复杂路段
⑳ 41.1　32.6　右边北山镇岔口

北山镇

⑯ 剥皮屯，剥皮桥。

㉑ 48.5　25.2　板宙村

那雷村　52.1　21.6　㉒

N↗

㉓ 53.7　20.0　右边宁明岔口

㉔ 62.9　10.8　A

蒲寨
友谊关　C07　C06
C08　凭祥市
C09　C05
法卡山　沿边公路
宝华山　龙州县
古炮台　宁明县　花山景区
C10　峙浪乡
峙浪乡路口　崇左市

72.0　1.7

㉕ 73.7　0.0　峙浪乡路口，如果从峙浪乡出发去往凭祥市，请在此将里程表清除。
㉖

峙浪乡　终点

① 凭祥市南山铁路道口，道口马路对面有一家中石化，如果从凭祥市出发去往峙浪乡，请在此将里程表清零。N22-03-324E106-44-128/277

⑪ 法卡山岔口，右转可前往，道路为乡村柏油路。N22-00-037E106-49-144/353

⑫ 法卡山岔口，右转可前往，路面为乡村柏油路。

⑬ 下梨村

㉔ 沿途风光

㉕ 下坡路段，时速40公里。

勘察报告

凭祥市分为凭祥南和凭祥北，城区主要集中在凭祥北，凭祥南也称"南山"，南友高速单独设立有凭祥南出口。本路段全程为四级柏油公路，可到达法卡山及宝华山，路面平整干净，路边绿树成荫，风光旖旎，几乎没有车辆行驶，是自驾游的好地方。沿途也是少数民族聚居点，奇特的民族风情也让人大开眼界。

餐饮　峙浪乡大街上有小餐馆。

住宿

友谊关没有旅馆，建议到蒲寨住宿，几家旅馆的住宿费都很便宜，标间30~40元，详见"南友高速 – 蒲寨及弄尧"路段介绍。

加油

峙浪乡街头有一家中石化加油站，还有很干净的厕所。

里程数据速查表

⑮ 一群13~14岁的越南女孩挑来一担担树皮翻山越岭到公路边卖给前来收购木皮的商贩，每担约70斤，商贩收购价是每斤5毛钱，可卖到1元/斤。木皮用于织布，约好每周来此收购一次。还有剧毒的虎蜘蛛等也一起收购。

	从凭祥市出发，请从上往下阅读		
①	0.0	铁路道口	73.7
②	1.7	板杏村	72.0
③	2.4	左边岔口	71.3
④	3.0	左边烈士公墓	70.7
⑤	3.2	右边沿途风光	70.5
⑥	10.2	右边岔道	63.5
⑦	10.5	运送木薯的车辆	63.2
⑧	10.9	左边上石岔口	62.8
⑨	12.6	板标村	61.1
⑩	15.0	左边上石岔口	58.7
⑪	16.7	右边法卡山岔口	57.0
⑫	18.1	右边法卡山岔口	55.6
⑬	19.6	下梨村	54.1
⑭	24.3	路况抽样	49.4
⑮	29.6	沿途风光	44.1
⑯	30.4	剥皮桥	43.3
⑰	35.1	左边夏石岔口	38.6
⑱	35.4	凭祥与宁明分界处	38.3
⑲	36.9	复杂路段	36.8
⑳	41.1	右边北山镇岔口	32.6
㉑	48.5	板宙村	25.2
㉒	52.1	那雷村	21.6
㉓	53.7	左边宁明岔口	20.0
㉔	62.9	沿途风光	10.8
㉕	72.0	下坡路段	1.7
㉖	73.7	峙浪乡路口	0.0

右侧间距数据：1.7 / 0.7 / 0.6 / 0.2 / 7.0 / 0.3 / 0.4 / 1.7 / 2.4 / 1.7 / 1.4 / 1.5 / 4.7 / 5.3 / 0.7 / 4.7 / 0.3 / 1.5 / 4.2 / 7.4 / 3.6 / 1.6 / 9.2 / 9.1 / 1.7

从峙浪乡出发，请从下往上阅读

抽烟的变色龙
中越边境沿线属于热带丛林环境，各类野生动物繁多，居住在这里的小伙子们从小熟知各类小动物的习性，他们经常把玩变色龙。让变色龙吸烟，一条变色龙只要叼住香烟就不肯松口，吸了烟以后体温升高，身体的上半部分变得通红，下半部却还是黑色的。

由于地处热带，当地的蔬菜非常鲜嫩清甜，且靠近越南，受法国影响，多为西式凉拌菜。

产于越南的虎蜘蛛，体形硕大，凶猛剧毒，可置人于死地。越南女孩们把矿泉水瓶破开后装住虎蜘蛛拿到中国来卖。

① 沿边公路法卡山岔口

② 路况抽样，四级沙石路面，路宽6米，道路两旁植被丰富，路面状况一般。

2.6 1.4

左边岔道，岔道路面也为沙石路 3.1 0.9

至爱店镇

0.0 4.0

起点

至凭祥市

法卡山军事禁区 4.0 0.0

终点 法卡山

黄昏的哨所

❶ 沿边公路峙浪乡路口，如果从峙浪乡出发去往宝华山古炮台，请在此将里程表清零。N21–52–782E107–05–292/170

❹ 左边岔道，岔道为沙石路面。

❺ 坤招村

❷ 路况抽样，三级柏油公路，道路宽6米，路况良好。

❻ 路况抽样，沙石路面，路面情况很差，接连不断的小凹坑，路面起伏很大，不过小车仍然可以通过。

中国石化

右边中石化，左边岔道往峙浪乡，距离3公里，路面为三级路。

❼ 右边防空洞

里程数据速查表

▼ 从峙浪乡出发，请从上往下阅读			
❶	0.0	峙浪乡路口	5.4
❷	1.0	路况抽样	4.4
❸	1.5	岔道右边中石化	3.9
❹	2.5	左边岔道	2.9
❺	2.6	坤招村	2.8
❻	3.1	路况	2.3
❼	3.2	右边防空洞	2.2
❽	3.6	右边有烧炭的窑口	1.8
❾	5.4	宝华山山脚岔道	0.0

从宝华山出发，请从下往上阅读 ▲

峙浪乡

养鸭水塘

终点

起点

上山护林路

宝华山古炮台

❾ 宝华山山脚岔道。右边岔道上山，左边路基下有小池塘，由此直走步行至护林房子处爬上山即到古炮台，大炮的炮身已经被人锯掉半截，如果从宝华山出发去往峙浪乡，请在此将里程表清零。

❽ 右边有烧炭的窑口，有村民。

里程数据速查表

从峙浪乡出发，请从上往下阅读

	从峙浪乡		从板岸村	
①	0.0	峙浪乡路口	76.9	
②	0.2	沿途风光	76.7	0.2
③	7.3	公母山庄	69.6	7.1
④	9.5	爱店镇	67.4	2.2
⑤	19.5	那党村	57.4	10.0
⑥	30.5	路况抽样	46.4	11.0
⑦	33.0	板烂村	43.9	2.5
⑧	34.6	左边桐棉岔道	42.3	1.6
⑨	37.0	那马村	39.9	2.4
⑩	37.1	右边越南岔道	39.8	0.1
⑪	41.0	停松村	35.9	3.9
⑫	43.4	路况抽样	33.5	2.4
⑬	53.9	连续弯道	23.0	10.5
⑭	54.6	汉罗村	22.3	0.7
⑮	54.9	路况抽样	22.0	0.3
⑯	57.0	枯甘屯	19.9	2.1
⑰	58.2	那旭村	18.7	1.2
⑱	62.9	那赖村	14.0	4.7
⑲	66.9	左边桐棉岔道	10.0	4.0
⑳	73.4	连续湾道陡坡	3.5	6.5
㉑	76.9	板岸村	0.0	3.5

从板岸村出发，请从下往上阅读

至板八

至垌中

板岸村 76.9 0.0 ㉑

终点

连续湾道 73.4 3.5 ⑳

左边桐
棉岔道 66.9 10.0 ⑲

至桐棉

㉑⑱

那赖村 62.9 14.0 ⑱

58.2 18.7 ⑰ 那旭村

枯甘屯 57.0 19.9 ⑯

⑮

路况抽样 54.9 22.0 ⑭ 54.6 22.3

⑬ 53.9 23.0 连续弯道

43.4 33.5 路况抽样 ⑫

停松村 41.0 35.9 ⑪

⑩ 37.1 39.8 右边越南岔道

那马村 37.0 39.9 ⑨

至桐棉 ⑧ 34.6 42.3 左边桐棉岔道

至越南

板烂村 33.0 43.9 ⑦

⑥

路况抽样 30.5 46.4

19.5 57.4 ⑤ 那党村

⑰ 路边的田园风光

⑭ 汉罗村，路边堆放着大量的木材，占用道路。

⑤ 那党村

至凭祥市

起点

峙浪乡

峙浪乡路口 0.0 76.9 ①

② 0.2 76.7

沿途风光 A

公母山庄 7.3 69.6 ③

爱店镇 9.5 67.4 ④

N

至东兴市

C12 垌中镇

板岸村

峙浪乡 C11

峙浪乡路口
凭祥市 C10
金华山古炮台

② 沿途风光

勘察报告

本路段全程四级柏油公路，路面平整干净，汽车在中越边境崇山峻岭的热带林木里穿行，几乎没有车辆行驶，多处连续弯道下长坡，持续不断的刹车需要留意汽车刹车片的热衰减。

救助信息

爱店镇派出所　　　　　　　　0771-8771208

餐饮

峙浪乡大街上有小餐馆，快到爱店时路右边的公母山庄可以就餐，也可以在爱店镇就餐。

住宿

爱店镇有旅馆，终点板岸村去往板八的岔口边有一家达岸旅馆。

加油

峙浪乡街头有一家中石化加油站，还有很干净的厕所。

③ 枯棉村风光

⑦ 左边沿途风光　　　　　　　　　　⑯ 右边沿途风光

至爱店镇　　起点　　至板八

① 0.0　42.7　板岸村
② 2.2　40.5　周边环境
③ 3.9　38.8 Ⓐ 枯棉村田园风光
④ 5.4　37.3　那黎村
　　9.8　32.9 ⑦ 悬崖路段
⑤　
　　13.3　29.4　滚石路段
⑥　15.5　27.2 Ⓑ 左边沿途风光
⑦　
⑧　17.6　25.1　路况全貌
　　22.8　19.9　路况
⑨　
⑩　23.3　19.4 Ⓐ 悬崖路段
⑪　25.0　17.7 Ⓒ 沿途风光
⑫　25.4　17.3　路况
⑬　27.1　15.6 Ⓓ 沿途风光
⑭　27.6　15.1　宁明与防城交界处
⑮　27.8　14.9　顺风坳
　　32.7　10.0 Ⓔ 右边沿途风光
⑯　
⑰　34.5　8.2 那棒村
⑱　41.2　1.5 左边岔道
⑲　42.2　0.5 左边东兴岔口
终点
峒中镇　　至东兴市
⑳　42.7　0.0 峒中镇政府大门

里程数据速查表

		从板岸村出发，请从上往下阅读		
①	0.0	板岸村	42.7	
②	2.2	周边环境	40.5	2.2
③	3.9	枯棉村田园风光	38.8	1.7
④	5.4	那黎村	37.3	1.5
⑤	9.8	悬崖路段	32.9	4.4
⑥	13.3	滚石路段	29.4	3.5
⑦	15.5	左边沿途风光	27.2	2.2
⑧	17.6	路况全貌	25.1	2.1
⑨	22.8	路况抽样	19.9	5.2
⑩	23.3	悬崖路段	19.4	0.5
⑪	25.0	沿途风光	17.7	1.7
⑫	25.4	路况抽样	17.3	0.4
⑬	27.1	沿途风光	15.6	1.7
⑭	27.6	宁明与防城交界处	15.1	0.5
⑮	27.8	顺风坳	14.9	0.2
⑯	32.7	右边沿途风光	10.0	4.9
⑰	34.5	那棒村	8.2	1.8
⑱	41.2	左边岔道	1.5	6.7
⑲	42.2	左边东兴岔口	0.5	1.0
⑳	42.7	峒中镇政府大门	0.0	0.5

从峒中镇出发，请从下往上阅读

勘察报告

本路段全程为四级柏油公路，路面平整干净，途中两种迥然不同的地貌区域：可以在小桥流水的枯棉村滞留，还可以在顺风坳上欣赏巍峨群山的莽莽暮色，整个环境颇具滇藏线公路的风骨。沿途几乎没有车辆行驶，可以随意停车欣赏异国山河。

救助信息

峒中镇派出所0770-3981117

餐饮

峒中镇的大排档很多，其中以温泉边的泉边羊肉店生意最好，详见峒中镇城区介绍部分。

住宿

可以住峒中温泉，门票20元/人，标间150元/间，住客免费泡温泉。也可以住雄强酒店，双人间40元，三人间60元，有太阳能热水，晚上12点后水温下降。

加油

全程没有加油站，出发前做好油料的充分准备。

维修

全程没有修理厂，出发前请做好车辆检查和维护。

至凭祥市
崎浪乡
崎浪乡路口
宝华山古炮台
板岸村
C11
C12
C13 至东兴市
峒中镇

东兴市

终点 ㉓ 75.0 0.0

㉓ 罗湖桥头转盘，这里是去往东兴市城区、防城港市、马路镇和红石沟四个方向的路口，如果去往垌中镇，请在此将里程表清零。

度假村 Ⓐ 65.2 9.8 ㉒
鸳鸯潭

㉑ 64.7 10.3 江那村

㉒⓪ 58.7 16.3 ⓴ 右边北仑河中越河漂流点，每人138元，联系电话0770-7685258。

⑲ 57.9 17.1 ⑲ 东兴市与防城区交界处，北仑河与公路相依。N21-37-812E107-52-907/32。

至那良 ⑱ 52.9 22.1 ⑱ 那良岔口，左转可到达，距离3公里，道路为四级路，路边有几家大排档。

Ⓑ 46.5 28.5 ⑰

到那垌 44.4 30.6 ⑯ 那垌岔口，左转可前往，距离7公里，四级柏油路面。N21-39-815E107-46-614/710

⑯ 44.1 30.9

滩散镇，路左边 41.0 34.0 ⑮
有一家玉娟餐厅

⑭ 38.0 37.0 中国界碑

⑬ 36.9 38.1 Ⓒ 沿途风光

⑫ 36.0 39.0 ⑪

⑪ 里火村，长坡路段结束，城区限速40公里。里火村里有一个小口岸，两国边境居民可以自由往来。

⑩ 26.2 48.8 ⑩ 路况，盘山公路，两边有浓密的树林。

马鞍坳观景台 Ⓓ 25.6 49.4 ⑨

⑧ 18.6 56.4 ⑧ 大坑岔道，右转可前往，距离3公里，乡村水泥公路，道路从这里开始爬坡路。

⑦ 17.0 58.0 那涯村

⑥ 14.3 60.7 马路岔口

⑤ 11.5 63.5 ⑤ 那蒙村，道路穿越城区2公里。

连续弯道下长坡 9.5 65.5 ④

③ 7.3 67.7 ③ 尚义村，道路穿越村庄1.5公里，有学校，小心学生出入。

② 3.5 71.5 ② 板兴村，道路穿越城区200米，小心路边行人及家禽，村庄有小学。

起点 ② ① 0.0 75.0 ① 垌中镇政府，如果从垌中镇出发往东兴市，请在此将里程表清零。N21-37-052E107-31-789/221

垌中镇

⑰ 里接桥风光，左边有一家里接桥大排档。

Ⓑ 到那垌

滩散镇，路左边有一家玉娟餐厅

⑮ 滩散路口，为沿边公路，右转可前往，三岔距离路口3公里，路面为四级柏油路面。

南北高速入口
防城港市 港口区
江山半岛景区
C14
金滩景区
东兴市
C13
至凭祥市 垌中镇

勘察报告

从峒中镇到里火村为四级柏油路面，从里火村到东兴市为三级公路，约有一半的路程汽车一直在中越两国边境线边行驶，对岸就是越南，越南的公路也与北仑河平行修建。

救助信息

东兴市交通事故报警　122或0770-7682230

东兴市人民医院急诊　0770-7690550

餐饮

滩散镇和那良岔口大排档，不过用餐条件一般，建议到东兴市区用餐。

住宿

途中没有住宿点，建议到终点东兴市住宿。

加油

全程没有加油站，只能到东兴市加油。

里程数据速查表

马鞍坳观景台

❾ 马鞍坳高533米，有55个弯道，其中回头弯28个，可以站在观景台上全览山下风光。

	从峒中镇出发，请从上往下阅读			
❶	0.0	峒中镇政府	75.0	
				3.5
❷	3.5	板兴村	71.5	
				3.8
❸	7.3	尚义村	67.7	
				2.2
❹	9.5	连续弯道下长坡	65.5	
				2.0
❺	11.5	那蒙村	63.5	
				2.8
❻	14.3	马路岔口	60.7	
				2.7
❼	17.0	那涯村	58.0	
				1.6
❽	18.6	右边岔道	56.4	
				7.0
❾	25.6	马鞍坳观景台	49.4	
				0.6
❿	26.2	路况全貌	48.8	
				9.8
⓫	36.0	里火村	39.0	
				0.9
⓬	36.9	沿途风光	38.1	
				1.1
⓭	38.0	中国界碑	37.0	
				3.0
⓮	41.0	玉娟餐厅	34.0	
				3.1
⓯	44.1	三岔路口	30.9	
				0.3
⓰	44.4	那峒岔口	30.6	
				2.1
⓱	46.5	里接桥风光	28.5	
				6.4
⓲	52.9	那良岔口	22.1	
				5.0
⓳	57.9	东兴与防城交界	17.1	
				0.8
⓴	58.7	北仑河漂流点	16.3	
				6.0
㉑	64.7	江那村	10.3	
				0.5
㉒	65.2	鸳鸯潭度假区	9.8	
				9.8
㉓	75.0	罗湖桥头转盘	0.0	

从东兴市出发，请从下往上阅读

⓬ 从里火村往东兴方向，开始与越南隔里火河相望，两边的公路平行。

⓭ 岸路边100米是中国界碑，越南的界碑立在河的对岸。N21-37-930 E107-43-926/89

㉒ 右边江那鸳鸯潭，位于两国边境北仑河中央的一座小岛，可以休闲度假。

⑰ 十字路口，直行火车站。此处为防东公路的起点，也是防城港市城区友谊大道与钦防高速的交接点，如果从防城港去往东兴方向，请在此将里程表清零。

⑯ 西湾跨海大桥收费站，小车收费10元。

至江山半岛

至江山半岛

至防城区

⑬ 路况抽样，一级公路，道路中间有绿化隔离带，限速100公里。

⑫ 左边防城区岔口，限速 40 公里。

防城港风光

⑪ 左边那梭岔口，沙石土路。

至那梭

东兴边防检查站

中国石油 PetroChina

江平镇，城区限速40公里，道路穿越城区1公里。

中国石化

至金滩

⑥ 三岔路口，直行往防城港，右边往金滩。N21-35-122E108-06-762/7

至那梭

⑤ 左边那梭岔口，三级路面。

防城港 35km
FANGCHENGPORT
竹山港
ZHUSHAN PORT
4 km

竹山港

④ 三岔路口，直行往防城港，右边往竹山港，三级路面。

1号界碑0公里处
北仑河入海口
红树林

③ 东兴收费站，小车收费10元。

红石沟教堂

② 路况抽样，一级公路，双向4车道，两边有紧急停车带，中间用双黄线隔开，道路崭新平整。

至马路镇

① 东兴罗浮桥头转盘，这里是去往东兴市城区、防城港市、马路镇和红石沟四个方向的路口，如果从东兴市去往防城港市，请在此将里程表清零。N21-33-758E108-00-083/52

防城港 40 km
FANGCHENGPORT
钦 州 106 km
QINZHOU
南 宁 188 km
NANNING

至垌中镇

起点 东兴市

废弃的法式教堂

终点 防城港市

至南宁

勘察报告

本路段全程为一级柏油公路，路面平整干净，在西湾跨海大桥跨越海湾进入防城港市，一级公路和跨海大桥分别收费10元。沿途岔口有清晰的路牌和里程表，不过路口没有立交，注意车辆出入。

餐饮

江平镇是途中就餐条件最好的地方，建议在这里用餐。

住宿

沿途只有江平镇有住宿点，住宿条件一般，也可以在防城港市区内住宿。

加油

在江平镇附近分别有一个中石油，一个中石化，油价相当，可以在这里加油。

距转盘1.2公里的红石沟右转到竹林里保留有一座废弃的法式教堂，1997年村民集资修复了一部分，另一部分完好保存了法国时代的原始风貌。N21-33-695E108-00-083/6

里程数据速查表

		从东兴市出发，请从上往下阅读		
❶	0.0	罗浮桥头转盘	41.3	0.8
❷	0.8	路况抽样	40.5	5.0
❸	5.8	东兴收费站	35.5	0.2
❹	6.0	竹山港岔口	35.3	6.4
❺	12.4	那梭岔口	28.9	0.4
❻	12.8	金滩岔口	28.5	1.4
❼	14.2	右边中石化	27.1	0.4
❽	14.6	江平镇	26.7	0.7
❾	15.3	左边中石油	26.0	3.0
❿	18.3	东兴边防检查站	23.0	5.5
⓫	23.8	那梭岔口	17.5	6.3
⓬	30.1	防城区岔口	11.2	0.5
⓭	30.6	路况抽样	10.7	2.1
⓮	32.7	江山半岛岔口	8.6	5.5
⓯	38.2	江山半岛新修岔口	3.1	0.3
⓰	38.5	西湾大桥收费站	2.8	2.8
⓱	41.3	十字路口	0.0	
		从防城港市出发，请从下往上阅读		

红树林

1号界碑，距路口3.2公里，也是沿边公路的零公里处。N21-32-776E108-03-228/10

这里是中国大陆海岸线的起点和陆地边界的起点，界碑为清光绪十六年所立，碑文为"大清国钦州界"，是清界务总办、四品顶戴钦州知州李受彤所书。

北仑河入海口

起点

至防城港市

至东兴市

① 0.0 10.6 Y

① 防东公路金滩路口，直行往防城港，右边往金滩，如果从防东公路金滩路口出发去往金滩沙滩，请在此将里程表清零。N21-35-122E108-06-762/7

② 0.5 10.1

② 路况抽样，二级柏油公路，道路宽10米，中间有黄线隔离，两旁种满了高大整齐护路林，限速40公里。

③ 4.7 5.9 巫头村

④ 右边有一片白色沙滩，细软的白沙上长满了各种灌木，走在沙滩上软绵绵的，人们将这里称为"林海雪原"。

④ 5.6 5.0

⑤ 5.7 4.9 废弃的京岛收费口

十字路口 10.1 0.5

右边200米京岛酒店，电话0770-7222688 9.3 1.3

⑦

至防东公路旧路

⑧

⑨ 10.5 0.1 五家海鲜大排档

⑥ 三岔路口，左边去往金滩，右边去往金岛港，四级路面，限速40公里。 7.3 3.3 Y

⑥

⑩ 10.6 0.0

⑩ 金滩沙滩，如果从金滩沙滩出发去往防东公路，请在此将里程表清零。

金滩沙滩

终点

金岛港

⑩ 金滩风光

⑩ 金滩风光

⑩ 金滩风光

南北高速入口

防城港市
防东公路
C14

防东公路

峒中镇

东兴市 C15 C16 港口区

金滩景区 江山半岛景区

N

里程数据速查表

		从防东公路出发，请从上往下阅读		
❶	0.0	防东公路金滩路口	10.6	
				0.5
❷	0.5	路况抽样	10.1	
				4.2
❸	4.7	巫头村	5.9	
				0.9
❹	5.6	右边林海雪原	5.0	
				0.1
❺	5.7	废弃的京岛收费口	4.9	
				1.6
❻	7.3	三岔路口	3.3	
				2.0
❼	9.3	京岛酒店路口	1.3	
				0.8
❽	10.1	十字路口	0.5	
				0.4
❾	10.5	五家海鲜大排档	0.1	
				0.1
❿	10.6	金滩海滩	0.0	

从金滩海滩出发，请从下往上阅读 ▲

京族三岛

　　位于东兴市的京族三岛的万尾岛、巫头岛和山心岛，是我国大陆海岸线的最西南端，居民以京族为主。其中以万尾岛上的金滩最为著名，有10公里长的海滩，集沙细、浪平、坡缓、水暖于一身，无污染，海水清澈，是广西继北海银滩之后的又一滨海旅游热点。

京族

　　京族原为"越人"，历史上称为"京人"，1995年正式定名为"京族"。京族是越南的大民族，京族三岛的京族系15世纪末16世纪初从越南涂山迁徙来的，至今约500年历史。

❿ 金滩风光

至东兴市

起点

至防城港市

① 防东公路白龙路口，如果从防东公路白龙路口出发去往白龙边贸区，请在此将里程表清零。N21-37-776E108-18-978

3.0 24.3

3.7 20.6

② 路况抽样，路面老化，起伏不平，四级柏油路，连续弯道，不断有树木遮挡视线。

4.3 20.0

8.5 15.8 防城港全貌

③ 三岔路路口，两个方向都可以到达所有景点，但右边的路更差。

7.0 17.3

月亮湾沙滩

④ 牛头村，新修建的公路与旧路在此交汇。N21-35-770E108-18-029，从这里走新修通的公路到西湾大桥收费站只需4.8公里 潭蓬海上古运河

半岛饭店

9.5 14.8

月亮湾度假村

⑥ 三岔路口，左边为月亮湾沙滩，直行有月亮湾度假村，电话: 0770-3398362。

江山半岛

南北高速入口
防城港市
防东公路
防东公路 C1
C16 港口区
峒中镇
东兴市 C15
江山半岛景区
金滩景区

N

16.3 9.0

⑦ 左边大平坡路，直行往白龙。N21-32-361E108-17-306/-3

大平坡沙滩

滨海度假村

20.3 4.0

⑧ 路况抽样，四级沙石路路面，路面情况不好，两边植被丰富，弯道多，影响视线。

22.5 1.8

⑨ 防城岔道，直行可去往防城港，右转可去往江山半岛。

白龙古炮台

23.5 0.8

白龙镇

24.3 0.0 白龙边贸区

⑩ 怪石滩路口，左转可前往，距离1公里。

终点

怪石滩

生活在月亮湾畔的渔家

勘察报告

路面老化，起伏不平，四级柏油路，连续弯道，不断有树木遮挡视线，小心驾驶。

餐饮

防城港市的居民晚上喜欢坐船到月亮湾烧烤。可以在 ⑥ 三岔路口边吃本地村民开设的大排档，主要是本地渔民在此消费，最有特色的菜是腌萝卜苗炒红螺。

住宿

每个景点都有住宿点，但是都比较冷清，设施较陈旧，建议到防城港市内住宿。

加油
全程没有加油站，建议出发前在城区加满油。

维修
全程没有修理厂。

里程数据速查表

大平坡沙滩，这是一个未经开发的沙滩，沙滩上随处可以看到海蜇、海星等，沙滩总面积约15平方公里，可以开车在沙滩上驰骋。

⑤ 从月亮湾远观防城港

			从防城港出发，请从上往下阅读		
①	0.0	防东公路白龙路口	24.3		
②	3.7	路况抽样	20.6	3.7	
③	4.3	三岔路路口	20.0	0.6	
④	7.0	新旧公路交汇点	17.3	2.7	
⑤	8.5	防城港全貌	15.8	1.5	
⑥	9.5	三岔路口	14.8	1.0	
⑦	15.3	大平坡路口	9.0	5.8	
⑧	20.3	路况抽样	4.0	5.0	
⑨	22.5	防城岔道	1.8	2.2	
⑩	23.5	怪石滩路口	0.8	1.0	
⑪	24.3	白龙边贸区	0.0	0.8	

从白龙边贸区出发，请从下往上阅读

⑪ 白龙边贸区

⑩ 怪石滩

古炮台就在大街边的土坡上，从街中央步行到炮台约100米。

白龙古炮台

白龙古炮台位于江山半岛白龙尾尖端。在这里的四个山丘上，分别筑有龙珍、白龙、银坑、龙骧四座炮台，总称"白龙炮台"。在白龙台正门上刻有"光绪二十年仲夏月吉旦，白龙台，署海口营恭府管带琼军右营陈良杰督建"字样。白龙台至今保存完好，炮台设在山丘顶上，为深约1米、半径5米的半月形水泥结构露天炮座，炮座底下为深6米的地下兵库和弹药库。每座炮台装备从英国进口的100毫米口径的粉炮1至2门，这些炮台与越南隔海相望，国防位置相当重要，它与企沙石头炮台互相呼应，虎视眈眈，故有"龟蛇守水口"之称。

江山半岛

位于防城港市港口区江山乡北部湾畔，与防城港码头隔海相望，是广西最大的半岛。江山半岛海岸线绵长，沿岸分布有沙软海蓝的月亮湾、乱石穿空的怪石滩、长滩坦荡的大坪坡白浪滩和有"龟蛇守水口"之称的白龙古炮台等众多旅游景点。这里沙质细软，海不扬波，林带葱郁，鹤舞白沙，是滨海旅游度假的理想场所，被誉为"中国的夏威夷"。

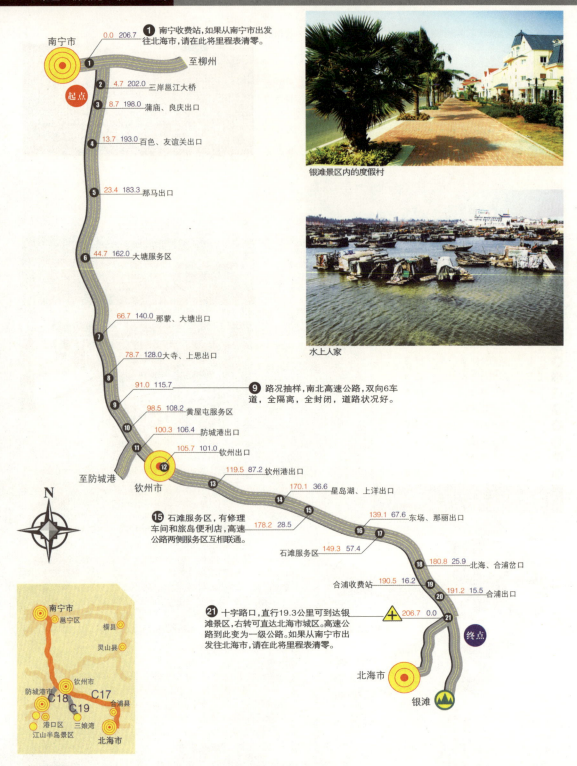

银滩景区内的度假村

水上人家

① 南宁收费站，如果从南宁市出发往北海市，请在此将里程表清零。

南宁市

至柳州

起点

0.0	206.7	①
4.7	202.0	三岸邕江大桥
8.7	198.0	蒲庙、良庆出口
13.7	193.0	百色、友谊关出口
23.4	183.3	那马出口
44.7	162.0	大塘服务区
66.7	140.0	那蒙、大塘出口
78.7	128.0	大寺、上思出口
91.0	115.7	

⑨ 路况抽样，南北高速公路，双向6车道，全隔离，全封闭，道路状况好。

98.5	108.2	黄屋屯服务区
100.3	106.4	防城港出口
105.7	101.0	钦州出口
119.5	87.2	钦州港出口

至防城港

钦州市

| 170.1 | 36.6 | 星岛湖、上洋出口 |

⑮ 石滩服务区，有修理车间和旅岛便利店，高速公路两侧服务区互相联通。

178.2	28.5	
139.1	67.6	东场、那丽出口
石滩服务区	149.3	57.4
180.8	25.9	北海、合浦岔口
合浦收费站	190.5	16.2
191.2	15.5	合浦出口
206.7	0.0	

㉑ 十字路口，直行19.3公里可到达银滩景区，右转可直达北海市城区。高速公路到此变为一级公路。如果从南宁市出发往北海市，请在此将里程表清零。

终点

北海市

银滩

N

南宁市
邕宁区
横县
灵山县
钦州市
防城港市
C18
C19
港口区
江山半岛景区
合浦县
三娘湾
北海市

C17

勘察报告

南宁市到北海市的高速公路简称"南北高速"，本路段为标准双向四车道或六车道混凝土路面，车流量不大，但黄金节假日车流量很大。北海是个干净整洁的海滨城市，有悠长洁白的银滩，浓郁的渔家风情，风光旖旎，民风纯朴，是旅游度假的好地方。

餐饮

在石滩服务区有便利店可以供应方便面及热狗，有开水。

住宿

建议到终点北海市住，各类档次宾馆很齐全。

加油

各服务区均能加油。

银滩景区的雕塑

里程数据速查表

	从南宁市出发，请从上往下阅读		
❶	0.0	南宁收费站	206.7
❷	4.7	三岸邕江大桥	202.0
❸	8.7	蒲庙及良庆出口	198.0
❹	13.7	百色及友谊关出口	193.0
❺	23.4	那马出口	183.3
❻	44.7	大塘服务区	162.0
❼	66.7	那蒙及大塘出口	140.0
❽	78.7	大寺及上思出口	128.0
❾	91.0	路况抽样	115.7
❿	98.5	黄屋屯服务区	108.2
⓫	100.3	防城港出口	106.4
⓬	105.7	钦州出口	101.0
⓭	119.5	钦州港出口	87.2
⓮	139.1	东场及那丽出口	67.6
⓯	149.3	石滩服务区	57.4
⓰	170.1	星岛湖及上洋出口	36.6
⓱	178.2	石湾服务区	28.5
⓲	180.8	北海及合浦岔口	25.9
⓳	190.5	合浦收费站	16.2
⓴	191.2	合浦出口	15.5
㉑	206.7	十字路口	0.0

区间里程：4.7　4.0　5.0　9.7　21.3　22.0　12.0　12.3　7.5　1.8　5.4　13.8　19.6　10.2　20.8　8.1　2.6　9.7　0.7　15.5

从北海市出发，请从下往上阅读

海鲜才回到码头就马上交易，确保新鲜。

C18 防城港市—南北高速

全程43.6公里，平均时速73公里，最高时速104公里，用时40分钟入口

胡志明小道

　　海上胡志明小道始点位于防城港北码头，是防城港港口的前身。60年代，美国加紧对越南的侵略，把战争从越南南方推向北方，大肆轰炸铁路、桥梁及平民区，又在越南北方海域遍布水雷，实行海上封锁，断绝外界对越南北方的一切物资供应，妄图置越南民主共和国于死地。为了支援越南人民的反侵略战争，中国于1968年在靠近越南的防城港建设战备港口，让运输船只沿着中国海岸线附近航行，作为隐蔽的海上运输线，向越南北方运送必要的物资。初时定名"3·22工程"，越南军民称之为"海上胡志明小道"，而"小道"的始发点就是防城港北码头。这个历史使命早已完成，北码头留给了人们一段光荣史迹。

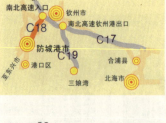

至南宁市

终点

43.6　0.0　**7** 从钦防高速转入南北高速，如果从南北高速出发去往防城港市，请在此将入口里程表清零。
N21-58-225E108-30-223

至北海市

防城出口　20.7　22.9　**6**

防城区

防城港码头0号泊位，也是著名的胡志明小道起点处。

清晨的防城港街头整洁宁静

5 10.9　32.7　钦防高速防城港收费站，限速100公里。N21-42-614E108-22-738

企沙出口　9.7　33.9　**4**

3 倒水坳服务区，有0#柴油和90#汽油。　8.0　35.6　**3**

至东兴市

西湾大桥　1.7　41.9　**2**

起点

0.0　43.6

1 防城港市兴港大道与建港路交界的转盘，如果从防城港市出发去往南北高速，请在此将里程表清零。

防城港市

里程数据速查表

▼ 从防城港市出发，请从上往下阅读		
1 0.0	防城港转盘	43.6
2 1.7	西湾大桥	41.9
3 8.0	倒水坳服务区	35.6
4 9.7	企沙出口	33.9
5 10.9	防城港收费站	32.7
6 20.7	防城出口	22.9
7 43.6	南北高速入口	0.0

1.7
6.3
1.7
1.2
9.8
22.9

从南北高速出发，请从下往上阅读 ▲

至钦州市

至钦州港

至北海市

起点

① 钦州港收费站，三岔路口，左转去往三娘湾，如果从钦州港出口去往三娘湾，请在此将里程表清零。N21-53-784E108-39-571

0.0　45.5

1.5　44.0

② 路况抽样，二级柏油公路，双向4车道，中间有黄线隔离。

6.2　39.3

③ 交叉路口，右转可前往北海。N21-56-463E108-41-191

6.6　38.9

④ 十字路口，左转去往那丽，距离28公里，路面为三级公路，直行前往三娘湾景区，为二级路。

加油站　6.7　38.8

海陆联运加油站

⑤

7.0　38.5　黎合江收费站

⑥

8.7　36.8

⑦ 三岔路口，左转可以到达北海市，距离88公里，路面为二级柏油公路，去往三娘湾的道路为三级道路。

至北海市

13.4　32.1　加油站　青龙加油站

⑧

三娘湾

三娘湾位于钦州市犀牛脚镇，距钦州市约40分钟车程，背倚北部湾第一峰乌雷山，此地山海相嵌，海天交融，如神话传奇中的"世外桃园"。

三娘湾是我国海域地区能见到"中华海豚"数量较多的地方之一。特别在春、秋季节，由于鱼料丰富，海豚都聚集在此。村里的渔民说，最多曾一次见到200多条海豚，颜色有灰、白、红、兰、紫等，其中以白海豚最为显眼。

里程数据速查表

从南北高速钦州港出口出发，请从上往下阅读		
① 0.0	钦州港收费站	45.5
		1.5
② 1.5	路况抽样	44.0
		4.7
③ 6.2	交叉路口	39.3
		0.4
④ 6.6	十字路口	38.9
		0.1
⑤ 6.7	海陆联运加油站	38.8
		0.3
⑥ 7.0	黎合江收费站	38.5
		1.7
⑦ 8.7	三岔路口	36.8
		4.7
⑧ 13.4	青龙加油站	32.1
		28.9
⑨ 42.3	三岔路口	3.2
		1.7
⑩ 44.0	三娘湾景区大门	1.5
		1.5
⑪ 45.5	三娘湾停车场	0.0

从三娘湾出发，请从下往上阅读

⑨ 三岔路口，右边是通往犀牛脚的岔道，路面为沙石公路，中石油加油站在路边100米处。

42.3　3.2

犀牛脚镇

⑩ 三娘湾景区大门，办公室接待处，电话：0777-3813879

44.0　1.5

终点

⑪ 三娘湾景区停车场，如果从三娘湾出发去往钦州港，请在此将里程表清零。N21-37-301E108-45-753

三娘湾景区

45.5　0.0　P

防城港市城区示意图

至钦州、南宁

钦防高速公路

至钦州

至东兴市

西湾大桥

仙人山公园

N

市政府

⑪ 驰风汽车维修厂

教育路

防城港零号泊位
胡志明小道起点 ①

汽车站 🚌 ⑨ 转盘

邮电大道

出海大道

建港路

⑧ 电力宾馆

港务宾馆

富裕路

⑩ 兴港大道

唯一食府

⑥ 西信印刷厂

金海岸酒店

鱼峰路

国际海员俱乐部 ④

⑤ 防城港街景 ②

星港假日酒店

市人民医院

防城港

吃
⑨ 🍴 唯一食府(图)

住
④ 🛏 国际海员俱乐部
⑤ 🛏 星港假日酒店，标双80元/间
⑦ 🛏 金海岸酒店
⑧ 🛏 电力宾馆

修
⑪ 🔧 驰风汽车维修厂

其他
① 防城港北码头零号泊位坐标点
　 N21-37-192E108-19-913
② 防城港街景
⑥ 西信印刷厂
⑨ 🚦 兴港大道转盘
⑩ 兴港大道

景点

远眺防城港

码头

其他

防城港北码头零号泊位坐标点
N21-37-192E108-19-913

兴港大道

防城港街景

防港口

防城港码头一角

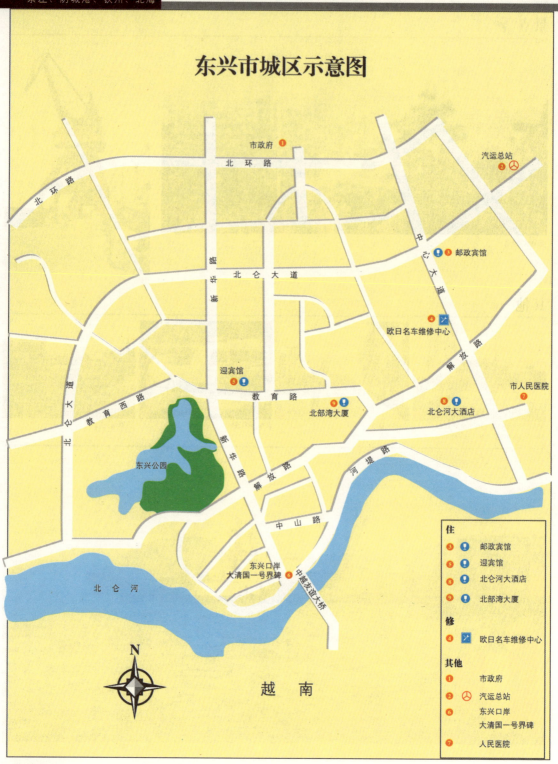

东兴市城区示意图

东兴口岸

　　东兴建于明而盛于清，至今已有 400 多年的历史。位于中国大陆南端，南面与越南的芒街仅一河之隔。东兴既有海岸线，又有边境线与越南水陆相接。东兴与越南广宁省的芒街市隔河相望，仅 100 米，是中越边境线上唯一一对距离最近、城市规模最大的边境城市。东兴还是一个集边、海、山、少数民族等特色为一体的旅游区，有万尾金滩、大清国第一号界碑、京族等自然景观和人文景观。

　　东兴商贸兴盛。20 世纪 40 年代，东兴成为我国与东南亚、美、日、英、法等国的通商口岸，有"小香港"之称。

京族风情

　　京族，现有人口 1.8 万，主要分布在美丽富饶的广西北部湾的"京族三岛"——巫头、万尾、山心。京族有自己的民族语言。京族人最为隆重的传统节日是哈节，过哈节时，京族男女老少穿着一新，聚集在哈亭举行迎神、祭祖、唱哈等一系列活动。能歌善舞的京族人民，唱歌时常用他们那独特的民族乐器独弦琴弹奏出美妙的乐章，让人大开眼界。目前，京族的服饰和风俗习惯已没有特别的民族特色，但海边的渔民拉大网还是值得一看。

京族三岛

　　京族三岛是民族风光旅游点，万尾 13 公里长的金滩和巫头的原始森林、万鹤山是旅游胜地。京族的服饰朴素美观，独具风格。

北仑河

解放路

中山路

这里是中国大陆海岸线的起点和陆地边界的起点，界碑为清光绪十六年所立。

黄昏的万尾金滩

旧教堂

桐中温泉

　　位于防城港市防城区桐中镇，发现于150年前，泉池面积400平方米，池水温度33℃左右，泉口处达70℃。含有大量硫磺及其他矿物质，对治疗感冒、皮肤病、关节炎等有显著疗效。

温泉位于街道尽处的桥头边上

至那梭乡市

边境公路

① 三岔路口

东兴 72km
DONGXING

桐中 5km
DONGZHONG

边境公路

② 桐中温泉

③ 泉边羊肉店

黄四饭店 ④

⑤ 休闲吧

钟叔饭店 ⑥

廖六饭店 ⑧

⑦ 桐中镇政府 ★

养哥饭店 ⑨

桐中邮电 ⑭

边境公路 至东兴市

至越南

雄强酒店 ⑩

小小酒吧 ⑪

胜哥饭店 ⑫

友谊旅社 ⑬

吃
- ③ 泉边羊肉店
- ④ 黄四饭店
- ⑥ 钟叔饭店
- ⑧ 廖六饭店
- ⑨ 养哥饭店
- ⑫ 胜哥饭店

住
- ⑩ 雄强酒店
- ⑬ 友谊旅社

其他
- ② 桐中温泉
- ⑤ 休闲吧
- ⑪ 小小酒吧

桐中镇城区示意图

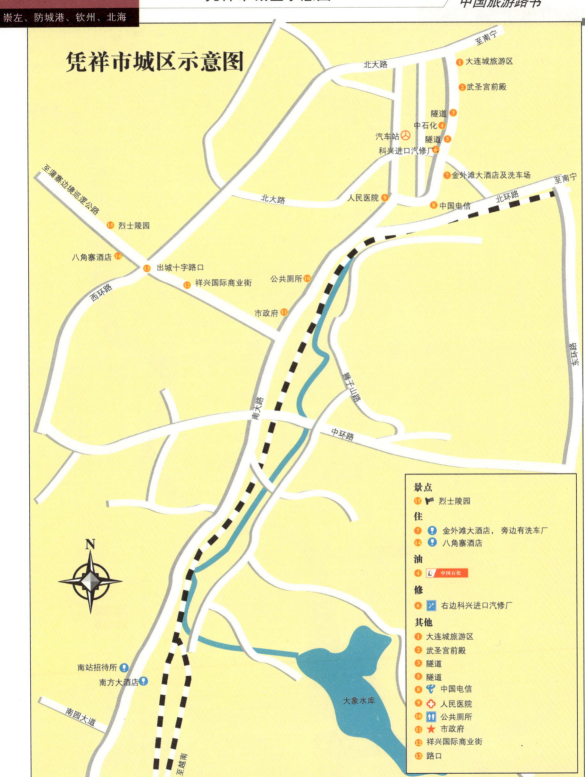

凭祥市城区示意图

至南宁

北大路

① 大连城旅游区

② 武圣宫前殿

隧道 ③

中石化 ④

汽车站

隧道 ⑤

科兴进口汽修厂 ⑥

⑦ 金外滩大酒店及洗车场

至南宁

至浦寨边境巡逻公路

北大路

人民医院 ⑨

⑧ 中国电信

北环路

⑮ 烈士陵园

八角寨酒店 ⑭

出城十字路口 ⑬

⑫ 祥兴国际商业街

公共厕所 ⑩

西环路

市政府 ⑪

东环路

南大路

狮王山路

中环路

N

大象水库

南站招待所

南方大道

南方大酒店

至越南

景点
⑮ 🚩 烈士陵园

住
⑦ 🛏 金外滩大酒店，旁边有洗车厂
⑭ 🛏 八角寨酒店

油
④ ⛽ 中国石化

修
⑥ 🔧 右边科兴进口汽修厂

其他
① 大连城旅游区
② 武圣宫前殿
③ 隧道
⑤ 隧道
⑧ 📞 中国电信
⑨ ✚ 人民医院
⑩ 🚻 公共厕所
⑪ ★ 市政府
⑫ 祥兴国际商业街
⑬ 路口

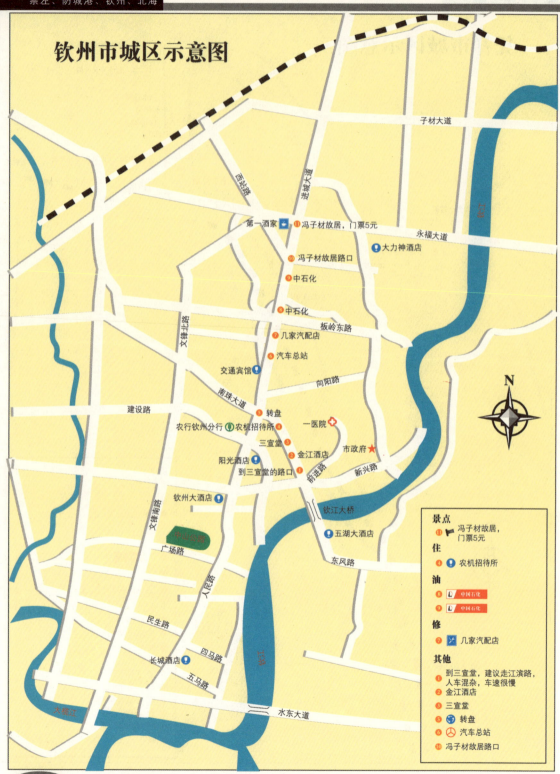

钦州市城区示意图

第一酒家 ⑪ 冯子材故居，门票5元
大力神酒店

⑩ 冯子材故居路口
⑨ 中石化

⑧ 中石化
板岭东路
⑦ 几家汽配店
⑥ 汽车总站
交通宾馆
向阳路

南珠大道
建设路
⑤ 转盘
农行钦州分行 农机招待所 ④ 一医院
三宣堂
阳光酒店 ③ 金江酒店 ② 市政府
到三宣堂的路口 前进路 新兴路

钦州大酒店
钦江大桥
五湖大酒店
广场路
东风路

子材大道
西站路
进城大道
永福大道

文锋北路
文锋南路
人民路
民生路
四马路
长城酒店
五马路
水东大道

N

景点
⑪ 冯子材故居，
门票5元
住
④ 农机招待所
油
⑧ 中国石化
⑨ 中国石化
修
⑦ 几家汽配店
其他
① 到三宣堂，建议走江滨路，
人车混杂，车速很慢
② 金江酒店
③ 三宣堂
⑤ 转盘
⑥ 汽车总站
⑩ 冯子材故居路口

D

桂北片区

D桂北片区公路分段示意图

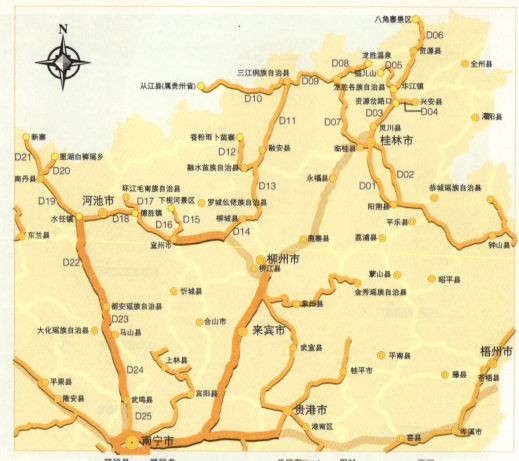

路段号	路段名	总里程(km)	用时	页码
D01	桂林市—漓江西岸—阳朔西街	58.0	1小时20分钟	210
D02	阳朔西街—漓江东岸—桂林市	80.1	2小时	212
D03	桂林市—资源县	109.7	1小时50分钟	214
D04	资源岔路口—兴安县	17.9	15分钟	215
D05	华江镇—猫儿山	52.9	3小时30分钟	216
D06	资源县—八角寨景区	48.7	45分钟	217
D07	桂林市—龙胜县	91.3	2小时15分钟	218
D08	龙胜县—龙胜温泉	36.1	1小时	219
D09	龙胜县—三江县	63.7	4小时55分钟	220
D10	三江县—从江县	120.6	3小时35分钟	221
D11	三江县—融水县	109.9	2小时	222
D12	融水县—香粉雨卜苗寨	38.1	1小时25分钟	223
D13	融水县—柳城县	78.6	1小时25分钟	224
D14	柳城县—宜州市	76.0	1小时15分钟	225
D15	宜州市—下枧河景区	19.0	18分钟	226
D16	宜州市—德胜镇	46.2	1小时20分钟	227
D17	德胜镇—环江县	20.1	20分钟	228
D18	德胜镇—河池市	27.9	25分钟	229
D19	河池市—南丹县	82.6	1小时15分钟	230
D20	南丹县—里湖白裤瑶乡	26.5	1小时05分	231
D21	南丹县—新寨	50.6	55分钟	232
D22	水任镇—都安县	101.7	1小时20分钟	233
D23	都安县—马山县	44.1	40分钟	234
D24	马山县—武鸣县	73.3	1小时05分	235
D25	武鸣县—南宁市	33.0	50分钟	236

桂北片区概况

桂北片区涵盖桂林市、柳州市、河池市辖区。

本片区的成熟景点非常多，有国家级 4A 景区 10 个，国家级 3A 景区 10 个，国家级自然保护区 2 个，主要景观分为两大类：

1. 以桂林市到阳朔的环线及其周边为主的景点主要是喀斯特地貌溶洞和漓江两岸山水自然风光，桂林市本身也是一座国家级历史文化名城，仅市内就有史前文化遗址数十处，这在全国十分罕见。

2. 桂林市、柳州市、河池市的北部区域居住着壮、苗、瑶、侗、毛南、仫佬等少数民族，各民族造就了各具特色的民俗文化，从桂林市到河池市再到南宁市行程共 1200 多公里，沿途经过不同的少数民族区域，可以体验到姿态万千的民族风情。

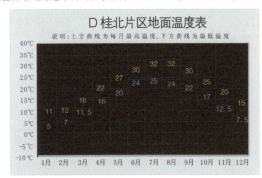

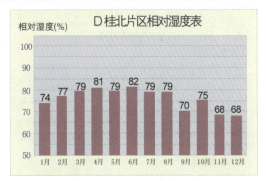

桂北片区的各项指标

【地理环境】

桂北片区以岩溶山地为主，喀斯特地貌以桂林附近最为明显，柳州市及河池市则是除了有一半山区域也是喀斯特地貌之外，靠近贵州方向的区域逐渐过渡为丘陵山地，也就是说石山逐渐过渡为土山，整个桂北片区的自然环境给人一个共同的印象就是山高水长，风清水冷，在这样的环境旅游给人的感觉就是视觉上比较舒适，黑山、绿水和蓝天都属于冷色调，杂色较少，所以置身于这样的大环境一段时日后一般人的心气会变得更平和，许多游人比较喜欢流连于这一带的山水画廊和民族风情地带中，就是基于这个原因。

【气候温度】

桂北片区属于亚热带季风气候区，地处南岭之南，多为山地丘陵，全年气温比较温和，气温变化较广西的其他片区要大，春夏为多雨季节，冬季则湿冷多雨，偶有霜冻雨雪天气。片区内山峰林立，多河流山溪，森林覆盖率几乎达到饱和程度，空气质量非常好。

★ 穿衣指数

该片区多为山区，植被非常丰富，夏天气候宜人，是避暑的好地方；春秋二季游览该片区需留意早晚的温差，多备件薄外套抵御最低温度；冬季山区气温较低，特别是下雨天，空气中水分大，寒气逼人，要注意多加防寒衣物。

【总体路况】

桂北片区的道路种类很多，从高速公路到土路都有，但是难走的道路没有几条，三级、四级公路和土路的路牌标识不是很齐全，村庄边也很少立有牌子，在三岔路口如果感觉没有把握最好停车问路。

每年春季和夏季的多雨季节有些路段的雾比较大，甚至个别路段在非雨季里晚上也会产生大雾，比如水任都安到南宁这一路段，所以在山区路段一般尽量避免在下雨天或晚上行车。

桂北片区的收费站可不少，一条公路经过每个县的境内至少设有一个收费站。

【语言与沟通】

桂北片区绝大部分的壮族人都能用普通话或桂柳话(官话)进行沟通，所以在该片区旅游不用担心途中问路或沟通交流的困难。但是久居山村的村民们有时候对数十公里外的事情并不了解，所以问路的时候不妨多问几个人相互印证以便得到正确答案。

【民风民俗】

桂北片区主要居住着汉族、壮族、瑶族、毛南族、苗族和仫佬族，民风很好，这一带的人们的共同特点是喜欢以酒待客，一个好酒的民族一般是豪爽的民族，没有任何风俗习惯和禁忌需要客人遵从的。

【民族节庆】

三月三歌圩节：三月三歌圩节是壮族的传统节日，广西有壮族人的地方就会有三月三歌圩节。歌圩分日歌圩和夜歌圩，日歌圩在野外，以凭歌择偶为主要内容。夜歌圩在村里，主要唱生产歌、季节歌、盘歌和历史歌。

歌圩日时，各村男女青年三五成群，身着节日盛装，通宵达旦地对唱山歌，以山歌结良缘，以绣球订终身。

花炮节：花炮节是侗族传统民俗节日，是一项竞技性体育活动，在农历三月三日时举行，一般以村寨为单位组织抢炮队，三声铁炮响后，绑着红布条的铁环冲上云天，落地时队员们纵跃抢接，通过与队友之间的配合设法冲出围抢队伍，就算胜利，比赛结束男女青年居就聚在一起奏芦笙、跳舞。

环江毛南族分龙节：毛南族主要居住在环江县境内，分龙节是毛南族祈神保佑丰收的传统节日。每年农历夏至后的第一个辰日（龙日）前后举行分龙节，一般活动有两三天。过节的时候用公牛的牛头、牛尾、牛脚、牛内脏祭龙。祭龙时由法师喃经、跳神。祭龙之后几天内，各户人家分别自拜祖先、三界仙、灶王、地主娘娘等，同时用糯饭、粉蒸肉喂牛，以酬谢它耕作的辛劳。

在过分龙节的时候也是青年男女盛装聚会的好时光，他们利用唱歌来相互选择心上人。

罗城仫佬族依饭节：依饭节是仫佬族祭祖、祭神及庆祝丰收、保护人畜平安的传统节日。依饭节是按姓氏来过的，不同姓氏的人会选择不同的时间过节，一般都是在立冬前后过节，每3~5年才过一次，每次1~3天。依饭节选择在祠堂里或者在族头家举行，主要仪式是贴对联，然后设坛、烧香点烛，陈列供品，再由两位司公担任司仪，头戴面具身着法农主持依饭节仪式，经过"开坛"、"请圣"、"点牲"、"合兵"、"送圣"，整个祭神仪式结束后，族人一起宴饮、唱歌、演对、耍龙舞狮，欢庆几个通宵。

水族端节：端节相当于水族的过年，桂北片区的南丹、环江、河池、宜州、融水等地居住的水族每年都要过端节。

水族过年的日期以水历为准，水历把九月作岁首，因此在岁首过年，端节就定在九月初九日。节日前夕，人们磨新米，酿新酒，缝新装，筹备各色食品、果品。除夕夜，人们敲击铜鼓或大皮鼓，以示辞旧迎新。初一凌晨，各家设素席祭祖，天亮后家家户户杀鸡宰鸭，准备丰盛的酒菜迎候登门拜年的客人。在端节期间，各村寨还举行"赶端坡"的娱乐交际活动，主要是赛马、斗牛、斗鸟及各种歌舞活动。

【沿途餐饮】

桂北片区的饮食习惯自成一体，具有自己独特的风格，菜式花样很多，阳朔的啤酒鱼、毛骨鱼，泉水鸡都让人难忘，假如你可以接受狗肉，兴安的狗肉也是一绝，还有柳州的螺丝粉，再到河池的各类山珍，琳琅满目，除了原料的选用花样繁多，同一种菜的烹饪手法也因各民族习惯不同而大相径庭。

在宜州市和河池市一带，晚上还可以到夜市里吃猪脚粉或螺丝粉，米粉上飘着一层辣椒油，再加上当地特有的泡酸笋，又酸又辣吃得食客满头大汗。

【沿途住宿】

桂林是一个传统旅游城市，市内各种等级的宾馆遍布都是，而阳朔一带则有许多小资气息很浓厚的家庭旅馆，甚至在路边的树林里也隐藏有小客栈，这些地方都是停车过夜或者消磨时光的好去处。柳州市和河池市的北部住宿点不多，主要集中在县城里，有旅游景点的县城一般都会有一两家条件较好的宾馆，在县城及乡镇过夜建议不要为了节约一二十元的住宿费而入住那些规模太小的旅馆，尽量选择门前停满公务车的宾馆投宿，安全与卫生应该放在第一位。

【安全保障】

治安和交警部门的配置：每个乡镇都设有派出所，交通要道沿线的乡镇都设有交警中队，办公地点都设在乡镇所在地，治安报警电话和交通事故报警电话都是全国统一的 110 和 119，但是为了方便群众，各地派出所和交警中队一般还会在路牌上公布直拨的报警电话，拨打这些号码会更快捷。

【通讯条件】

信号没有覆盖全区域，途中没有信号，较大的乡镇都有手机信号，所有乡镇及较大的村庄均开通固定电话。

所有乡镇都有邮政营业网点，开通普通函件和包裹邮寄及邮政储蓄业务。

【油品质量】

桂北片区的加油站网点很多，一般的中石油和中石化加油站都提供 93# 和 90# 汽油，桂林市内和高速公路的服务区有 97# 汽油。

【食品饮料】

沿途乡镇的小卖部很多，路边有摊点摆卖饮料和香烟，但灰尘较大，食品和饮料的品质也令人不太放心，建议在县城里的超市购买足够两天左右的饮料和干粮，以备不时之需。

【公共厕所】

本片区在景点密集区的旅游公共设施比较齐全，但是长途公路边和偏僻城区里很少设立公共厕所，不过加油站的密度较大，如果到了城区，尽量选择豪华的酒店到大堂里去询问厕所即可。

【安全停车地点】

桂北片区旅游设施最为完善，4A 景点一般都为游客设有 24 小时专用停车场，但在一般的城镇及山区村庄最好还是选择在住宿点内停车，尽量不要在路边或大街边过夜。

【汽车修理】

桂北片区大部分路段属于交通干线，有许多补胎点和维修点分布在公路沿线，桂林市、柳州市、宜州市和河池市的修理厂的维修水平都不错，配件也比较齐全。

★ 与旅行相关的一些配套设施

● 一般城市的主要街道都有中行、建行、工行、农行的营业网点和柜员机，县城一般只有中行、建行和农行营业网点；邮政储蓄则镇以上的都有，非常方便。

● 各县城都有网吧，酒店内可以为客房开通拨号上网服务，有的还可以提供宽带网。

桂北片区自驾旅游参考行程

6 天方案

D1 南宁市—桂林市—漓江西岸—阳朔西街

早上出发到桂林市区午餐，游漓江，杨堤，愚自乐园，高田景区等，晚上宿西街，品啤酒鱼。

阳朔西街有许多家庭旅馆，标间 50~100 元，但节假日会比平时贵 2~3 倍。

费用：油费 200 元，路费 180 元，门票（包括船票）：150 元。

D2 阳朔西街—漓江东岸—桂林市

经过路段 D02，行程 80.1 公里，需时约 2 小时。

沿街的桂林米粉店是早餐不错的选择，阳朔、兴坪、冠岩、古东景区、七星公园、象山这一路景区构成了漓江东岸的精华线。别忘了带上一张 20 元的人民币，在兴坪拍照一下背后的图案。沿线许多啤酒鱼庄可以午餐，再到达景点密集的桂林，两江四湖、象鼻山等一些久闻大名的地方自然不可错过。桂林的食宿条件相当好，而且价位较低，是停留的好地方，就在这里晚餐、住宿吧。

途中有一个加油站，在桂林市和阳朔都有维修条件较好的维修厂。

预计油费：40 元／车；住宿：140 元／标间。

D3 桂林市—猫儿山—资源县

经过路段 D03、D05，行程 162.6 公里，需时约 5 小时 20 分钟。

虽然行程较短，不过 D03 路段的路况很不好，只是猫儿山的风景让这样的行进变得有价值。而且猫儿山景区内有餐厅，可以在猫儿山午餐后再返回去往资源县，在资源县城内晚餐、住宿，准备第二天的行程。

途中加油站、维修点密集；中峰收费站，小车收费 8 元，兴安一级公路大榕江收费站，小车收费 10 元。

预计油费：100 元／车；过路费 18 元／车；住宿：80 元／标间。

D4 资源县—桂林市—龙胜县—龙脊梯田

经过路段 D03、D06、D07，行程 249.7 公里，需时约 4 小时 50 分钟。

上午游览八角寨景区，这里险、峻、雄、奇、秀、幽自然结合，似鬼斧神工凿就。然后去往龙脊梯田，午餐可以在途中解决，沿线有较多的餐厅，然后到龙胜县城内的民族风味餐厅晚餐，住在当地民俗味较浓的旅店里，风景、民俗缺一不可。

沿途加油站密集，县城内有维修厂，桂林两江机场路收费站，小车收费 10 元；中峰收费站，小车收费 8 元；兴安一级公路大榕江收费站，小车收费 10 元。

预计油费：120 元／车；过路费：28 元／车；住宿：20 元／人。

D5 龙脊梯田—龙胜温泉—三江县—融水县

经过路段D08、D09，D11，行程245.4公里，需时约7小时50分钟。

龙胜看完了梯田也应该去温泉好好享受一下，然后往融水县，不过D09的道路情况很不好，可能会在路上耽误较长时间。程阳风雨桥和马胖敬楼会让这样的路途物有所值，可以在沿途的乡镇上午餐，然后去往融水县晚餐、住宿，因为路况复杂，不要在夜间行驶。

沿途有加油站，县城内有条件较好的维修厂。

预计油费：170元/车；住宿：60元/标间。

D6 融水县—香粉雨卜苗寨—柳城县—柳州市—南宁市

经过路段D12、D13、D14，需时约5小时。

把最后一天的行程放在了香粉雨卜苗寨及其周边景区，欣赏山水风光苗族风情，午餐之后从柳州市上高速公路返回南宁。

沿途的加油站和高速公路服务区都可加油。

预计油费：130元/车；过路费：60元/车。

9天方案

D1 南宁市—桂林市—漓江西岸—阳朔西街

经过路段D1，需时约5小时。

从南宁早餐后出发，沿高速公路前往桂林之后午餐，开始真正的旅程。沿漓江西岸去往阳朔，桂林山水的精华尽收眼底，遇龙桥、杨堤、高田风景区、月亮山等美景目不暇接。还可以在阳朔享用久负盛名的啤酒鱼，之后到西街的酒吧感受西街的夜晚，建议住西街上的客栈，可以在房间内同时欣赏山水和西街风情。

沿途加油站、维修厂较多。会经过南桂高速路口收费站、阳朔收费站、迎宾路口收费站。

预计油费：200元/车；过路费：160元/车；住宿100元/标间。

D2 阳朔西街—漓江东岸—桂林市

经过路段D02，行程80.1公里，需时约2小时。

沿街的桂林米粉店是早餐不错的选择，阳朔、兴坪、冠岩、古东景区、七星公园、象山这一路景区构成了漓江东岸的精华线。别忘了带上一张20元的人民币，在兴坪对照一下背后的图案。沿线许多酒鱼庄也可用午餐，再到达景点密集的桂林，两江四湖、象鼻山等一些久闻大名的地方自然不可错过。桂林的食宿条件相当好，而且价位较低，是停留的好地方，就在这里晚餐、住宿吧。

途中有一个加油站，在桂林市和阳朔都有维修条件较好的维修厂。

预计油费：40元/车；住宿：140元/标间。

D3 桂林市—猫儿山—资源县

经过路段D03、D05，行程162.6公里，需时约5小时20分钟。

虽然行程较短，不过D03路段的路况很不好，只是猫儿山的风景让这样的行进变得有价值。而且猫儿山景区内有餐厅，可以在猫儿山午餐后再返回去往资源县，在资源县城内晚餐、住宿，准备第二天的行程。

途中加油站、维修点密集；中峰收费站，小车收费8元，兴安一级公路大榕江收费站，小车收费10元。

预计油费：100元/车；过路费18元/车；住宿：80元/标间。

D4 资源县—桂林市—龙胜县—龙脊梯田

经过路段D03、D06、D07，行程249.7公里，需时约4小时50分钟。

上午游览八角寨景区，这里险、峻、雄、奇、秀、幽自然结合，似鬼斧神工凿就。然后去往龙脊梯田，午餐可以在途中解决，沿线有较多的餐厅，然后到龙脊县城内的民族风味餐厅晚餐，住在当地民俗味较浓的旅店里，风景、民俗缺一不可。

沿途加油站密集，县城内有维修厂，桂林两江机场路收费站，小车收费10元；中峰收费站，小车收费8元；兴安一级公路大榕江收费站，小车收费10元。

预计油费：120元/车；过路费：28元/车；住宿：20元/人。

D5 龙脊梯田—龙胜温泉—三江县—融水县

经过路段D08、D09，D11，行程245.4公里，需时约7小时50分钟。

龙胜看完了梯田也应该去温泉好好享受一下，然后往融水县，不过D09的道路情况很不好，可能会在路上耽误较长时间。程阳风雨桥和马胖敬楼会让这样的路途物有所值，可以在沿途的乡镇上午餐，然后去往融水县晚餐、住宿，因为路况复杂，不要在夜间行驶。

沿途有加油站，县城内有条件较好的维修厂。

预计油费：170元/车；住宿：60元/标间。

D6 融水县—柳城县—宜州市

经过路段D12、D13、D14，行程232.8公里，需时约4小时50分钟。

香粉雨卜苗寨是今天行程中的重点，同时也有贝江风景区和东江基督教堂这两个风格完全不同的景区。线路很精彩的，可以在融水县柳城县午餐，之后再去往宜州市，在宜州市晚餐、住宿。

途中有加油站，浮石收费站，小车收费8元；宜州收费站，小车收费15元。

预计油费：120元/车；住宿：80元/标间。

D7 宜州市—环江县

经过路段D15、D16，D17，行程104.2公里，需时约2小时10分钟。

今天将把较多的时间用在宜州市的景点，古龙河、祥贝景区、下枧河、三门岩、流河寨、六妹村等分布在宜州市区内，而且在沿途也有怀远古镇、德胜风景区、德胜古城、环江河道、木论保护区等一系列景点。行程虽短，却不乏精彩。而且各景区内都有较好的配套设施，可以在途中午餐，之后到达环江县晚餐、住宿。

沿途加油站、维修厂较多。德胜收费站，小车收费5元。

预计油费：50元/车；过路费：5元/车；住宿：70元/标间。

D8 环江县—南丹县—里湖白裤瑶乡

经过路段D18、D19，D20，行程137公里，需时约2小时50分钟。

在环江县早餐后出发，沿途的梦古寨民族村、白裤瑶族风情、里湖赶圩均是途中精彩的景点。而且各景区内都有较齐全的配套设施，建议在南丹县城内午餐，然后去往里湖白裤瑶乡晚餐，就住在家庭旅馆。

沿途加油站密集，八步收费站，小车收费8元。

预计油费：50元/车；过路费：8元/车；住宿：100元/标间。

D9 南丹县—武鸣县—南宁市

经过路段D19、D20、D22、D23、D24、D25，行程439.7公里，需时约7小时。

在清晨里出发踏上最后一天的旅途，桂北片区内民俗风情和山水风光在沿途依然随处可见，还有新寨、红水河、灵水风景区、金伦洞等知名景点。可以在马山县城午餐，然后到南宁在夜市中结束这一段旅程。

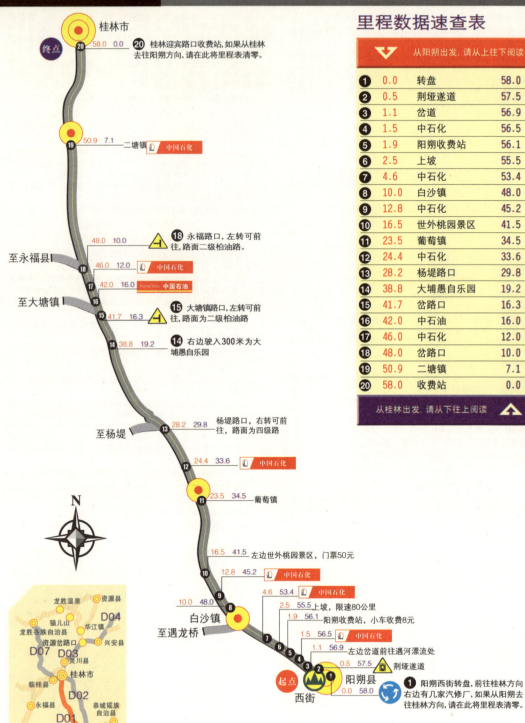

里程数据速查表

从阳朔出发，请从上往下阅读

❶	0.0	转盘	58.0
❷	0.5	荆垭遂道	57.5
❸	1.1	岔道	56.9
❹	1.5	中石化	56.5
❺	1.9	阳朔收费站	56.1
❻	2.5	上坡	55.5
❼	4.6	中石化	53.4
❽	10.0	白沙镇	48.0
❾	12.8	中石化	45.2
❿	16.5	世外桃园景区	41.5
⓫	23.5	葡萄镇	34.5
⓬	24.4	中石化	33.6
⓭	28.2	杨堤路口	29.8
⓮	38.8	大埔愚自乐园	19.2
⓯	41.7	岔路口	16.3
⓰	42.0	中石油	16.0
⓱	46.0	中石化	12.0
⓲	48.0	岔路口	10.0
⓳	50.9	二塘镇	7.1
⓴	58.0	收费站	0.0

从桂林出发，请从下往上阅读

桂林市

20 58.0 0.0
20 桂林迎宾路口收费站，如果从桂林去往阳朔方向，请在此将里程表清零。

终点

19 50.9 7.1 二塘镇 中国石化

18 48.0 10.0 永福路口，左转可前往，路面二级柏油路。

至永福县

18

46.0 12.0 中国石化

42.0 16.0 PetroChina 中国石油

17

16

至大塘镇

15 41.7 16.3 大塘镇路口，左转可前往，路面为二级柏油路

14 38.8 19.2 右边驶入300米为大埔愚自乐园

至杨堤

13 28.2 29.8 杨堤路口，右转可前往，路面为四级路

12 24.4 33.6 中国石化

11 23.5 34.5 葡萄镇

16.5 41.5 左边世外桃园景区，门票50元

10

12.8 45.2 中国石化

9

10.0 48.0

4.6 53.4 中国石化

白沙镇

至遇龙桥

8

2.5 55.5 上坡，限速80公里

1.9 56.1 阳朔收费站，小车收费8元

7

1.5 56.5 中国石化

6

5 1.1 56.9 左边岔道前往遇河漂流处

4

3 0.5 57.5 荆垭遂道

2

起点 **1**

西街 0.0 58.0

阳朔县

1 阳朔西街转盘，前往桂林方向右边有几家汽修厂，如果从阳朔去往桂林方向，请在此将里程表清零。

N

龙胜温泉 资源县

猫儿山 华江镇 D04

龙胜各族自治县 兴安县

资源岔路口

D07 D03 灵川县

临桂县 桂林市

永福县 D02

恭城瑶族自治县

D01 阳朔县

平乐县

西街转盘到桂林市是二级柏油路，路上车流辆较大，主要为旅游车辆，注意道路上行驶较慢的农用车和摩托车穿越。

兴坪派出所	0773-8702254
阳朔交警大队	0773-8822357
阳朔富康医院	0773-8819120
兴坪卫生院	0773-8702230
白沙派出所	0773-8772212
杨堤派出所	0773-8709104
雁山派出所	0773-3557020
平山派出所	0773-3618665
冠岩派出所	0773-3906326

阳朔有各式各样的中西美食

阳朔高中低的酒楼和客栈很多，容县绣江宾馆（0775-5319008）。

一路上都有加油站

阳朔远大汽修	0773-8815658
阳朔联合汽修	0773-8826268

西街一高田

这是一条经典的骑车游览线路，除开车前往外也可以在阳朔租自行车前往，租自行车的价格是 5~10 元 / 天，从阳朔到月亮山大约骑行 40 分钟。

杨堤

杨堤的景色是漓江沿岸风景中的一个亮点，江水清澄见底，蜿蜒于苍翠雄奇的群山之间。江边的山峰造型各异，翠竹丛中掩映着村落，时隐时现，构成了一幅美丽的山水长轴。自杨堤顺江而下，曲水奇峰紧紧相连，主要景点有桃源仙境、浪石胜境、仙人推磨、绣山彩壁、鸳鸯戏水、九马画山、七姐下凡、螺丝山等 20 多处。

骥马民居

典型的桂北民居，进门设院，菜园是不可少的。在内庭中设天井，四面的坡面顶将雨水集中到天井中，作为洗衣和浇花等生活用水。天井中多还会有一口井作饮用之水。

高田风景区

位于阳朔县高田乡境内，榕阴古渡，田禾翠绿，炊烟缭绕，一派特有的田园风光。主要风景点有穿岩、大榕树、月亮山、九牛岭、卧虎山、黑岩、马象奇石、青厄渡、潘庄等 20 多处。其中大榕树、月亮山为其代表。大榕树在穿岩村金宝河南岸，是一棵巨大的古榕，远望是一把绿色巨伞，近看盘根错节，叶茂蔽天，相传植于晋代，已有 1500 多年树龄。最为奇特的是月亮山，山头有一天然大圆洞，两面贯通，远看酷似天上明月高挂。月亮山是阳朔最早的自然攀岩场，攀岩场地在山顶，有一石砌小道直通山顶，需走二三十分钟。攀登路线所在的岩壁面向西北。共有 14 条打好膨胀锥的路线，8 条在直壁上，2 条位于月亮山拱形的左侧和右侧，另外 4 条在拱形向直壁过度的位置，带不同程度的仰角。

门票：古榕公园 18 元，月亮山 9 元

漓江发源于兴安县的猫儿山，流经桂林、阳朔，至平乐县恭城河口。由桂林至阳朔的漓江（83 公里），像一条青绸绿带，盘绕在万千峰峦之间。奇峰夹岸，碧水萦回，沿江田园错落分布。游览漓江，有一个绝妙之处，就是不愁天气变化，因为不同天气漓江景色有不同特点：晴天，看青峰倒影；阴天，看漫山云雾；雨天，看漓江烟雨。正是"桂林山水甲天下，绝妙漓江泛秋图"。

阳朔一桂林

走这条路会经过号称"小漓江"的遇龙河，富里桥是遇龙河上游的一座桥，历史悠久，重修于民国二年。在富里桥浏览后沿东岸下行到达金龙桥（步行 30 分钟，全部在田埂上行进），金龙桥是座新桥，建于 1963 年。过金龙桥走西岸，继续下行，约 1 个小时后可到遇龙桥，可在遇龙桥坐竹筏顺流而下。

漓江委婉舒缓，风光旖旎

至七星路

桂林市

至环城南路

18 80.1　0.0　**18** 桂林市七星路与环城南路十字路口,如果从桂林去往阳朔西街方向,请在此将里程表清零。

终点

17　76.8　3.3　**17** 岔口,左边前往桂林东路,为四级路。

至桂林东路

16　73.5　6.6　**16** 路况抽样,为一级水泥路,路面平整,双向六车道,中间有虚白线隔离,两边有非机动车道,路宽为11.5米。

至大圩

15　71.9　8.2　**15** 右边大圩岔道,岔道为三级柏油路。

14　68.5　11.6　**14** 大圩镇,有民用加油站。

至草坪镇

13　64.6　15.5　**13** 左边草坪镇岔道,岔道为四级柏油路。

至冠岩　至古东瀑布

12　55.7　24.4　**12** 三岔路口,右边去古东瀑布,左边去冠岩风景区。

11　50.8　29.3　右边神龙谷景区

10　47.9　32.2　连续急弯陡坡路段

9　46.3　33.8　冠岩风景区

里程数据速查表

▽ 从阳朔西街出发,请从上往下阅读

1	0.0	阳朔西街转盘	80.1	
				1.0
2	1.0	龙脊山遂道	79.1	
				0.1
3	1.1	阳朔码头风光	79.0	
				2.0
4	3.1	中石化	77.0	
				1.9
5	5.0	古榕遂道	75.1	
				2.0
6	7.0	福利古镇	73.1	
				2.3
7	9.3	岔道	70.8	
				15.7
8	25.0	兴坪	55.1	
				21.3
9	46.3	冠岩风景区	33.8	
				1.6
10	47.9	陡坡	32.2	
				2.9
11	50.8	神龙谷景区	29.3	
				4.9
12	55.7	岔路口	24.4	
				8.9
13	64.6	岔路口	15.5	
				3.9
14	68.5	大圩镇	11.6	
				3.4
15	71.9	岔路口	8.2	
				1.6
16	73.5	路况抽样	6.6	
				3.3
17	76.8	岔口	3.3	
				3.3
18	80.1	桂林市十字路口	0.0	

从桂林市出发,请从下往上阅读 △

N

7 三岔路口,左边前往兴坪,四级柏油路,右边前往梧州方向。岔道口有中石化加油站。　9.3　70.8

8　25.0　55.1　兴坪

阳朔码头风光　1.1　79.0

龙脊山遂道　1.0　79.1

起点

阳朔西街转盘　0.0　80.1

阳朔县

中国石化　3.1　77.0

古榕遂道　5.0　75.1

至梧州

7.0　73.1　福利古镇

龙胜温泉

资源县

猫儿山

华江镇

龙胜各族自治县

资源岔路口　D04　兴安县

D03　灵川县

桂林市

临桂县

D02

永福县

恭城瑶族自治县

D01

阳朔县

平乐县

勘察报告

阳朔西街到兴坪镇出了城区后即进入四级柏油路，路上有急转弯的陡坡路，要注意提前减速，冠岩景区到桂林城区之前的四级柏油路，路上有急转弯的陡坡路，要注意提前减速。

救助信息

兴坪派出所	0773-8702254
阳朔交警大队	0773-8822357
阳朔富康医院	0773-8819120
兴坪卫生院	0773-8702230
冠岩派出所	0773-3906326

餐饮

桂林、阳朔、兴坪均有各式各样的中西美食，每个地点都有不同的特色，桂林条件最好。

住宿

桂林高中低的酒楼和客栈很多，此外阳朔、兴坪都有不少客栈，各有特色。

加油

路上有一家加油站

维修

阳朔远大汽修	0773-8815658
阳朔联合汽修	0773-8826268

西街—兴坪

兴坪是漓江边上的一个村子，如果对民俗有兴趣，一定记得去兴坪老街走一走，看一看，进入家里去坐一坐，与主人聊聊天。兴坪的特产是木拖鞋，穿起来很舒服，而且走石板路非常合适，买双木拖鞋再逛兴坪老街会别有滋味的。在兴坪会遇到许多人缠着问包不包船。找个面善的包他的船走一趟杨堤—兴坪风景线是此行的目的。如果照相一定要跟船家讲好随时停船。最值得看的就是刚出兴坪 10 来分钟时会见到的 20 元人民币背面的漓江风景。

古东瀑布

位于桂林市区往东 26 公里，是地下涌泉汇集形成的多级串连瀑布，瀑布比漓江水位高 180 米，是因钙华沉积作用逐渐长高而改变景致的瀑布。各级瀑布形态各异，游客可拾级而上欣赏这神秘之水的魅力，还可以脚穿一双防滑草鞋，攀行于八瀑九潭之间，诗意地溯溪。

冠岩

位于漓江东岸的草坪乡，离市区 29 公里，是全长 12 公里的溶洞。冠岩水洞长年封闭，洞内的石钟乳、石笋、石柱、石幔千姿百态，配备有轨电车、游艇和观光电梯。景区内还有三星级的云雾山庄，当夜幕降临，山庄举行民族歌舞晚会，唱山歌，大家可以手拉手围着熊熊燃烧的篝火跳舞，融入到这欢愉的场景。

桂林—冠岩

这一条线走的是漓江东岸，处于象山—七星公园—古东景区—冠岩景区—兴坪古镇（渔村）—阳朔所构成的漓江东线精华游线上。一路沿江，田园村舍，山清水秀。

这就是有名的阳朔啤酒鱼，鲜嫩无比。漓江水质清澈，无污染，养的鱼清香肥美，是别处无法比拟的，不可不尝。

西街，酒吧众多，灯影迷离，情调十足。

遇龙河上泛舟，可谓偷得浮生半日闲。

D03 桂林市—资源县

全程109.7公里，平均时速60公里，最高时速80公里，用时1小时50分钟

里程数据速查表

从桂林市出发，请从上往下阅读

❶	0.0	桂林市路口	109.7
❷	8.1	桂柳高速入口处	101.6
❸	9.2	汽修厂和饭店	100.5
❹	10.5	中石油	99.2
❺	11.9	民用加油站	97.8
❻	13.0	灵川县	96.7
❼	14.1	中石化	95.6
❽	15.8	兴安路口	93.9
❾	16.4	中石化	93.3
❿	18.2	灵川收费站	91.5
⓫	18.8	中石油	90.9
⓬	30.4	加油站	79.3
⓭	34.3	中石化	75.4
⓮	34.8	灵川与兴安交界点	74.9
⓯	35.5	大榕江收费站	74.2
⓰	44.8	加油站	64.9
⓱	45.2	资源路口	64.5
⓲	49.7	加油站	60.0
⓳	54.2	路况抽样	55.5
⓴	61.6	猫儿山路口	48.1
㉑	84.6	兴安与资源交界点	25.1
㉒	90.8	界首路口	18.9
㉓	99.1	加油站	10.6
㉔	101.1	中峰收费站	8.6
㉕	109.7	资源县城	0.0

右侧差值：8.1、1.1、1.3、1.4、1.1、1.1、1.7、0.6、1.8、0.6、11.6、3.9、0.5、0.7、9.3、0.4、4.5、4.5、7.4、23.0、6.2、8.3、2.0、8.6

从资源县出发，请从下往上阅读

资江风光

资江发源于华南第一高峰猫儿山，属长江水系，似一条玉带穿梭于奇山峻岭之间，自南向北贯入洞庭湖。资江漂流全长22公里，滩潭交替，不管是乘坐木船，还是橡皮艇，都是有惊无险，漂流其中，犹如观赏一条长长的山水画廊。

㉕ 资源县，如果从资源去往桂林方向，请在此将里程表清零。

㉔ 中峰收费站，小车收费8元。

㉒ 界首路口，右转可前往，距离路口37公里。

㉕ 资源县 终点 109.7 0.0

㉔ 中峰镇 101.1 8.6

㉓ 99.1 10.6 加油站 右边漓江加油站

枫木村 ㉒ 90.8 18.9

至界首 ㉑ 84.6 25.1 兴安与资源交界

㉔ 升坪村路口，左转可前往猫儿山，距离路口51公里，路面为乡村公路。

⓴ 61.6 48.1

升坪镇 ⓳ 54.2 55.5

⓳ 路况抽样，二级柏油路，路面平整，中间为虚黄线隔离，路宽为8米，道路在漓江边行驶。

⓲ 49.7 60.0 加油站

⓱ 45.2 64.5

白竹铺镇 至兴安

⓱ 兴安路口，右转前往，距离路口17公里，路面为一级公路。左转前行往资源。

⓰ 44.8 64.9 加油站

⓯ 兴安—资源公路大榕江收费站，小车收费10元。

⓯ 35.5 74.2

⓮ 34.8 74.9 灵川与兴安交界

⓭ 34.3 75.4 中国石化

⓬ 30.4 79.3 加油站 漓江加油站

至猫儿山

灵川一级公路收费站，小车收费10元。 ⓰ 18.2 91.5

中国石化 开始变为一级路 ⓾ 16.4 93.3

⓫ 18.8 90.9 PetroChina 中国石油

❽ 岔路口，左边前行往兴安，右边去勃岭是四级路。

中国石化 ❼ 14.1 95.6 ❾ 15.8 93.9

灵川县 ❻ 13.0 96.7 灵川县城

加油站 ❺ 11.9 97.8

汽修厂 ❹ 10.5 99.2 PetroChina 中国石油

❸ 9.2 100.5

桂柳高速至柳州

❷ 8.1 101.6 桂柳高速入口处

定江镇

起点 桂林市 ❶ 0.0 109.7

❶ 桂林市环城北一路与中山北路十字路口，如果从桂林去往资源方向，请在此将里程表清零。

勘察报告

桂林到灵川属城区二级柏油路，人车比较多，注意行人。灵川到兴安为中间有隔离带的一级柏油路，车流少，主要是大型货车和大客车。兴安至资源为三级柏油路，路面较好，因为山间行驶，多急弯，道路多沿资江而修，风光秀丽。

救助信息

灵川公路派出所	0773-6812182
兴安马口岭交警车大队	0773-6222417
资源中峰派出所	0773-4301035

餐饮

资源城南汽 0773-4319383

加油

一路上都有加油站

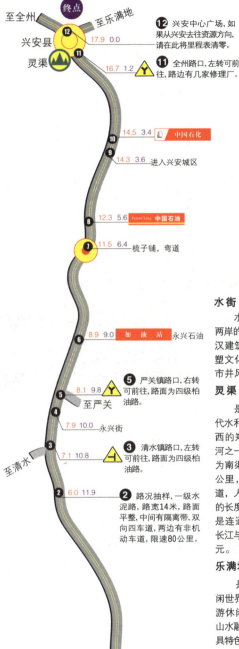

至全州　　　终点　　　至乐满地

兴安县 12

灵渠 11

12　17.9　0.0　⑫兴安中心广场，如果从兴安去往资源方向，请在此将里程表清零。

11　16.7　1.2　⑪全州路口，左转可前往，路边有几家修理厂。

10　14.5　3.4　中国石化

9　14.3　3.6　进入兴安城区

8　12.3　5.6　PetroChina 中国石油

7　11.5　6.4　⑦梳子铺，弯道

6　8.9　9.0　加油站　永兴石油

5　8.1　9.8　⑤严关镇路口，右转可前往，路面为四级柏油路。

至严关

4　7.9　10.0　永兴街

至清水　3　7.1　10.8　③清水镇路口，左转可前往，路面为四级柏油路。

2　6.0　11.9　②路况抽样，一级水泥路，路宽14米，路面平整，中间有隔离带，双向四车道，两边有非机动车道，限速80公里。

至资源　起点　1　0.0　17.9　①桂林到兴安一级公路资源岔路口，如果从资源去往兴安方向，请在此将里程表清零。

至桂林

里程数据速查表

	从资源出发，请从上往下阅读		
❶	0.0	资源岔路口	17.9
			6.0
❷	6.0	路况抽样	11.9
			1.1
❸	7.1	清水镇路口	10.8
			0.8
❹	7.9	永兴街	10.0
			0.2
❺	8.1	严关镇路口	9.8
			0.8
❻	8.9	永兴石油	9.0
			2.6
❼	11.5	梳子铺	6.4
			0.8
❽	12.3	中国石油	5.6
			2.0
❾	14.3	兴安城区	3.6
			0.2
❿	14.5	中石化	3.4
			2.2
⓫	16.7	全州路口	1.2
			1.2
⓬	17.9	兴安中心广场	0.0

从兴安出发，请从下往上阅读

水街

水街景区包括灵渠县城段两岸的街区，长约1公里，由秦汉建筑文化、古桥文化、古雕塑文化、灵渠历史文化、岭南市井风俗文化五部分组成。

灵渠

是现存世界上最完整的古代水利工程，与四川都江堰、陕西的郑国渠齐名，是最古老运河之一。灵渠全长34公里，分为南渠和北渠，其中南渠长30公里，大部分利用的是天然河道，人工只开挖了5公里；北渠的长度虽然只有4公里，但它却是连通湘江和漓江的航道，使长江与珠江得以通航。门票：30元。

乐满地休闲世界

是迄今国内最大的旅游休闲世界。"乐满地"堪称现代旅游休闲顶峰之作，现代科技与山水融合，设施完整，园内有最具特色的18洞美式高尔夫球场。

勘察报告

从猫儿山岔路口至兴安县城全程都是一级柏油路面，路况良好。

救助信息

兴安严关派出所 0773-6062122
兴安城区派出所 0773-6287108

餐饮

兴安水街有很多特色餐馆

住宿

鑫源宾馆，电话：0773-6218818，标准间60元，三人间70元；兴安好时城，电话：0773-6221345。水街有一些私人客栈也是不错的选择。

加油

一路上都有加油站

维修

融安联城汽修：0772-8111888

D05 华江镇—猫儿山
全程52.9公里，平均时速15公里，最高时速30公里，用时3小时30分钟

猫儿山

　　位于桂林市兴安县华江瑶族乡境内，因顶峰一花岗岩巨石形似蹲伏的猫头而得名。猫儿山海拔2141.5米，为华南第一高峰。猫儿山是动植物的资源宝库，是广西面积最大、保护得最完整的原始林区，是漓江、资江、浔江的发源地，连接了珠江、长江两大水系。在猫儿山还有红军长征时颇有影响的老山界。
门票：25元

里程数据速查表

	从猫儿山岔路口出发，请从上往下阅读		
①	0.0	猫儿山岔路口	52.9
②	4.5	路况抽样	48.4
③	5.6	华江镇拱门	47.3
④	6.0	华江镇	46.9
⑤	17.8	路况抽样	35.1
⑥	22.6	高寨村	30.3
⑦	23.0	猫儿山大门	29.9
⑧	24.8	路况抽样	28.1
⑨	29.7	进入林区	23.2
⑩	33.5	九牛塘检查站	19.4
⑪	39.2	往红军宁路口	13.7
⑫	40.3	老山界纪念碑亭	12.6
⑬	41.4	林场房子	11.5
⑭	41.8	沿途风光	11.1
⑮	46.8	迎客杉	6.1
⑯	46.9	浔江源	6.0
⑰	47.2	记事碑	5.8
⑱	47.2	敬客杉	5.8
⑲	47.8	铁杉荟萃	5.1
⑳	48.1	观猫台	4.8
㉑	49.0	观景台	1.9
㉒	51.6	避暑山庄	1.3
㉓	52.9	云峰宾馆停车场	0.0

（右侧间隔数据：4.5 / 1.1 / 0.4 / 11.8 / 4.8 / 0.4 / 1.8 / 4.9 / 3.8 / 5.7 / 1.1 / 1.1 / 0.4 / 5.0 / 0.1 / 0.2 / 0.0 / 0.7 / 0.3 / 2.9 / 0.6 / 1.3）

从云峰宾馆停车场出发，请从下往上阅读

勘察报告
　　猫儿山岔路口至猫儿山为沙石路，过了高寨就一直上坡，山上雾大，注意行车安全，尽量避免夜晚在该路段行驶。

餐饮
　　猫儿山避暑山庄有餐馆

住宿
　　猫儿山上有两家住宿的地方，避暑山庄标间打折后180元，云峰宾馆双人房100元。

加油
　　在华江镇有一家加油站

勘察报告

　　资源县城至梅溪乡为四级柏油路，梅溪乡至八角寨风景区为乡村剪刀路，一路急弯，建议驾车新手不要行驶。

住宿

梅溪财政旅馆　0773-4518144

餐饮

梅溪乡有几家大排档

加油

从资源到梅溪有几家加油站

维修

梅溪汽车修理　0773-4482209

N

八角寨风景名胜区

终点

12　48.7　0.0　⑫ 八角寨景区大门，从八角寨景区出发去往资源县，请在此将里程表清零。

11　47.5　1.2　⑪ 路况抽样，过了梅溪乡为山间剪刀路。

10　44.9　3.8　⑩ 岔路口，右边前往八角寨。

至湖南

梅溪乡　9　39.3　9.4　⑨ 梅溪乡岔路口，左转前往八角寨，前行去湖南。

8　38.0　10.7　中国石化

30.5　18.2　Ⓐ 资江风光

⑥ 岔路口，前行往梅溪乡，右边去八卉谷，从这开始连续下坡3800米。
6　24.5　24.2

5　15.0　33.7　悬崖路段

4　7.0　41.7　资江漂流码头

资江漂流

3　5.1　43.6　中国石化

2　0.8　47.9　中国石化

资源县

起点

1　0.0　48.7　① 资源县城新华书店，如果从资源县出发去往八角寨景区，请在此将里程表清零。

至桂林

八角寨

　　位于资源县东北部梅溪乡大坨村，主峰海拔814米。云涌峰浮，巅具八角，为丹霞地貌。在全国仅有的福建武夷山、广东丹霞山和广西八角寨等为数很少的丹霞地貌中，八角寨丹霞地貌发育最为典型，分布最为集中，特点尤为突出，被专家誉为"丹霞之魂"。近年，当地村民又独辟蹊径，于八角寨侧建造降龙庵，为登临八角寨增添了一个好去处。
门票:40元

里程数据速查表

从资源县城出发，请从上往下阅读			
❶	0.0	资源县城	48.7
			0.8
❷	0.8	中石化	47.9
			4.3
❸	5.1	中石化	43.6
			1.9
❹	7.0	资江漂流码头	41.7
			8.0
❺	15.0	悬崖路段	33.7
			9.5
❻	24.5	往八卉谷岔路口	24.2
			6.0
❼	30.5	资江风光	18.2
			7.5
❽	38.0	中石化	10.7
			1.3
❾	39.3	往梅溪乡路口	9.4
			5.6
❿	44.9	岔路口	3.8
			2.6
⓫	47.5	路况抽样	1.2
			1.2
⓬	48.7	八角寨景区大门	0.0

从八角寨景区大门出发，请从下往上阅读

D07 桂林市—龙胜县
全程91.3公里，平均时速40公里，最高时速80公里，用时2小时15分钟

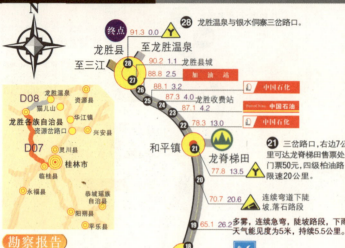

㉘ 龙胜温泉与银水侗寨三岔路口。

终点
龙胜县　91.3　0.0　至龙胜温泉
至三江　90.2　1.1　龙胜县城
　　　　88.8　2.5　加油站
　　　　88.1　3.2　中国石化
　　　　87.3　4.0　龙胜收费站
　　　　87.1　4.2　中国石油 PetroChina
　　　　78.3　13.0　中国石化

和平镇
　㉑　龙脊梯田
　77.8　13.5

㉑ 三岔路口，右边7公里可达龙脊梯田售票处，门票50元，四级柏油路，限速20公里。

　70.7　20.6　连续弯道下陡坡，落石路段
　65.1　26.2　多雾，连续急弯，陡坡路段，下雨天气能见度为5米，持续5.5公里。
　63.9　27.4　汽修、轮胎店
　63.5　27.8　庙坪镇，左边进12滩漂流，500米，四级柏油路。
　59.5　31.8　连续下陡坡
　52.8　38.5　连续弯道落石路段1500米
　48.0　43.3　㉔

㉔ 三岔路口，上边宛田方向四级路，转右往龙胜县方向，右边中石化。

宛田镇
　47.8　43.5　宛田收费站，小车5元
　39.6　51.7　红溪景区岔口
　39.2　52.1　加油站

中庸镇

五通镇

　19.1　72.2　⑩ 路况抽样，二级水泥路，路面平整，中间画黄虚线，路宽为8米。
　11.8　79.5　中国石化
　11.2　80.1　加油站

桂柳高速

临桂县

　1.3　90.0　中国石化
　0.0　91.3　起点　桂林市
　1.8　89.5　路况抽样
　3.7　87.6　中国石油 PetroChina
　5.2　86.1　中国石化
　8.3　83.0　⑦
　8.2　83.1　⑥

⑦ 三岔路口，左边南宁柳州方向，转右往龙胜县方向

⑥ 桂林两江机场收费站，小车收费10元。

龙脊梯田

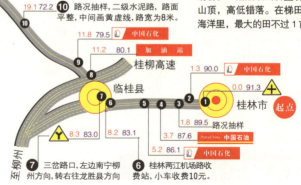

梯田始建于元，完工于清初，一层层从山脚盘绕到山顶，高低错落。在梯田的海洋里，最大的田不过1亩。

勘察报告

从桂林市到龙胜县全程二级柏油路面，很多连续弯道，落石路段，还有多雾路段，下雨天气能见度很低，平均能见度为10米，要小心驾驶，慢行通过。

救助信息

临桂庙岭派出所　0773-5362221
和平派出所　　　0773-7582221
龙胜公路派出所　0773-7514906
龙胜镇派出所　　0773-7512211
龙胜交警大队　　0773-7512212

餐饮

龙胜县有很多民族风味的饭店，红太阳大排档0773-7517107。大寨的交通不方便，新鲜的猪肉少，荤菜比较贵，一般10~15元，菜价5~6元。平安村交通比较方便，基本上什么菜都有，价格适中。

住宿

龙胜二轻局招待所0773-7517490；龙胜西城旅馆0773-7517541。平安龙脊的旅馆都是本地村民自己搭建的吊脚木楼，设施简陋，有热水。平安村的旅馆价格：多人间10~15元/人，双人间20元/人，带独立卫生间的双人间30元/人。大寨住宿的地方有大寨村、田头寨；一般住在田头寨，那里旅馆比较多，距离景点近，参考价格10~20元/人/床。龙脊村住宿条件很差，最好不要在那里投宿。

加油

一路上都有加油站

维修

龙胜汽运修理厂　0773-7514068

勘察报告

从龙胜县到龙胜温泉全程都是四级柏油路，很多为连续弯道，路上有村庄行人，注意减速。

救助信息

泗水派出所	0773-7458013
龙胜公路派出所	0773-7514906
龙胜镇派出所	0773-7512211
龙胜交警大队	0773-7512212

餐饮

龙胜县有很多民族风味的饭店，红太阳大排档：0773-7517107；龙胜温泉景区内有很多大排档。

住宿

龙胜二轻局招待所：0773-7517490；龙胜西城旅馆：0773-7517541；龙胜温泉景区内三、四星级住宿 300~800 元，免温泉门票 98 元/人，6~9 月份是淡季，会打折但不低于 7 折，私人旅馆 60 元标间，住宿优惠。

加油

路上只有一家加油站

维修

龙胜汽运修理厂　0773-7514068

里程数据速查表

从龙胜县城出发，请从上往下阅读

①	0.0	龙胜县城	36.1	
②	4.1	傍山险路	32.0	4.1
③	6.2	沿途风光	29.9	2.1
④	14.1	泗水镇	22.0	7.9
⑤	17.0	沿途风光	19.1	2.9
⑥	18.0	沿途风光	18.1	1.0
⑦	18.8	往马堤乡路口	17.3	0.8
⑧	24.0	三门红瑶寨	12.1	5.2
⑨	28.7	周家村	7.4	4.7
⑩	30.8	红军岩景点	5.3	2.1
⑪	33.0	岩门峡景点	3.1	2.2
⑫	34.1	国家森林公园	2.0	1.1
⑬	34.6	中石化	1.5	0.5
⑭	35.2	龙胜温泉大门	0.9	0.6
⑮	36.1	龙胜温泉停车场	0.0	0.9

从龙胜温泉停车场出发，请从下往上阅读

至三江
至桂林
起点
龙胜县

① 0.0　36.1　龙胜县城
② 4.1　32.0　傍山险路
③ 6.2　29.9　沿途风光 A
④ 14.1　22.0　泗水镇
⑤ 17.0　19.1　沿途风光 B
⑥ 18.0　18.1　右边沿途风光,有村民在河里淘沙 C
⑦ 18.8　17.3　三岔路口,左边去马堤乡,右转往龙胜温泉。
至马堤
⑧ 24.0　12.1　三门红瑶寨
⑨ 28.7　7.4　周家村
⑩ 30.8　5.3　红军岩景点
⑪ 33.0　3.1　岩门峡景点
⑫ 34.1　2.0　国家森林公园
⑬ 34.6　1.5　中国石化
⑭ 35.2　0.9　龙胜温泉大门
⑮ 36.1　0.0　龙胜温泉停车场,收费10元,如果从龙胜温泉出发去往龙胜县,请在此将里程表清零。

终点
龙胜温泉旅游度假村

永福县　临桂县　灵川县　龙胜各族自治县　龙胜温泉　D07　D08　桂林市　阳朔县　资源盆路口　猫儿山　华江镇　平乐县　兴安县　资源县　恭城瑶族自治县

龙胜温泉

位于龙胜县江底乡矮岭溪畔，温泉由地下 1200 米深处岩层涌出，分作上下两泉群，水温在 45~58℃之间，水中含有锂、锶、锌、铜等十几种于人体有益的微量元素，对神经痛、关节炎、糖尿病、痛风、皮肤病等有很好的疗效。温泉以其清澈、纯净的水质在国内众多温泉中脱颖而出，成为了旅游、疗养的胜地。

门票：98 元/人，如果住在温泉宾馆和温泉山庄，可以免费享受温泉浴。

勘察报告

从龙胜县到三江县，整个路段都在修路，目前泥泞难行，小车通过较为困难，估计在2006年底修好升级为二级柏油路。

救助信息

龙胜公路派出所　0773-7514906

龙胜镇派出所　　0773-7512211

瓢里派出所　　　0773-7452117

龙胜交警大队　　0773-7512212

餐饮

龙胜县有很多民族风味的饭店，红太阳大排档0773-7517107；龙胜温泉景区内有很多大排档；三江汽车站旁有很多大排档。

住宿

龙胜二轻局招待所：0773-7517490；龙胜西城旅馆：0773-7517541；三江县广裕宾馆：标间70元/间。

加油

路上只有两家加油站

维修

龙胜汽运修理厂 0773-7514068

② 路况抽样，三级柏油路，中间画黄实线，为双向两车道，路宽为6米。路沿河而行，河对岸是银水侗寨。

① 龙胜县城温泉与银水侗寨三岔路口，如果从龙胜县出发去往三江县，请在此将里程表清零。

程阳风雨桥

程阳桥又叫"永济桥"，是广西壮族地区众多风雨桥中最出名的一座。这座横跨林溪河的木石结构大桥，建于1916年，河中有5个石砌大墩，桥面架杉木，铺木板。桥长64.4米，宽3.4米，高10.6米，建筑惊人之处在于整座桥梁不用一钉一铆，大小条木，凿木相吻，以榫衔接。桥上有栏杆和屋顶，还有5个多角亭，具有独特的侗族韵味。门票：30元

马胖鼓楼

鼓楼是侗寨的象征，有寨的地方必有鼓楼，只是建筑式样和高度各不相同。马胖鼓楼是全国最享盛名的鼓楼之一，始建于明代，几经寨火，现存鼓楼为1943年重建。鼓楼呈正方形，高约20米，共9层飞檐，每层都有飞檐翘角，绘饰各种花草鱼鸟人物图案。

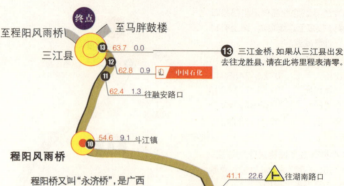

终点

至程阳风雨桥　　　至马胖鼓楼

三江县

13 63.7　0.0

13 三江金桥，如果从三江县出发去往龙胜县，请在此将里程表清零。

12 62.8　0.9　中国石化

11

62.4　1.3　往融安路口

10 54.6　9.1　斗江镇

41.1　22.6　往湖南路口

沙宜镇　**9**　至湖南

8 35.7　28.0　思梅村

7 29.8　33.9　交洲村

6 29.3　34.4　沿途风光 **B**

5 25.9　37.8　沿途风光 **A**

4 25.7　38.0　中国石化

3 23.3　40.4　瓢里镇

都坪镇

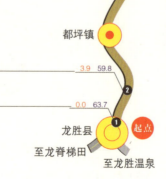

3.9　59.8

2

0.0　63.7

龙胜县

1 起点

至龙脊梯田

至龙胜温泉

里程数据速查表

①	0.0	龙胜县城	63.7	
				3.9
②	3.9	银水侗寨	59.8	
				19.4
③	23.3	瓢里镇	40.4	
				2.4
④	25.7	中石化	38.0	
				0.2
⑤	25.9	沿途风光	37.8	
				3.4
⑥	29.3	沿途风光	34.4	
				0.5
⑦	29.8	交洲村	33.9	
				5.9
⑧	35.7	思梅村	28.0	
				5.4
⑨	41.1	往湖南路口	22.6	
				13.5
⑩	54.6	斗江镇	9.1	
				7.8
⑪	62.4	往融安路口	1.3	
				0.4
⑫	62.8	中石化	0.9	
				0.9
⑬	63.7	三江金桥	0.0	

从江县

香粉雨卜苗寨

融水苗族自治县　D10

融安县　D11

三江侗族自治县

D09

龙胜各族自治县

临桂县

桂林市

❶ 三江大桥，如果从三江县出发去往从江县，请在此将里程表清零。

里程数据速查表

| ▼ 从三江大桥出发，请从上往下阅读 | | |

❶	0.0	三江大桥	120.6
❷	1.1	中石化	119.5
❸	4.8	出城路况	115.8
❹	9.7	夏村	110.9
❺	16.4	村庄	104.2
❻	23.3	三岔路	97.3
❼	24.7	和里村	95.9
❽	26.3	南寨风光	94.3
❾	29.4	右边岔道为沙土路	91.2
❿	33.4	产口大桥	87.2
⓫	33.9	右边岔道去同乐	86.7
⓬	37.0	良口大桥	83.6
⓭	40.3	大滩村	80.3
⓮	40.4	牛芝古泉	80.2
⓯	44.6	洋溪乡	76.0
⓰	45.3	简易加油站	75.3
⓱	51.4	沿途风光	69.2
⓲	55.1	路况全貌	65.5
⓳	57.0	波里村	63.6
⓴	70.8	高安村	49.8
㉑	74.1	路况抽样	46.5
㉒	77.0	富禄乡	43.6
㉓	77.5	简易的加油站	43.1
㉔	77.6	左边派出所	43.0
㉕	85.7	苿阳村	34.9
㉖	90.5	黎平和从江交界点	30.1
㉗	94.2	八洛大桥	26.4
㉘	96.4	八洛村三岔路口	24.2
㉙	97.0	柏油路段结束	23.6
㉚	101.2	朱目村	19.4
㉛	102.5	新民村	18.1
㉜	108.2	雅逢村	12.4
㉝	110.1	左边岔道	10.5
㉞	111.3	木兴拱门	9.3
㉟	114.1	左边岔道	6.5
㊱	115.1	车寨村	5.5
㊲	117.1	石碑村	3.5
㊳	119.1	三江和从江交界点	1.5
㊴	120.6	从江县	0.0

▲ 从从江县出发，请从下往上阅读

勘察报告

本路段一直沿都柳北岸边修建，沙土路面与柏油路面交替，沿途所经过的辖区比较复杂，本辖区与贵州辖区交错，两省交界点距从江县城仅1.5公里，各种车辆都可以通行，但很颠簸。车流量不大，主要是沿途村镇的微型面包车，本路段的沿途风光较密集，主要为侗族的特色建筑及民俗风情，仅在公路边就能看到侗族女子独特的服饰。

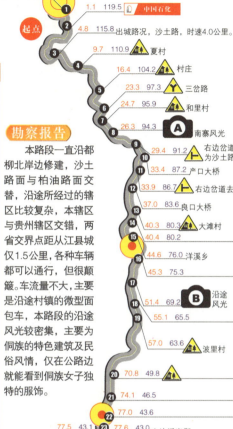

右侧路线图与里程标注：

- 0.0 / 120.6 三江县 起点
- 1.1 / 119.5 中国石化
- 4.8 / 115.8 出城路况，沙土路，时速4.0公里。
- 9.7 / 110.9 夏村
- 16.4 / 104.2 村庄
- 23.3 / 97.3 三岔路
- 24.7 / 95.9 和里村
- 26.3 / 94.3 Ⓐ 南寨风光
- 29.4 / 91.2 右边岔道为沙土路
- 33.4 / 87.2 产口大桥
- 33.9 / 86.7 右边岔道去同乐
- 37.0 / 83.6 良口大桥
- 40.3 / 80.3 大滩村
- 40.4 / 80.2
- 44.6 / 76.0 洋溪乡
- 45.3 / 75.3
- 51.4 / 69.2 Ⓑ 沿途风光
- 55.1 / 65.5
- 57.0 / 63.6 波里村
- 70.8 / 49.8
- 74.1 / 46.5
- 77.0 / 43.6
- 77.5 / 43.1 加油站
- 77.6 / 43.0 左边派出所
- 85.7 / 34.9 苿阳村
- 90.5 / 30.1 黎平和从江交界点
- 94.2 / 26.4 八洛大桥
- 96.4 / 24.2 八洛村三岔路口
- 97.0 / 23.6 柏油路段结束
- 101.2 / 19.4 朱目村
- 102.5 / 18.1 新民村
- 108.2 / 12.4 雅逢村
- 110.1 / 10.5 左边岔道
- 111.3 / 9.3
- 114.1 / 6.5
- 115.1 / 5.5 车寨村
- 117.1 / 3.5
- 119.1 / 1.5
- 120.6 / 0.0 从江县 终点 中国石化

右上角区域图：桂林市、临桂县、龙胜各族自治县、D09、三江侗族自治县、D10、D11、融安县、糍粉雨卜苗寨、融水苗族自治县、从江县

❶ 牛芝古泉，位于公路右侧下方，在古泉往从江方向1公里处，路的右边有一座山川牛芝山，山上的泉水在此渗出，因此得名为"牛芝古泉"。

⓰ 有简易加油站。90#3.8元/斤，用桶装。

⓲ 路况全貌，汽车一直沿河岩边行驶，时速43公里。

⓴ 高安村，这里也是广西省三江县与贵州省从江县交界点，两省交界处有警察设置的关卡，过往车辆一般到关卡前都得主动减速，警察远观车辆觉得没有什么问题都会抬开关卡栏杆放行。

㉑ 路况抽样，沙土路，时速30公里。

㉒ 富禄乡，街上有粉摊及一家小餐馆，卫生条件较差。

餐饮

一路上都有餐馆，不过部分餐馆卫生条件不好。

住宿

在途中如有住宿需要，建议在三江县城内住宿。

加油

途中只有一个中石化加油站，还有部分简易加油站可以提供90#、0#，建议在中石化加油站加油。

㉞ 木兴拱门，这里是贵州从江县与广西三江县交界点。

㊲ 石碑村，逢年过节或喜庆的日子男女老少都要聚在一起跳芦笙舞。

㊳ 广西三江县和贵州从江县交界点，道路由沙土路变为柏油路。

㊴ 左边中石化90#4.20、0#4.24、93#4.45、97#4.70。如果从从江县出发去往三江县，请在此将里程表清零。

D11 三江县—融水县
全程109.9公里，平均时速55公里，最高时速80公里，用时2小时

三江颐和鼓楼
　　位于三江县城内，是世界最大的鼓楼。此鼓楼于2002年中旬动工，由当地著名侗族民间工匠携手建造，创造了4项世界之最：占地最大，面积为561.69平方米；楼层最多，共27层瓦檐；主柱最大最古老，4根主柱之中，树龄为208年的第一根主柱来自侗族大歌之乡小黄村；设计独具风格，最高一层观礼台设于25层楼上，在此可将三江县城一览眼下。

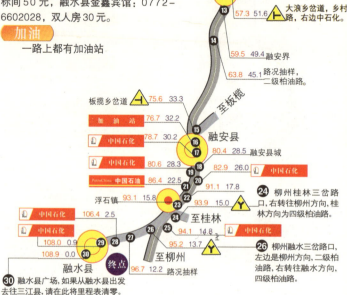

里程数据速查表

从三江大桥出发，请从上往下阅读				
❶	0.0	三江大桥	108.9	
				0.4
❷	0.4	三岔路口	108.5	
				1.5
❸	1.9	出城路况	107.0	
				0.5
❹	2.4	中石化	106.5	
				0.2
❺	2.6	往龙胜路口	106.3	
				1.3
❻	3.9	路况抽样	105.0	
				13.7
❼	17.6	牛浪坡隧道	91.3	
				30.0
❽	47.6	路况抽样	61.3	
				1.5
❾	49.1	木材检查站	59.8	
				5.2
❿	54.3	村庄	54.6	
				1.7
⓫	56.0	柚子摊点	52.9	
				1.3
⓬	57.3	大浪乡岔道	51.6	
				2.2
⓭	59.5	融安界	49.4	
				4.3
⓮	63.8	路况抽样	45.1	
				11.8
⓯	75.6	板揽乡岔道	33.3	
				1.1
⓰	76.7	民用加油站	32.2	
				2.0
⓱	78.7	中石化	30.2	
				1.7
⓲	80.4	融安县城	28.5	
				0.2
⓳	80.6	中石化	28.3	
				2.3
⓴	82.9	中石化	26.0	
				3.5
21	86.4	中石油	22.5	
				4.7
22	91.1	路况抽样	17.8	
				2.0
23	93.1	浮石镇	15.8	
				0.8
24	93.9	往桂林路口	15.0	
				0.2
25	94.1	中石化	14.8	
				1.1
26	95.2	往柳州路口	13.7	
				1.5
27	96.7	路况抽样	12.2	
				9.7
28	106.4	中石化	2.5	
				1.6
29	108.0	中石化	0.9	
				0.9
30	108.9	融水县广场	0.0	
从融水县广场出发，请从下往上阅读				

（地图标注）

三江县 起点
❶ 三江大桥，金桥，如果从三江出发去往融水县，请在此将里程表清零。
❷ 三岔路口，左转往融安县。
❸ 出城路况
❹ 中国石化
至龙胜
❺ 往龙胜路口
❻ 路况抽样，弯道多。
❼ 牛浪坡
牛浪坡隧道 17.6 91.3
47.6 61.3 路况抽样，二级柏油路。
49.1 59.8 木材检查站
54.3 54.6 村庄
56.0 52.9 柚子摊点
丹洲镇
57.3 51.6 大浪乡岔道，乡村路，右边中石化。
59.5 49.4 融安界
63.8 45.1 路况抽样，二级柏油路。
至太浪
至板揽
板揽乡岔道 75.6 33.3
76.7 32.2 加油站
78.7 30.2 中国石化
融安县
80.4 28.5 融安县城
80.6 28.3 中国石化
82.9 26.0 中国石化
86.4 22.5 中国石油
91.1 17.8
浮石镇 93.1 15.8
至桂林
93.9 15.0
❷❹ 柳州桂林三岔路口，右转往柳州方向，桂林方向为四级柏油路。
94.1 14.8
95.2 13.7
至柳州
❷❻ 柳州融水三岔路口，左边为柳州方向，二级柏油路，右转往融水方向，四级柏油路。
96.7 12.2 路况抽样
106.4 2.5 中国石化
108.0 中国石化
108.9 0.9
融水县 终点
30 融水县广场，如果从融水县出发去往三江县，请在此将里程表清零。

D12 融水县—香粉雨卜苗寨

全程38.1公里，平均时速30公里，最高时速60公里，用时1小时25分钟

中国旅游路书

㉖ 雨卜村，如果从香粉雨卜苗寨出发去往融水县方向，请在此将里程表清零。 38.1 0.0

香粉雨卜苗寨

终点

㉕ 37.9 0.2 大盘村岔口

至大盘 至安捶

㉔ 35.8 2.3

至香粉村 ㉓

三岔路口，左边是香粉村，直走5公里往雨卜旅游区。 34.6 3.5

㉒ 31.3 6.8 大方村

㉑ 30.2 7.9 龙贡峡谷 龙贡峡谷漂流点
⑳ 30.1 8.0

⑲ 25.5 12.6 连续上坡

⑱ 25.3 12.8 三岔路口，左转往安太乡，转右过桥往雨卜村。
⑰ 24.9 13.2 四荣乡

⑯ 24.5 13.6 中国石化
中石化，只有0#、93#。

15.8 22.3 路况抽样，路面整修。

⑮ 14.6 23.5 A 沿途风光
⑭
⑬ 14.5 23.6 连续弯道，转入乡村公路。

⑫ 13.1 25.0 三岔路口，右边500米处是贝江景区，直走往雨卜村。
⑪
贝江风景区

13.0 25.1 保合村

香粉雨卜苗寨

是一个位于元宝山下依山傍水，环境幽雅，具有民族原始古朴色彩的苗族、侗族聚居村，总面积9.7平方公里，辖7个自然村，其中5个位于海拔650米以上的山坡上。

⑩ 9.2 28.9 三岔路口，左边是环江县方向，转右往四荣乡雨卜村方向。

⑨ 7.8 30.3 村庄
⑧ 7.2 30.9 加油站
⑦ 6.9 31.2
⑥ 4.6 33.5 中国石化
⑤
至柳宝

融水县 至融安
0.1 38.0 十字路口
0.0 38.1

① 中心广场，如果从融水县出发去往雨卜村，请在此将里程表清零。
0.7 37.4
③ 汽车站旁边香山公园丁字路口，转左往雨卜村。

起点

⑦ 路上多上下学的小孩子和行人，慢行通过。 6.9 31.2

⑤ 路况抽样，四级柏油路，左边中石化。 2.7 35.4

三岔路口，左边直走去罗城县，右边去环江。 1.1 37.0

里程数据速查表

从融水中心广场出发，请从上往下阅读

①	0.0	融水中心广场	38.1	0.1
②	0.1	十字路口	38.0	0.6
③	0.7	丁字路口	37.4	0.4
④	1.1	三岔路口	37.0	1.6
⑤	2.7	路况抽样	35.4	1.9
⑥	4.6	中石化	33.5	2.3
⑦	6.9	慢行通过	31.2	0.3
⑧	7.2	民用加油站	30.9	0.6
⑨	7.8	村庄	30.3	1.4
⑩	9.2	三岔路口	28.9	3.8
⑪	13.0	保合村	25.1	0.1
⑫	13.1	三岔路口	25.0	1.4
⑬	14.5	连续弯道	23.6	0.1
⑭	14.6	沿途风光	23.5	1.2
⑮	15.8	路况抽样	22.3	8.7
⑯	24.5	中石化	13.6	0.4
⑰	24.9	四荣乡	13.2	0.4
⑱	25.3	往安太乡路口	12.8	0.2
⑲	25.5	连续上坡	12.6	4.6
⑳	30.1	龙贡峡谷漂流点	8.0	0.1
㉑	30.2	龙贡峡谷	7.9	1.1
㉒	31.3	大方村	6.8	3.3
㉓	34.6	三岔路口	3.5	1.2
㉔	35.8	往安陲乡路口	2.3	2.1
㉕	37.9	大盘村岔口	0.2	0.2
㉖	38.1	雨卜村	0.0	

从雨卜村出发，请从下往上阅读

贝江风景区

贝江主流发源于九万大山，主要支流有发源于元宝山的都朗河和香粉河。贝江之水，终年常清，全长约146公里，蜿蜒于千山万壑之中。30年前一部《闪闪红星》演红了贝江，但没有在后来的30年里发挥作用，却让贝江保持了最原始的一面。闯滩过潭，如今是让人们了解贝江的一种新的方式。贝江游览一般从榄口旅游码头开始，顺流航行至贝江口止。贝江飞虹是贝江上的铁索桥，在三江门以下就有三座，一般桥身长60~70米，距离水面30米左右，飞架于两岸峭壁之间，桥身虽有些摇晃，但在桥面行走却如履平地。

勘察报告

从融水县到雨卜村是四级柏油路面，路上陡坡弯道多，有上学的小孩子在路上行走，注意减速。

救助信息

香粉派出所　0772-5958100
融水县派出所　0772-5134239
融安县交警大队 0772-8112567

餐饮

融水的桥西开发区路上有很多饭店、餐馆，价格合理，28元一份的牛杂火锅，可供三人吃饱。

住宿

融水县江洲宾馆：0772-5137818，标间50元；融水县金鑫宾馆：0772-6602028，双人房30元。

加油

一路上都有加油站

③ 路况抽样，二级山区柏油公路，中间画黄实线，为双向两车道，路宽为7米。

① 融水大桥，如果从融水县出发去往柳城县，请在此将里程表清零。

里程数据速查表

从融水大桥出发，请从上往下阅读

❶	0.0	融水大桥	78.6	
❷	0.1	大桥风光	78.5	0.1
❸	3.7	路况抽样	74.9	3.6
❹	8.0	融安界	70.6	4.3
❺	9.4	连续下坡	69.2	1.4
❻	10.8	往融安路口	67.8	1.4
❼	12.1	浮石收费站	66.5	1.3
❽	13.0	东江基督教堂	65.6	0.9
❾	13.9	路况抽样	64.7	0.9
❿	14.8	沿途风光	63.8	0.9
⓫	16.0	路况抽样	62.6	1.2
⓬	16.1	沿途风光	62.5	0.1
⓭	38.1	大良镇	40.5	22.0
⓮	38.6	潭头乡岔道	40.0	0.5
⓯	39.8	中石化	38.8	1.2
⓰	47.6	柳城界	31.0	7.8
⓱	53.7	太平镇	24.9	6.1
⓲	63.9	石桥村	14.7	10.2
⓳	68.7	往柳州路口	9.9	4.8
⓴	73.5	路况抽样	5.1	4.8
㉑	77.6	柳城城区	1.0	4.1
㉒	78.0	中石化	0.6	0.4
㉓	78.6	柳城转盘	0.0	0.6

从柳城县出发，请从下往上阅读

勘察报告

从融水县到柳城是二级柏油路，路上弯道较多，路面很好。

救助信息

融水县派出所　0772-5134239

融安县交警大队　0772-8112567

柳城平安大道报警　0772-7216019
　0772-7011286

餐饮

融水的桥西开发区路上很多饭店、餐馆，价格合理，28元一份的牛杂火锅，可供三人吃饱。

住宿

融水县江洲宾馆：0772-5137818，标间50元；融水县金鑫宾馆：0772-6602028，双人房30元。

加油

一路上都有加油站

⑪ 路况抽样，209国道，二级柏油公路。

⑳ 路况抽样，二级柏油路，路面平整，中间画黄虚线，为双向两车道，路宽为7米。

㉓ 柳城转盘，如果从柳城县出发去往融水县，请在此将里程表清零。

⑲ 三岔路口，左边是柳州方向，转入三级柏油路，右边中石化。

⑦ 浮石收费站，小车收费8元。

⑧ 13.0 65.6 东江基督教堂

⑨ 路况抽样，二级水泥路，路面平整，中间画黄虚线，为双向两车道，路宽为7.5米。

D14 柳城县—宜州市

全程76公里，平均时速60公里，最高时速80公里，用时1小时15分钟

勘察报告

从柳城到宜州有22公里的三级柏油路，路况很好，从宜柳高速柳城入口进入高速路面。

救助信息

宜州市城北派出所　0778-3141164
宜州市交警大队　0778-3212539
柳城平安大道报警　0772-7216019
宜州市急救中心　0778-3212368
详贝乡卫生院　0778-3882011

餐饮

宜州的下枧河鱼很出名，因污染少，下枧河鱼味道特别鲜美，市内很多街道都有专做下枧河鱼菜式的餐馆。

住宿

宜州市红叶宾馆　0778-2481866

加油

一路上都有加油站

里程数据速查表

从柳城县出发，请从上往下阅读

1	0.0	柳城转盘	76.0	
2	2.0	柳城汽车总站	74.0	2.0
3	2.5	中石化	73.5	0.5
4	3.3	水上公园	72.7	0.8
5	4.5	往洛崖岔道	71.5	1.2
6	5.9	路况抽样	70.1	1.4
7	19.4	四塘农场岔道	56.6	13.5
8	25.8	马山镇	50.2	6.4
9	27.0	民用加油站	49.0	1.2
10	27.8	宜柳高速入口	48.2	0.8
11	27.9	往南宁路口	48.1	0.1
12	29.4	柳城服务站	46.6	1.5
13	42.5	六塘广磷出口	33.5	13.1
14	54.0	洛东洛西出口	22.0	11.5
15	74.3	宜州收费站	1.7	20.3
16	74.9	往大唐十字路口	1.1	0.6
17	75.4	进城收费站	0.6	0.5
18	76.0	宜州市四岔路口	0.0	0.6

从宜州市出发，请从下往上阅读

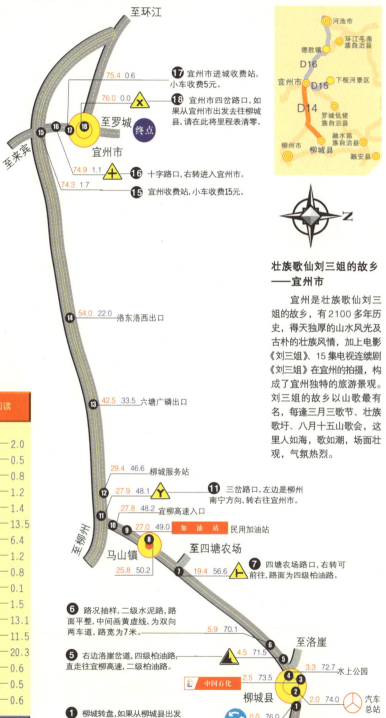

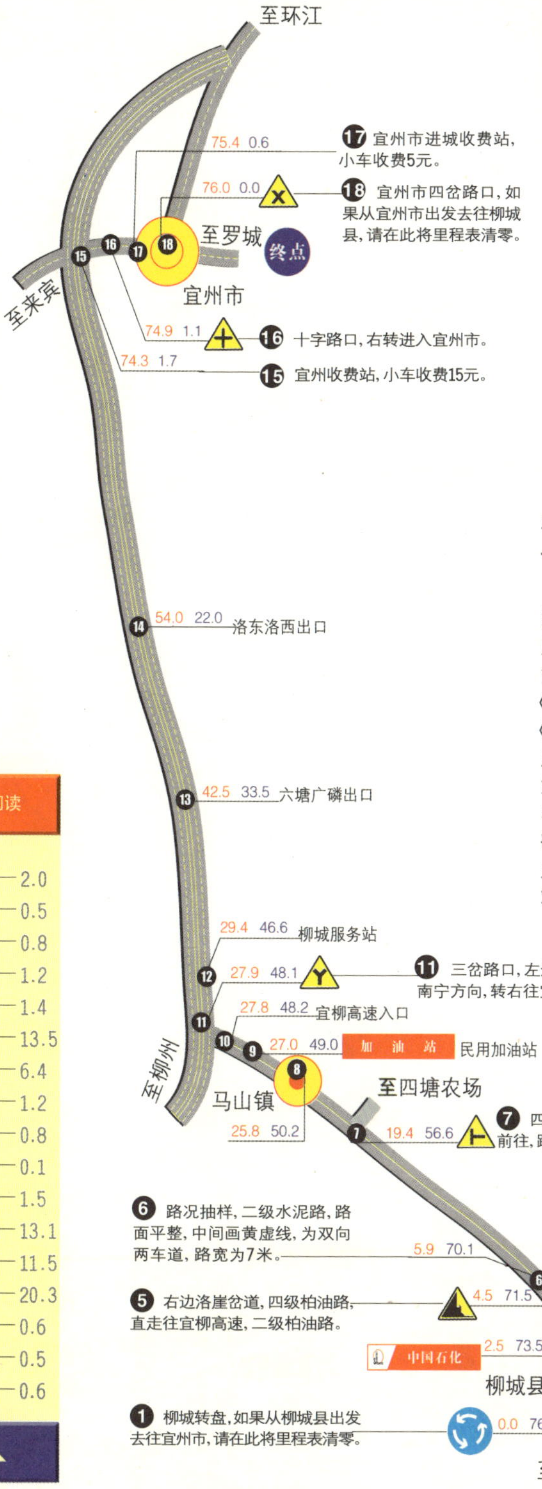
至环江
75.4 0.6
17 宜州市进城收费站，小车收费5元。
76.0 0.0
18 宜州市四岔路口，如果从宜州市出发去往柳城县，请在此将里程表清零。
至罗城
终点
宜州市
至来宾
74.9 1.1
16 十字路口，右转进入宜州市。
74.3 1.7
15 宜州收费站，小车收费15元。
54.0 22.0 洛东洛西出口
42.5 33.5 六塘广磷出口
29.4 46.6 柳城服务站
27.9 48.1
11 三岔路口，左边是柳州南宁方向，转右往宜州市。
27.8 48.2 宜柳高速入口
27.0 49.0 加油站 民用加油站
至柳州
马山镇
至四塘农场
25.8 50.2
19.4 56.6
7 四塘农场路口，右转可前往，路面为四级柏油路。
6 路况抽样，二级水泥路，路面平整，中间画黄虚线，为双向两车道，路宽为7米。
5.9 70.1
至洛崖
5 右边洛崖岔道，四级柏油路，直走往宜柳高速，二级柏油路。
4.5 71.5
3.3 72.7 水上公园
中国石化
2.5 73.5
柳城县
2.0 74.0 汽车总站
1 柳城转盘，如果从柳城县出发去往宜州市，请在此将里程表清零。
0.0 76.0
至柳州
起点

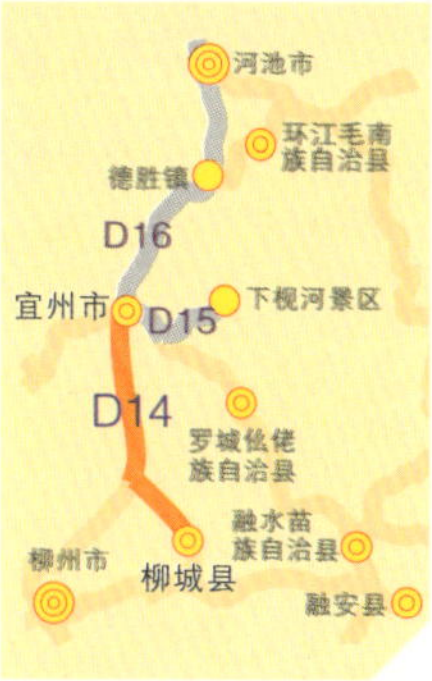
河池市
环江毛南族自治县
德胜镇
D16
宜州市
D15
下枧河景区
D14
罗城仫佬族自治县
融水苗族自治县
柳州市
柳城县
融安县
N

壮族歌仙刘三姐的故乡——宜州市

宜州是壮族歌仙刘三姐的故乡，有2100多年历史，得天独厚的山水风光及古朴的壮族风情，加上电影《刘三姐》、15集电视连续剧《刘三姐》在宜州的拍摄，构成了宜州独特的旅游景观。刘三姐的故乡以山歌最有名，每逢三月三歌节、壮族歌圩、八月十五山歌会，这里人如海，歌如潮，场面壮观，气氛热烈。

祥贝河景区　祥贝镇
19.0　0.0

⑫ 祥贝景区，如果从下枧河景区出发去往宜州市，请在此将里程表清零。

古龙风景区　17.2 1.8 古龙漂流区
古龙村

⑪

⑩ 三岔路口，直走是罗城方向，左转往古龙，祥贝景区。 12.8 6.2 至罗城

⑨ 左边岔道，泥土路，2公里到达六妹村风景区。 7.1 11.9

⑧ 小龙村，左边的桥过河2元。 6.5 12.5

上枧村　6.3 12.7 上枧村
⑦

流河寨

⑥ 十字路口，右边是二号旅游码头，左边100米到流河寨民族村。 5.6 13.4

⑤ 路况抽样，二级柏油路。 4.1 14.9

3.5 15.5 中国石油
④

③ 三门岩景区，左转1000米可到达，路面为沙土路。 2.0 17.0

② 0.1 18.9 中国石化

起点
宜州市　0.0 19.0
① 宜州一桥，左边为一号旅游码头，如果从宜州市出发去往下枧河景区，请在此将里程表清零。

里程数据速查表

从宜州一桥出发，请从上往下阅读

❶	0.0	宜州一桥	19.0	0.1
❷	0.1	中石化	18.9	1.9
❸	2.0	三门岩景区	17.0	1.5
❹	3.5	中石油	15.5	0.6
❺	4.1	路况抽样	14.9	1.5
❻	5.6	十字路口	13.4	0.7
❼	6.3	上枧乡	12.7	0.2
❽	6.5	小龙村	12.5	0.6
❾	7.1	六妹村风景区	11.9	5.7
❿	12.8	往罗城路口	6.2	4.4
⓫	17.2	古龙漂流区	1.8	1.8
⓬	19.0	祥贝河景区	0.0	

从祥贝景区出发，请从下往上阅读

勘察报告

从宜州到下枧河景区是二级路面，路况很好。

救助信息

宜州市城北派出所　0778-3141164
宜州市交警大队　　0778-3212539
柳城平安大道报警　0772-7216019
宜州市急救中心　　0778-3212368
祥贝乡卫生院　　　0778-3882011

住宿

宜州市红叶宾馆　0778-2481866

加油

一路上都有加油站

流河寨民族村

坐落在下枧河畔，是当年刘三姐生长过的地方。这小小的寨子，像许多壮族特有的山寨一样，依山傍水而建，民风纯朴，好客和善唱山歌是这里的最大特色。寨子里有刘三姐、阿牛哥、媒婆、绵妹等人的故居，尽管年代久远，但依然保存着当年生活的模样。

祥贝河景区

位于下枧河之上段，北起祥贝拉托村，南至古龙圩码头，全程10公里。河道两岸有数只古老神秘的大水车在水中摇转。沿岸的拉光村渡口河中，有片百亩翠竹林绿洲岛屿，大水车山庄坐落其中。

古龙河漂流

古龙河位于下枧河上游，人称"思吾溪"。古龙河漂流从古龙小天河登上竹排顺流而下，越过鼓石滩、妖婆滩、鬼见愁、金波跃鲤、黑虎滩等20余个激流险滩，漂流行程10公里，20集电视连续剧《刘三姐》中的大量外景和部分场景就在这里拍摄。

里程数据速查表

		从宜州市出发,请从上往下阅读		
❶	0.0	宜州市转盘	46.2	0.8
❷	0.8	汽车站	45.4	1.1
❸	1.9	中石化	44.3	0.9
❹	2.8	十字路口	43.4	0.6
❺	3.4	中石化	42.8	1.5
❻	4.9	民用加油站	41.3	0.4
❼	5.3	宜州出城口	40.9	0.2
❽	5.5	中石油	40.7	1.0
❾	6.5	出城路况	39.7	0.4
❿	6.9	中石化	39.3	1.1
⓫	8.0	同福镇	38.2	1.4
⓬	9.4	中石油	36.8	0.3
⓭	9.7	金宜一级入口	36.5	2.5
⓮	12.2	叶茂镇	34.0	1.1
⓯	13.3	中石油	32.9	0.3
⓰	13.6	沿途风光	32.6	5.1
⓱	18.7	往同福镇路口	27.5	2.6
⓲	21.3	怀远镇岔道	24.9	0.6
⓳	21.9	大桥风光	24.3	0.5
⓴	22.4	安远镇岔道	23.8	1.6
㉑	24.0	中石化	22.2	0.8
㉒	24.8	谭村风光	21.4	3.7
㉓	28.5	李家寨	17.7	3.1
㉔	31.6	莲塘村	14.6	2.2
㉕	33.8	全村	12.4	2.4
㉖	36.2	长岭村	10.0	2.8
㉗	39.0	榄树村	7.2	4.0
㉘	43.0	中石化	3.2	0.5
㉙	43.5	德胜收费站	2.7	1.8
㉚	45.3	德胜镇	0.9	0.9
㉛	46.2	德胜三岔路口	0.0	

从德胜三岔路口出发,请从下往上阅读

德胜风景区

德胜风景区位于城区47公里的德胜镇境内。主要景点有：鸣琴山、大凤光山、德胜古城等。德胜古城位于德胜街西约1公里许，亦称"河池守御千户所遗址"。城呈长方形，四面有城门和城楼，现仅存东门城楼，为细凿料石基础，墙为明代青方砖，甚为壮观。

怀远古镇

从环江流过来的中洲小河在此处汇入从贵州流下来的龙江，在龙江西岸上形成天然的三角嘴地形。在陆路交通还没有发达的旧时代，怀远镇双河交汇，水上运输便利的特殊地理位置使她获得了空前的商业繁华。漫步在老街中，随处可见残留在骑楼四方柱子上的各种铺号名字，仿佛诉说着昔日的繁华。

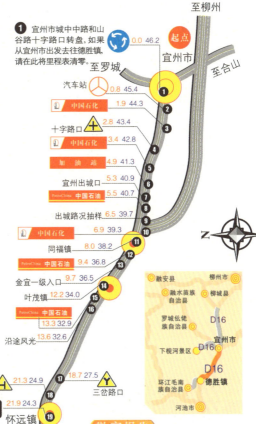

勘察报告

从宜州市到德胜镇三岔路口全程都是一级柏油路面,路况良好。

救助信息

宜州市城北派出所 0778-3141164
宜州市交警大队　0778-3212539
宜州第一人民医院 0778-3141256

餐饮

宜州的下枧河鱼很出名,因污染少,下枧河鱼味道特别鲜美,市内很多街道都有专做下枧河鱼菜式的餐馆。

住宿

宜州市红叶宾馆0778-2481866

加油

一路上都有加油站

维修

宜州新缘汽修0778-3223711
宜州老贵汽修0778-3183906

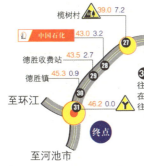

㉛ 金宜一级德胜三岔路口,右边往环江,直走金城江,有一个中石化在岔路中间,如果从德胜镇出发去往宜州市,请在此里程表清零。

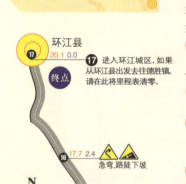

勘察报告
从德胜镇三岔路口到环江县全程都是二柏油级路，路况良好，路边村庄较多，注意行人。

救助信息
环江县思恩城北派出所0778-8821278
环江县急救中心 0778-8826313

餐饮
路边有小餐馆，多为货车司机而设，菜式简单。

住宿
环江武装部招待所0778-8823738

加油
一路上都有加油站

维修
环江全顺汽修 0778-8826699

环江古道
全长24公里的环江古道蜿蜒穿行在环江县木论国家自然保护区中，沿途山泉淙淙，林木森森，一步一景，美不胜收。木论国家自然保护区总面积90平方公里，与南丹县里湖乡、贵州荔波茂兰国家自然保护区连成一片。保护区内有世界同纬度保存最为完好、面积最大的喀斯特原始森林，植物种类超过900种，是真正的生物多样性的物种基因库。

古道呈南北走向，路面皆以石块铺砌，平均宽度1.2米，最宽处也不过1.5米，至今保存完好，石板路面还光滑晶亮。自汉代修建以后，古道成为云、贵、川与桂、粤的交通要道，曾经是商队与马帮驮运的必经之路。据说古道上曾经有9道关隘，用于对来往客商收税，也对客商行人进行保护。如今，贵州通往广西的第一道关口黎明关还留有城墙。

明伦镇北宋牌坊
位于明伦镇北宋村，距环江县城73公里，建于清光绪二十年（1894年），是北宋村人卢式慎所建。卢式慎曾任云南藩库太守之职，小的时候曾遇流民作乱，全家九人全部遇难，因其个小，躲在马槽下得以逃生。长大后考取功名，到云南为官，后卸任回乡，为追求功名，将其家族在从前苗民暴乱中殉难九人的事上报朝廷，光绪皇帝钦赐建此牌坊。此牌坊为石牌坊三连门两座，整座牌坊全用大青石雕刻而成，气势非凡，技艺精湛。

环江县 **17** 20.1 0.0
17 进入环江城区，如果从环江县出发去往德胜镇，请在此将里程表清零。
终点

16 17.7 2.4 急弯，路陡下坡

15 15.7 4.4 文化村

14 14.0 6.1 清潭村

13 13.2 6.9 中哨村

12 12.2 7.9 下哨村

11 9.8 10.3 坡西村

10 8.7 11.4 中屯村

9 路况抽样，二级水泥路，路面平整，中间画黄虚线，为双向两车道，路宽为7.5米。 4.2 15.9

8 右边大方村岔道，四级柏油路。 3.7 16.4

新村 3.5 16.6

至大方

7

6 路况抽样，二级柏油路。 1.7 18.4

5

4

A 沿途风光 1.6 18.5

1.5 18.6 落石路段

民建镇 0.8 19.3

2 路况抽样，二级水泥路，路面平整，中间画黄虚线，为双向两车道，路宽为7.5米。 0.7 19.4

3

起点

1 0.0 20.1

1 金宜一级公路德胜三岔路口，右边往环江，直走到金城江，有一个中石化在岔道中间，如果从德胜镇出发往环江县，请在此将里程表清零。

至金城江
德胜镇
至宜州

里程数据速查表

从德胜三岔路口出发，请从上往下阅读

1	0.0	德胜三岔路口	20.1	
				0.7
2	0.7	路况抽样	19.4	
				0.1
3	0.8	民建镇	19.3	
				0.7
4	1.5	落石路段	18.6	
				0.1
5	1.6	沿途风光	18.5	
				0.1
6	1.7	路况抽样	18.4	
				1.8
7	3.5	新村	16.6	
				0.2
8	3.7	大方村岔道	16.4	
				0.5
9	4.2	路况抽样	15.9	
				4.5
10	8.7	中屯村	11.4	
				1.1
11	9.8	坡西村	10.3	
				2.4
12	12.2	下哨村	7.9	
				1.0
13	13.2	中哨村	6.9	
				0.8
14	14.0	清潭村	6.1	
				1.7
15	15.7	文化村	4.4	
				2.0
16	17.7	急弯，路陡下坡	2.4	
				2.4
17	20.1	环江城区	0.0	

从环江城区出发，请从下往上阅读

勘察报告

从德胜镇三岔路口到河池市全程都是一级柏油路，路况良好。

救助信息

金城江江南派出所　0778-2282653
金城江东江派出所　0778-2772232
东江交警报警　　　0778-2283481
金城江地区人民医院　0778-2200000
河池市第三人民医院　0778-2251234

餐饮

阿谋美食餐馆，很有特色，人情味很浓。

住宿

家佳宾馆，标间100元。

加油

一路上都有加油站

维修

河池市豪客汽修　　0778-2307995

里程数据速查表

▼ 从德胜三岔路口出发，请从上往下阅读

❶	0.0	德胜三岔路口	27.9	0.6
❷	0.6	路况抽样	27.3	1.3
❸	1.9	中石油	26.0	0.1
❹	2.0	中石化	25.9	1.8
❺	3.8	冷坡村	24.1	0.5
❻	4.3	地罗村	23.6	2.9
❼	7.2	塘芽村	20.7	3.0
❽	10.2	都小村	17.7	3.8
❾	14.0	东仁乐园	13.9	0.4
❿	14.4	急弯路段	13.5	0.7
⓫	15.1	里仁村	12.8	2.7
⓬	17.8	可显村	10.1	2.0
⓭	19.8	中石化	8.1	0.9
⓮	20.7	福来村	7.2	0.5
⓯	21.2	环江大桥风光	6.7	0.4
⓰	21.6	下沙里村	6.3	0.8
⓱	22.4	上沙里村	5.5	1.2
⓲	23.6	龙江大桥风光	4.3	1.7
⓳	25.3	右边中石化	2.6	0.7
⓴	26.0	东江收费站	1.9	1.9
21	27.9	河池市城区	0.0	

从河池市出发，请从下往上阅读 ▲

至宜州

起点

至环江

德胜镇

终点

河池市

至南丹

❶ 金宜一级公路德胜三岔路口，右边往环江，直走金城江，有一个中石化在岔路中间，从德胜镇出发去往河池市，请在此将里程表清零。

❷ 路况抽样，一级柏油路，路面平整，中间绿化带隔离，为双向四车道，两边设有非机动车道，路宽为16米，绿化树木茂盛。

姆洛甲女神峡

整个姆洛甲女神峡景区，山水动人，它不仅有一流的南国喀斯特峡谷的奇绝，且一步一景，山峦奇变，充满壮族的神话传说，它以奇丽的山水浓缩姆洛甲女神故事。峡谷当中，还错落有星星点点的壮族村寨，姆洛甲女神峡再北行，就是一片壮族居住的美丽田园风光所在。

0.0　27.9
0.6　27.3
1.9　26.0　中国石油
2.0　25.9　中国石化
3.8　24.1　冷坡村
4.3　23.6　地罗村
7.2　20.7　塘芽村
10.2　17.7　都小村
14.0　13.9　东仁乐园
14.4　13.5　急弯路段
15.1　12.8　里仁村
17.8　10.1　可显村
19.8　8.1　中国石化
20.7　7.2　福来村
21.2　6.7　环江大桥风光 Ⓐ
21.6　6.3　下沙里村
22.4　5.5　上沙里村
23.6　4.3　龙江大桥风光 Ⓑ
25.3　2.6　中国石化
26.0　1.9　⓴ 东江收费站，小车10元
27.9　0.0　21 三岔路口，右转进入城区，金宜一级公路结束，右边补胎店汽修店，如果从河池市出发去往德胜镇，请在此将里程表清零。

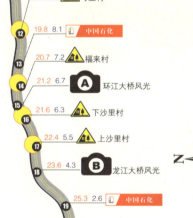

融水苗族自治县
柳城县
柳州市
罗城仫佬族自治县
下枧河景区
宜州市
D16
环江毛南族自治县
D17 德胜镇
D18
河池市
D19
水任镇

D19 河池市—南丹县

全程82.6公里，平均时速67公里，最高时速110公里，用时1小时15分钟

里程数据速查表

	从河池市出发，请从上往下阅读		
①	0.0	河池市三岔路口	82.6
			1.9
②	1.9	路况抽样	80.7
			1.7
③	3.6	金城江隧道	79.0
			0.8
④	4.4	沿途风光	78.2
			0.5
⑤	6.5	城区岔道	76.1
			0.5
⑥	7.0	汽车西站	75.6
			0.2
⑦	7.2	中石油	75.4
			1.6
⑧	8.8	中石油	73.8
			0.8
⑨	9.6	龙头乡岔道	73.0
			11.8
⑩	21.4	红沙村	61.2
			0.6
⑪	22.0	中石油	60.6
			5.1
⑫	27.1	往老河池路口	55.5
			1.4
⑬	28.5	水南高速入口	54.1
			0.4
⑭	28.9	平安石油	53.7
			0.6
⑮	29.5	大卢镇	53.1
			0.2
⑯	29.7	中石化	52.9
			2.8
⑰	32.5	桂西北加油站	50.1
			1.5
⑱	34.0	大阳镇	48.6
			1.1
⑲	35.1	中石油	47.5
			1.9
⑳	37.0	上坡落石多雾路段	45.6
			3.1
㉑	40.1	大山塘隧道	42.5
			2.8
㉒	42.9	骆马店明洞	39.7
			2.0
㉓	44.9	枫木店	37.7
			2.5
㉔	47.4	南丹界	35.2
			4.0
㉕	51.4	八步新区	31.2
			0.5
㉖	51.9	八步收费站	30.7
			8.0
㉗	59.9	中石化	22.7
			0.5
㉘	60.4	车河镇	22.2
			11.0
㉙	71.4	南丹温泉	11.2
			1.5
㉚	72.9	堂汉镇	9.7
			8.1
㉛	81.0	往贵州路口	1.6
			1.3
㉜	82.3	进城十字路口	0.3
			0.3
㉝	82.6	南丹汽车站	0.0

从南丹汽车站出发，请从下往上阅读

勘察报告

从河池市到南丹县全程都是二级柏油路，路况好，但路上陡坡和弯道多，车流量较大，注意保持车距，避免在夜间行驶该路段。

救助信息

南丹县公安局
0778-7232007
金城江江南派出所
0778-2282653
金城江东江派出所
0778-2772232
东江交警报警电话
0778-2283481
金城江地区人民医院
0778-2200000
河池市第三人民医院
0778-2251234

餐饮

阿谋美食餐馆，很有特色，人情味很浓。

住宿

家佳宾馆标间100元

加油

一路上都有加油站

维修

河池市豪客汽修
0778-2307995

① 河池市三岔路口，如果从河池市出发去往南丹新寨，请在此将里程表清零。

② 路况抽样，二级水泥路，路面平整，中间画黄虚线，为双向两车道，路宽为7.5米。

⑨ 左边龙头乡岔道，乡村柏油路。

⑩ 红沙村，三岔路口，左边是都安方向，直走往南丹，右边中石化。

⑫ 三岔路口，右边是老河池方向，直走往南丹。

⑬ 水任三岔路口，右边上桥进入水南高速入口，直走往南丹。

⑯ 大卢镇，右边中石化。

⑱ 八步收费站，小车收费8元。

㉛ 三岔路口，右转往南丹，直行是贵州方向，可从此路到贵州都匀市，二级柏油路。

㉜ 十字路口，右边是天峨县方向，直走进入城区。

㉝ 南丹汽车站，如果从南丹县出发去往新寨方向，请在此将里程表清零。

南丹温泉

温泉于20世纪70年代初探矿发现，水质清澈透明、软滑柔顺，恒温53℃，含有硫、铟、铁等多种对人体有益元素，具有较强的润肤保健作用，对风湿病、皮肤病等多种疾病均有特殊的疗效。温泉公园设有温泉大泳池、家庭绿池、瑶家百草池、人参浴池、古方药池、洞穴温泉和地热板等多种健身浴池。

里程数据速查表

从南丹县出发，请从上往下阅读				
❶	0.0	天峨岔路口	26.5	4.0
❷	4.0	三岔路口	22.5	0.2
❸	4.2	三岔路口	22.3	0.8
❹	5.0	小场镇	21.5	0.2
❺	5.2	三岔路口	21.3	0.3
❻	5.5	三岔路口	21.0	2.7
❼	8.2	铁道路口	18.3	0.6
❽	8.8	拉易村	17.7	1.2
❾	10.0	路况抽样	16.5	1.4
❿	11.4	上陡坡连续急弯	15.1	2.3
⓫	13.7	下陡坡连续急弯	12.8	0.8
⓬	14.5	沿途风光	12.0	3.0
⓭	17.5	路况抽样	9.0	1.5
⓮	19.0	思村洞景区	7.5	0.6
⓯	19.6	房子和粮仓	6.9	2.6
⓰	22.2	落石路段	4.3	4.3
⓱	26.5	里湖乡	0.0	

从里湖乡出发，请从下往上阅读

勘察报告
从南丹县到里湖乡是乡村柏油路，路上连续陡坡和弯道多，转弯时看不见对方来车，注意减速慢行，避免夜晚通过该路段。

救助信息
南丹县公安局　0778-7232007
小场派出所　0778-7557710

餐饮
阿谋美食餐馆，很有特色，人情味很浓。

住宿
家佳宾馆标间 100 元

加油
一路上都有加油站

N

⓱ 17 里湖乡，如果从里湖乡出发去往南丹县，请在此将里程表清零。　26.5 0.0

里湖乡
终点

落石路段　22.2 4.3 ⓰

⓯ 左边白裤瑶的房子和粮仓　19.6 6.9

⓮ 三岔路口，左边是思村洞景区　19.0 7.5

路况抽样，乡村柏油路 17.5 9.0 ⓭

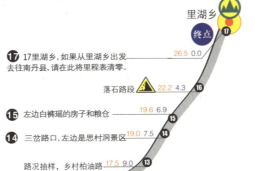

甘河村

14.5 12.0

沿途风光

⓬

⓫ 开始下陡坡，连续急弯 13.7 12.8 ⓫

上陡坡连续急弯

❾ 路况抽样，三级水泥路，路宽为6米 10.0 16.5　⓫　11.4 15.1

❾

❽ 拉易村，右边八圩岔道。 8.8 17.7

❽

铁道路口 8.2 18.3

❼

❻ 三岔路口，转右去里湖 5.5 21.0

❻

三岔路口，转右去里湖 5.2 21.3

❺

❹ 5.0 21.5 小场镇

❸ 4.2 22.3 三岔路口

❷

4.0 22.5 三岔路口，转右去里湖。

起点

❶ 天峨和小场岔路口，往小场方向可去往里湖乡，如果从南丹县出发去往里湖乡，请在此将里程表清零。

0.0 26.5

❶ 南丹县

里湖赶圩
白裤瑶族世代居住在广西南丹县里湖乡的山区，从祖代起就有赶圩的习惯。赶圩和赶集的意思相近，就是在一定的日子，各村民集中在一个固定的地点进行交易。"赶圩"分为日、夜两段时间。白天，瑶民在圩市里交易农产品和生活用品；夜晚，未婚青年男女就会到圩市上互相认识。瑶族把赶圩日子定在每月以 3、6、9 为尾数的日子。赶圩日比较热闹，里湖乡的各个瑶村居民都会到这里，街上男女老少，人头涌涌，交换产品。

白裤瑶
是瑶族的一个分支，共约 3 万人口，聚居在南丹县里湖瑶族乡，以男人穿白色紧膝五指裤，包白头巾，裹里白外黑绑带而得名。白裤瑶族历史悠久，早在《隋书·地理志》里就有记载其先民的活动。她虽然没有自己的文字，却拥有许多奇特的原始风俗习惯和文化——铜鼓文化、陀螺文化、婚俗文化、葬俗文化、服饰文化、歌谣文化、饮食文化以及狩猎、斗鸟等多姿多彩的民俗风情。

里程数据速查表

从南丹县城出发,请从上往下阅读			
❶	0.0	南丹县城立交路口	50.6
❷	0.2	连续上长坡	50.4
❸	7.0	泥石流滑坡路段	43.6
❹	7.5	爬坡路段	43.1
❺	11.6	拉高村	39.0
❻	13.8	大平村	36.8
❼	16.7	左边拉希路口	33.9
❽	17.1	左边补胎点	33.5
❾	17.6	平桥村	33.0
❿	18.9	右边中石化	31.7
⓫	20.7	左边加油站及岔路口	29.9
⓬	21.2	急弯上长坡	29.4
⓭	21.9	拉麻坎	28.7
⓮	23.6	下长坡	27.0
⓯	24.0	左边芒场岔口	26.6
⓰	33.3	上长坡	17.3
⓱	34.6	左边拉希路口	16.0
⓲	35.4	巴平收费站	15.2
⓳	44.1	左边内江大酒店	6.5
⓴	46.2	左边六寨镇路口	4.4
㉑	49.2	广西贵州交界	1.4
㉒	49.8	左边中石化	0.8
㉓	50.6	贵新高速新寨收费站	0.0
从新寨收费站出发,请从下往上阅读			

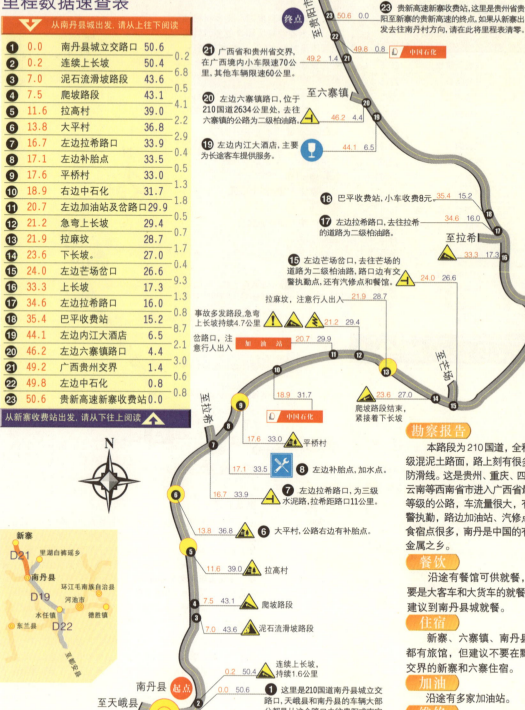

㉓ 贵新高速新寨收费站,这里是贵州省贵阳至新寨的贵新高速的终点,如果从新寨出发去往南丹村方向,请在此将里程表清零。

㉑ 广西省和贵州省交界,在广西境内小车限速70公里,其他车辆限速60公里。

⓴ 左边六寨镇路口,位于210国道2634公里处,去往六寨镇的公路为二级柏油路。

⓳ 左边内江大酒店,主要为长途客车提供服务。

⓲ 巴平收费站,小车收费8元。

⓱ 左边拉希路口,去往拉希的道路为二级柏油路。

⓯ 左边芒场岔口,去往芒场的道路为二级柏油路,路口边有交警执勤点,还有汽修点和餐馆。

拉麻坎,注意行人出入

事故多发路段,急弯上长坡持续4.7公里

岔路口,注意行人出入

加油站

❿ 中国石化

❾ 平桥村

❽ 左边补胎点,加水点。

❼ 左边拉希路口,为三级水泥路,拉希距路口11公里。

❻ 大平村,公路右边有补胎点。

❺ 拉高村

❹ 爬坡路段

❸ 泥石流滑坡路段

爬坡路段结束,紧接着下长坡

连续上长坡,持续1.6公里

❶ 这里是210国道南丹县城立交路口,天峨县和南丹县的车辆大部分都是从这个路口去往贵阳或南宁方向,如果从南丹县出发去往新寨方向,请在此将里程表清零。

南丹县 起点

至天峨县

至河池市

至贵阳市 终点

至六寨镇

至拉希

至芒场

至拉希

N

新寨
D21 里湖白裤瑶乡
南丹县
环江毛南族自治县
D19 河池市
水任镇 德胜镇
东兰县 D22
至都安县

勘察报告

本路段为210国道,全程二级混泥土路面,路上刻有很多的防滑线。这是贵州、重庆、四川、云南等西南省市进入广西省最高等级的公路,车流量很大,有交警执勤,路边加油站、汽修点和食宿点很多,南丹是中国的有色金属之乡。

餐饮

沿途有餐馆可供就餐,主要是大客车和大货车的就餐点,建议到南丹县城就餐。

住宿

新寨、六寨镇、南丹县城都有旅馆,但建议不要在黔桂交界的新寨和六寨住宿。

加油

沿途有多家加油站。

维修

沿途有维修点及加水点。

D22 水任镇—都安县

全程101.7公里，平均时速70公里，最高时速90公里，用时1小时20分钟

中国旅游路书

勘察报告

从水南高速水任入口到都安县是一级水泥路，这是一条高等级公路，路面是三车道，又有许多上下陡坡的路况，所以每在上坡路况都会给出一条大型车辆的爬坡专用道，结束爬坡路面马上变窄，让对方来车占一道爬坡车道，路上有很多行人和牲畜行走，注意避让。

救助信息

都安县安阳派出所 0778-5212302
都安县人民医院 0778-5212195
都安县粤安医院 0778-5227020

餐饮

都安县艺园宾馆 0771-5212283

加油

一路上都有加油站

维修

恒日汽修 0778-5214133

里程数据速查表

▼	从水任入口出发，请从上往下阅读			
❶	0.0	水任入口	101.4	
❷	10.7	路况抽样	90.7	10.7
❸	13.0	小圩出口	88.4	2.3
❹	14.9	五圩出口	86.5	1.9
❺	20.7	多雾路段	80.7	5.8
❻	22.0	连续下坡	79.4	1.3
❼	36.3	都安界	65.1	14.3
❽	46.0	十字路口	55.4	9.7
❾	46.5	路况抽样	54.9	0.5
❿	51.0	下坳镇	50.4	4.5
⓫	53.6	下坳收费站	47.8	2.6
⓬	70.5	大兴镇	30.9	16.9
⓭	74.0	两边餐馆	27.4	3.5
⓮	75.2	民营加油站	26.2	1.2
⓯	78.1	高岭出口	23.3	2.9
⓰	96.7	都安北出口	4.7	18.6
⓱	98.1	都安城区	3.3	1.4
⓲	98.3	民用加油站	3.1	0.2
⓳	99.5	中石油	1.9	1.2
⓴	100.2	农机加油站	1.2	0.7
㉑	101.4	都安县广场	0.0	1.2

从都安县广场出发，请从下往上阅读 ▲

地图标注

南丹县

至金城江

0.0 101.4 起点

❶ 水南公路水任入口，如果从水任县出发去往都安县，请在此将里程表清零。

❷ 路况抽样，一级水泥路，路面平整，中间画双黄实线，路宽为9.5米，路牌标识却标明是高速公路，路上行人和牲畜多，注意避让，路面为有三车道，每在上坡路况都会给出一条大型车辆的爬坡专用道，结束爬坡路面马上变窄，让对方来车占一道爬坡车道。

10.7 90.7 ❷

13.0 88.4 ❸
小圩出口

五圩镇 ❹

14.9 86.5
五圩出口

20.7 80.7 ❺ 多雾路段
❻

22.0 79.4 连续下坡，坡长5公里，小车限速60公里

36.3 65.1 都安界

46.0 55.4 ❼ 坳方向，右边大圩方向

❽

46.5 54.9 ❾ 路况抽样，一级水泥路，路面平整，中间画双黄实线，路宽为9.5米，路牌标识却标明是高速公路，路上行人和牲畜多，注意避让，路面为有三车道，每在上坡路况都会给出一条大型车辆的爬坡专用道，结束爬坡路面马上变窄，让对方来车占一道爬坡车道。

51.0 50.4 ❿ 下坳镇

53.6 47.8 ⓫ 下坳收费站，小车收费10元。

70.5 30.9 大兴镇

74.0 27.4 两边连续500米的餐馆

⓬

75.2 26.2 加油站 ⓭

78.1 23.3 高岭出口 ⓮
⓯

高岭镇

⓰ 左边都安北出口，左转去往都安县城。

96.7 4.7

⓱ 三岔路口，右边是高岭方向，转右进入都安城区。

98.1 3.3 ⓱

98.3 3.1 加油站 左边民用加油站 ⓲

中国石油 99.5 1.9 ⓳

100.2 1.2 加油站 农机加油站 ⓴

㉑ 都安县广场，如果从都安县出发去往水任镇，请在此将里程表清零。

101.4 0.0 ㉑ 都安县

终点

至南宁

区域地图

河池市
水任镇
宜州市
D22
忻城县
都安瑶族自治县
D23
大化瑶族自治县
山县
上林县
D24
宾阳县
隆安县
武鸣县
南宁市
N

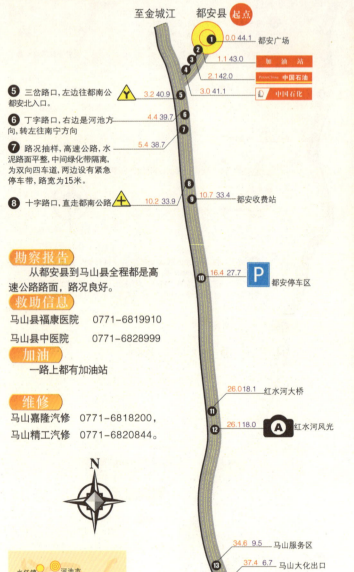

D23 都安县—马山县

全程44.1公里，平均时速70公里，最高时速80公里，用时40分钟

至金城江　都安县　**起点**

0.0 44.1　都安广场

1.1 43.0　**加油站**

2.1 42.0　**PetroChina 中国石油**

3.0 41.1　**中国石化**

⑤ 三岔路口，左边往都南公安北入口。　3.2 40.9

⑥ 丁字路口，右边是河池方向，转左往南宁方向。　4.4 39.7

⑦ 路况抽样，高速公路，水泥路面平整，中间绿化带隔离，为双向四车道，两边设有紧急停车带，路宽为15米。　5.4 38.7

⑧ 十字路口，直走都南公路。　10.2 33.9

10.7 33.4　都安收费站

勘察报告

从都安县到马山县全程都是高速公路路面，路况良好。

救助信息

马山县福康医院　0771-6819910

马山县中医院　0771-6828999

加油

一路上都有加油站

维修

马山嘉隆汽修　0771-6818200，

马山精工汽修　0771-6820844。

16.4 27.7　**P** 都安停车区

26.0 18.1　红水河大桥

26.1 18.0　**A** 红水河风光

34.6 9.5　马山服务区

37.4 6.7　马山大化出口

38.4 5.7

39.8 4.3

马山城区 42.8 1.3

43.1 1.0　**中国石化**

44.0 0.1　十字路口

马山县　**终点** 44.1 0.0　汽车总站

里程数据速查表

从都安广场出发，请从上往下阅读

	里程	地点	剩余	间距
①	0.0	都安广场	44.1	
②	1.1	民用加油站	43.0	1.1
③	2.1	中石油	42.0	1.0
④	3.0	中石化	41.1	0.9
⑤	3.2	都南公路路口	40.9	0.2
⑥	4.4	往河池路口	39.7	1.2
⑦	5.4	路况抽样	38.7	1.0
⑧	10.2	十字路口	33.9	4.8
⑨	10.7	都安收费站	33.4	0.5
⑩	16.4	都安停车区	27.7	5.7
⑪	26.0	红水河大桥	18.1	9.6
⑫	26.1	红水河风光	18.0	0.1
⑬	34.6	马山服务区	9.5	8.5
⑭	37.4	马山大化出口	6.7	2.8
⑮	38.4	马山收费站	5.7	1.0
⑯	39.8	丁字路口	4.3	1.4
⑰	42.8	马山城区	1.3	3.0
⑱	43.1	中石化	1.0	0.3
⑲	44.0	十字路口	0.1	0.9
⑳	44.1	马山县汽车总站	0.0	0.1

从马山县汽车总站出发，请从下往上阅读

至武鸣

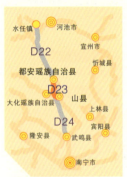

水任镇　河池市

D22

宜州市

都安瑶族自治县　忻城县

D23　山县

大化瑶族自治县　上林县

D24　宾阳县

隆安县　武鸣县

南宁市

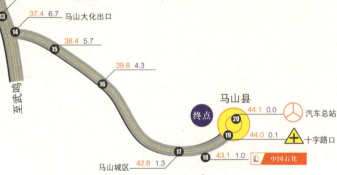

D24 马山县—武鸣县

全程73.3公里，平均时速70公里，最高时速80公里，用时1小时05分钟

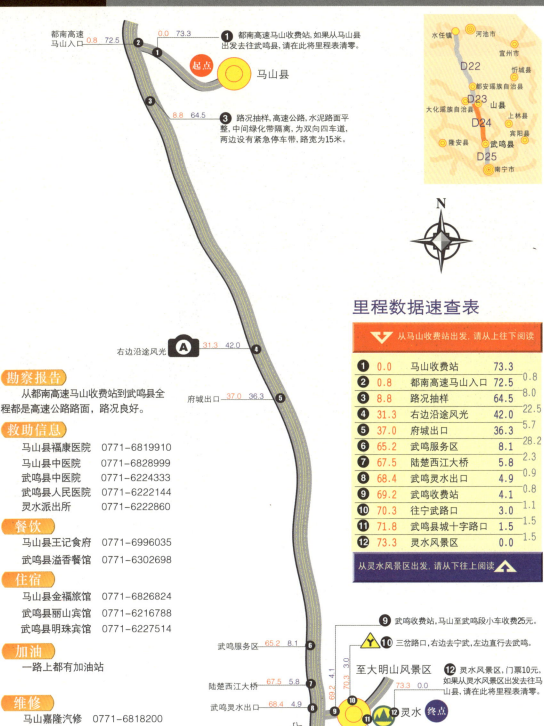

❶ 都南高速马山收费站。如果从马山县出发去往武鸣县，请在此将里程表清零。

都南高速
马山入口 0.8 72.5

0.0 73.3

❷

❶

起点

马山县

❸

8.8 64.5

❸ 路况抽样，高速公路，水泥路面平整，中间绿化带隔离，为双向四车道，两边设有紧急停车带，路宽为15米。

右边沿途风光 **A** 31.3 42.0 ❹

府城出口 37.0 36.3 ❺

勘察报告

从都南高速马山收费站到武鸣县全程都是高速公路路面，路况良好。

救助信息

马山县福康医院　0771-6819910
马山县中医院　　0771-6828999
武鸣县中医院　　0771-6224333
武鸣县人民医院　0771-6222144
灵水派出所　　　0771-6222860

餐饮

马山县王记食府　0771-6996035
武鸣县溢香餐馆　0771-6302698

住宿

马山县金福旅馆　0771-6826824
武鸣县丽山宾馆　0771-6216788
武鸣县明珠宾馆　0771-6227514

加油

一路上都有加油站

维修

马山嘉隆汽修　0771-6818200
马山精工汽修　0771-6820844

武鸣服务区 65.2 8.1 ❻

陆楚西江大桥 67.5 5.8 ❼

武鸣灵水出口 68.4 4.9 ❽

69.2 4.1
70.3 3.0

至大明山风景区

73.3 0.0

灵水

终点

71.8 1.5

至南宁

武鸣县

里程数据速查表

		从马山收费站出发，请从上往下阅读		
❶	0.0	马山收费站	73.3	
❷	0.8	都南高速马山入口	72.5	0.8
❸	8.8	路况抽样	64.5	8.0
❹	31.3	右边沿途风光	42.0	22.5
❺	37.0	府城出口	36.3	5.7
❻	65.2	武鸣服务区	8.1	28.2
❼	67.5	陆楚西江大桥	5.8	2.3
❽	68.4	武鸣灵水出口	4.9	0.9
❾	69.2	武鸣收费站	4.1	0.8
❿	70.3	往宁武路口	3.0	1.1
⓫	71.8	武鸣县城十字路口	1.5	1.5
⓬	73.3	灵水风景区	0.0	1.5

从灵水风景区出发，请从下往上阅读

❾ 武鸣收费站，马山至武鸣段小车收费25元。

❿ 三岔路口，右边去宁武，左边直行去武鸣。

⓬ 灵水风景区，门票10元，如果从灵水风景区出发去往马山县，请在此将里程表清零。

⓫ 十字路口，直走往灵水。

河池市
水任镇
宜州市
D22
忻城县
都安瑶族自治县
大化瑶族自治县
D23 山县
上林县
D24
宾阳县
隆安县
武鸣县
D25
南宁市

N

D25 武鸣县—南宁市

全程33公里，平均时速40公里，最高时速80公里，用时50分钟

里程数据速查表

从武鸣县出发，请从上往下阅读

❶	0.0	武鸣县出城转盘	33.0	
				0.1
❷	0.1	两百米的汽修店	32.9	
				4.5
❸	4.6	右边中石化	28.4	
				0.2
❹	4.8	双桥镇岔道	28.2	
				2.6
❺	7.4	腾翔镇	25.6	
				0.3
❻	7.7	右边中石化	25.3	
				0.6
❼	8.3	路况抽样	24.7	
				3.7
❽	12.0	右边中石化	21.0	
				1.3
❾	13.3	伊岭岩景区	19.7	
				2.0
❿	15.3	右边中石化	17.7	
				0.7
⓫	16.0	都南高速路口	17.0	
				5.7
⓬	21.7	尾燕岭隧道	11.3	
				0.2
⓭	21.9	下坡急弯路段	11.1	
				0.5
⓮	22.4	进入南宁市城区	10.6	
				0.9
⓯	23.3	落石路段	9.7	
				3.9
⓰	27.2	伊岭岩收费站	5.8	
				3.0
⓱	30.2	500米的汽修店	2.8	
				1.1
⓲	31.3	汽修汽配轮胎店	1.7	
				0.5
⓳	31.8	都南高速路口	1.2	
				1.2
⓴	33.0	南宁市安吉客运站	0.0	

从南宁市出发，请从下往上阅读

勘察报告

从武鸣县到南宁市都是二级柏油路面，一般武鸣县到南宁市人们大多走二级路，过了伊岭岩景区也有上都南高速的入口，也可以在都南高速前往南宁市。

救助信息

武鸣县中医院	0771-6224333
武鸣县人民医院	0771-6222144
灵水派出所	0771-6222860
标营派出所	0771-6223090
双桥派出所	0771-6220135

餐饮

武鸣县溢香餐馆	0771-6302698
伊岭岩老牌正宗柠檬鸭	0771-2981599

住宿

武鸣县丽山宾馆	0771-6216788
武鸣县明珠宾馆	0771-6227514

加油

一路上都有加油站

维修

南武汽修　0771-65220995

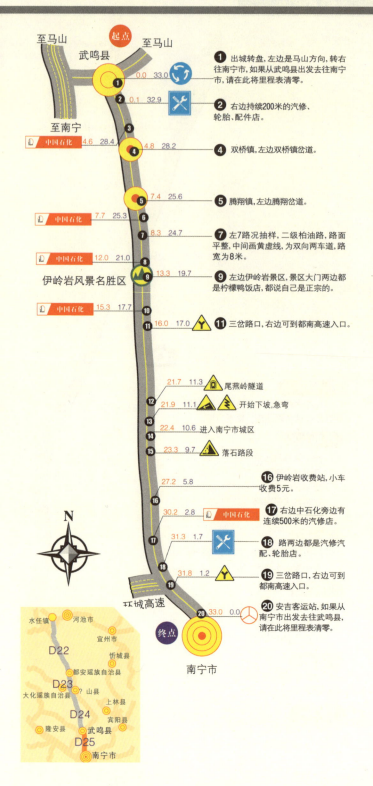

① 出城转盘，左边是马山方向，转转右往南宁市，如果从武鸣县出发去往南宁市，请在此将里程表清零。

② 右边持续200米的汽修、轮胎、配件店。

④ 双桥镇，左边双桥镇岔道。

⑤ 腾翔镇，左边腾翔岔道。

⑦ 左7路况抽样，二级柏油路，路面平整，中间画黄虚线，为双向两车道，路宽为8米。

⑨ 左边伊岭岩景区，景区大门两边都是柠檬鸭饭店，都说自己是正宗的。

⑪ 三岔路口，右边可到都南高速入口。

⑫ 尾燕岭隧道

⑬ 开始下坡，急弯

⑭ 进入南宁市城区

⑮ 落石路段

⑯ 伊岭岩收费站，小车收费5元。

⑰ 右边中石化旁边有连续500米的汽修店。

⑱ 路两边都是汽修汽配、轮胎店。

⑲ 三岔路口，右边可到都南高速入口。

⑳ 安吉客运站，如果从南宁市出发去往武鸣县，请在此将里程表清零。

伊岭岩风景名胜区

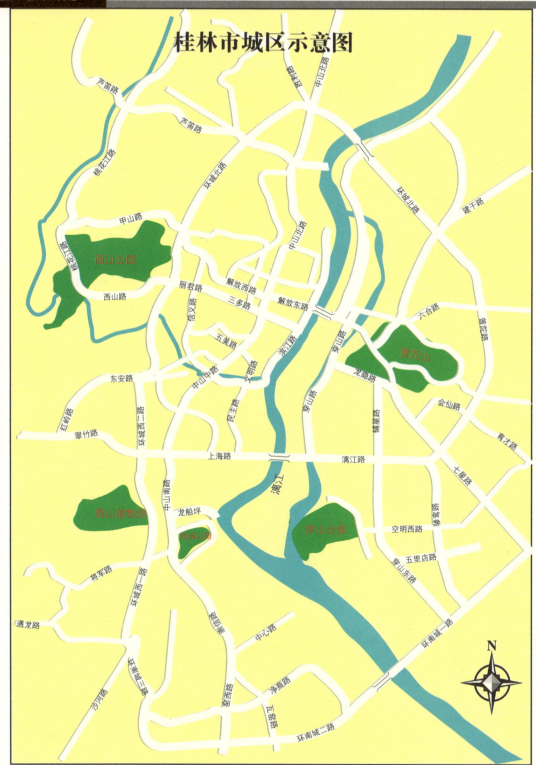

桂林市城区示意图

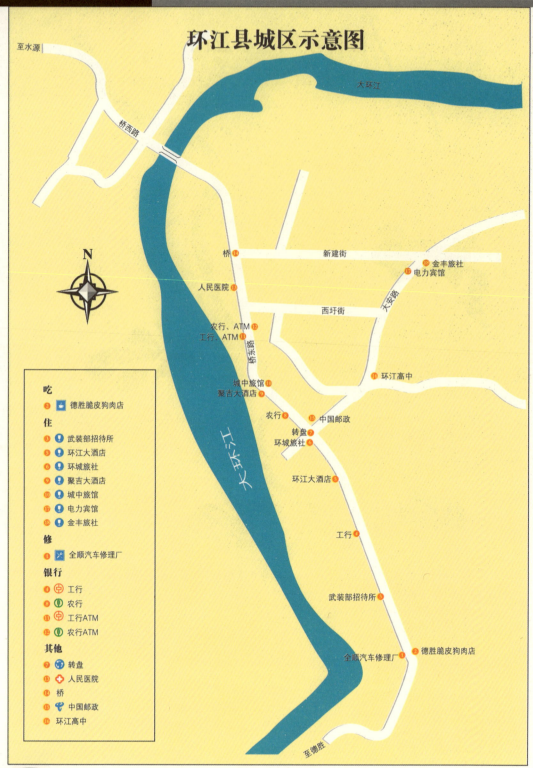

环江县城区示意图

吃
- ② 德胜脆皮狗肉店

住
- ③ 武装部招待所
- ⑤ 环江大酒店
- ⑥ 环城旅社
- ⑨ 聚吉大酒店
- ⑪ 城中旅馆
- ⑰ 电力宾馆
- ⑱ 金丰旅社

修
- ① 全顺汽车修理厂

银行
- ④ 工行
- ⑧ 农行
- ⑬ 工行ATM
- ⑫ 农行ATM

其他
- ⑦ 转盘
- ⑮ 人民医院
- ⑭ 桥
- ⑮ 中国邮政
- ⑯ 环江高中

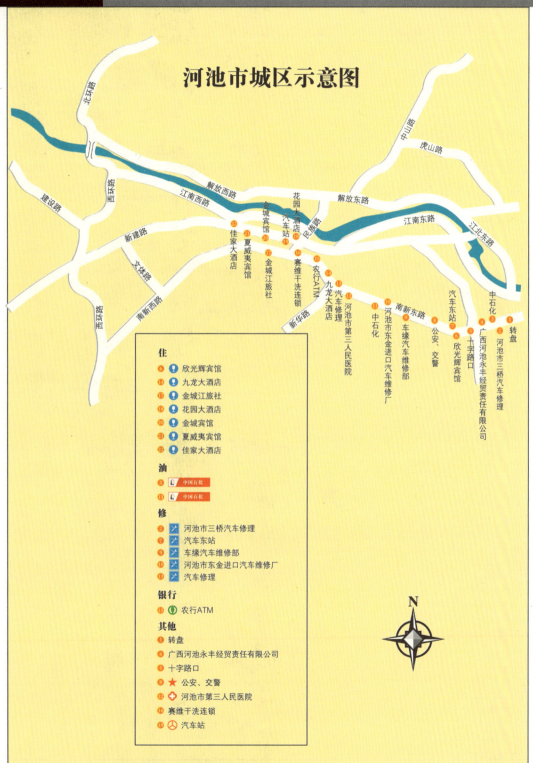

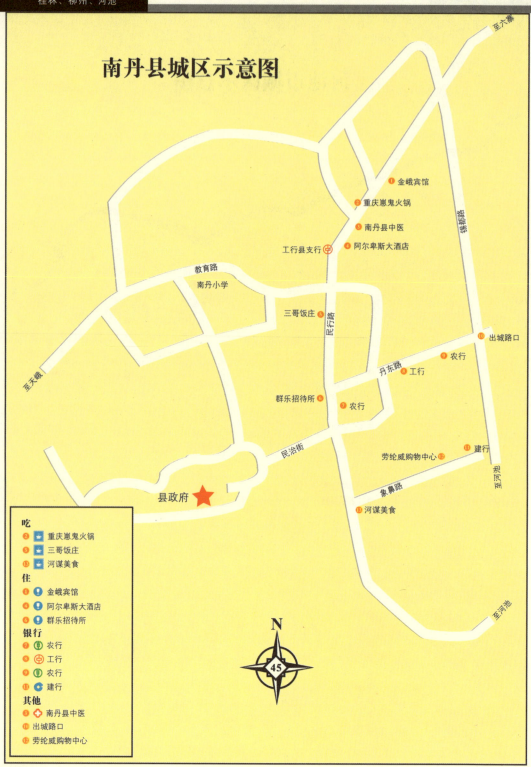

南丹县城区示意图

至六寨

金峨宾馆
重庆崽鬼火锅
南丹县中医
工行县支行
阿尔卑斯大酒店

锡都路

教育路
南丹小学

三哥饭庄

民行路

出城路口
农行
丹东路 工行

至天峨

群乐招待所
农行

劳纶威购物中心
建行

至河池

民治街

象鼻路

县政府

河谋美食

至河池

吃
② 重庆崽鬼火锅
⑤ 三哥饭庄
⑬ 河谋美食

住
① 金峨宾馆
④ 阿尔卑斯大酒店
⑥ 群乐招待所

银行
⑦ 农行
⑧ 工行
⑨ 农行
⑪ 建行

其他
③ 南丹县中医
⑩ 出城路口
⑫ 劳纶威购物中心

N
45

E

桂东片区

E桂东片区公路分段示意图

路段号	路段名	总里程(km)	用时	页码
E01	南宁市—昆仑关	53.1	1小时	246
E02	昆仑关—上林县	71.5	1小时50分钟	248
E03	上林县—大龙河风景区	28.6	45分钟	250
E04	上林县—洋渡风景区	17.8	55分钟	252
E05	南宁市—贵港市	120.7	1小时40分钟	254
E06	南梧高速横县出口—横县	22.7	25分钟	255
E07	贵港县—武宣县	91.4	1小时50分钟	256
E08	武宣县—象州温泉	75.5	1小时10分钟	257
E09	象州温泉—金秀县	85.2	1小时30分钟	258
E10	象州县—柳州市	70.1	1小时15分钟	260
E11	柳州市—南宁市	235.7	2小时40分钟	262
E12	贵港市—桂平市	69.8	1小时20分钟	263
E13	桂平市—金田镇	25.1	30分钟	264
E14	贵港市—玉林市	94.6	1小时35分钟	266
E15	玉林市—陆川谢鲁山庄	69.5	1小时35分钟	268
E16	玉林市—容县	52.3	50分钟	269
E17	容县—岑溪市	55.2	1小时	270
E18	岑溪市—苍梧县	91.0	2小时5分钟	271
E19	苍梧县—梧州市	15.3	20分钟	272
E20	梧州市—贺州市	159.2	2小时55分钟	274
E21	贺州市—姑婆山景区	29.2	50分钟	276
E22	贺州市—富川状元村	95.9	2小时	277
E23	望高镇—黄姚古镇	66.3	1小时30分钟	278
E24	黄姚古镇—阳朔县	137.0	4小时35分钟	280

桂东片区概况

桂东片区涵盖南宁市、梧州市、玉林市、贺州市辖区。

桂东片区可以说是完美的自驾路线，既有公路发达全程高速的城市休闲线路，也有集风光民俗人文于一身的田园线路。主要景点密集分布在三个小区域：

1.南宁到梧州之间，以佛教圣地桂平西山、桂平金田太平天国起义旧址、容县真武阁、杨贵妃出生地、梧州骑楼城等为主线。一路上历史文化景点众多，宗教历史气氛浓郁，是幽思怀古的好地方。

2.金秀县有"世界第一瑶乡"之称，民族风情古朴浓郁，有"盘王节"、"三月三"、"长鼓舞"，民族服饰艳丽大方，瑶族油茶别具风味。大瑶山自然保护区也位于县境内，是一个以森林生态系统和珍稀物种为主要保护对象的自然保护区。 保护区内山高、坡陡、谷深，最高峰圣堂山海拔1979米，风景四季分明，各具特色。

3.一部电视剧或电影就可以让一处地方名扬千里，贺州的姑婆山风景区和昭平县的黄姚古镇就是在作为一部电视剧的外景地之后而名扬四海，成为旅游热门地。

从梧州至贺州路段是明显的丘陵地带，植被丰富，进入贺州地界后景观开始变得目不暇接，有恬静的田园风光，有苍莽的原始森林，有堪称天然动物园和植物园的自然保护区，有黄姚古镇以及文明阁、石城和客家围屋，有1300多年历史的秀水瑶族状元村、明清古建筑、风雨桥等，都很值得细细浏览，是条集溶洞景观、田园风光与明清历史文化于一体的路线。

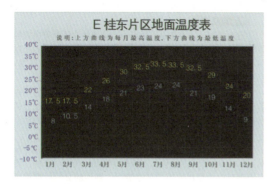

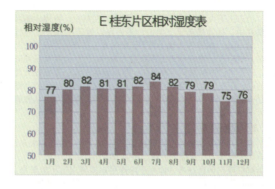

桂西片区的各项指标

【地理环境】

桂东片区多处于低山丘陵地带，山丘林立，河流众多，有珠江的主干浔江、西江、桂江等，公路多依山或傍河而建，蜿蜒曲折。贺州及金秀等地属于山地岩溶地貌，丘陵平原交替，视野多变。举目之处青山绿水，平地处种满水稻等农作物，虽然没有桂西北的奇特夺目，但也令人心旷神怡。

【气候温度】

桂东片区主要属于亚热带湿润季风气候区域，少数部分处于温带和亚热带交界处，北回归线穿越区内多个城区地方，每年春夏为多雨季节，干湿季明显。全年气温变化不大，干湿季明显，夏长冬短。夏天炎热逼人，冬天温暖干燥，无明显的季节性变化，树林四季常绿。但大瑶山及姑婆山等山区则有别于别处：夏季气候清凉宜人，冬天则相对同区域其他县城要低5℃以上，冬季偶尔也会飘起小雪花。

★穿衣指数

夏天潮湿闷热，需注意预防中暑，春秋两个季节游览该片区只需要带件薄外套就可以抵御最低温度，冬季早晚有些凉意，加一件羊绒衫即可，若去大瑶山姑婆山等山区地带则建议多带些冬季衣物。

【总体路况】

片区中四大城市南宁、柳州、梧州、贺州之间都有高速或高等级公路衔接，朝夕即可轻松往来。其他路段均为三级以上柏油路，路面平整良好，适合任何车型行走，公路上各种交通标识比较齐全和规范。南宁至梧州及南宁至柳州为主要干道，车流量比较大，梧州至贺州多为山区道路，弯多坡长，公路起伏变化不大，汽车穿行于山间田边，很有山野感觉。习惯穿梭于城市的驾驶者要小心驾驶，放慢车速，等适应了道路状况后方可狠踩油门。

桂西片区的收费站较多，沿途上以县为单位，基本每县都有收费站。

【语言与沟通】

桂东片区多为壮、汉混居，基本以普通话、壮话、桂柳话或白话为主，绝大多数人能用普通话进行沟通，很少存在交流困难，但有时在山区里碰到的村民因久不出远门，对几十公里外的信息只停留在几年前，所以问路时最好多方求证，以提高信息的准确度。

【民风民俗】

桂东片区是个多民族聚居的地区，各种民族的节庆比较多，有土瑶风情的浮山歌节、花炮节有及富阳街灯节等。

木偶戏：俗称"木傀戏"、"木头戏"。一般在农闲时或喜庆节日演唱，是普遍活跃于玉林城乡的一种古老表演形式。不同角色的木偶有不同的脸谱，表情神态各异，配以符合角色的服饰和道具，以突出其性格。

瑶族歌舞：柳州金秀瑶族自治县居住着的瑶族同胞一直保持着瑶族古老文化及习俗。瑶族独具特色的民族歌舞从其旋律、歌词、服装与舞姿，到形象与道具均具有浓郁的民族色彩。瑶族共有18种舞蹈，尤以长鼓舞、捉龟舞、黄泥鼓舞、磐古

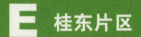
兵舞、八仙舞、白马舞、狩猎舞、蝴蝶舞、三元舞、师公舞最为盛行。每年农历十月十六日、七月初七、六月初六等瑶族节日都可以看到各种瑶舞的表演。

爬楼："爬楼"是金秀大瑶山的茶山瑶族青年男女自由恋爱的一种方式。瑶人的居室在建房时一般都设有吊楼，长到婚恋年龄的姑娘就住在吊楼里，男女青年到了十四五岁以后，便可互相邀约对歌叙情。晚上，姑娘邀集女伴在吊楼里聊天、唱歌、刺绣。男青年如果来寻觅知音，是和同伴一起来的，但不能从大门进，而是攀爬上吊楼，姑娘如同意则让他们进去，然后男女各坐一边互相交谈、对歌，如果彼此有意思了，就会继续往来，然后由男方赠女方手镯或丝绒彩线，女方则亲自编织的草鞋或腰带等信物赠给男方，之后由父母备办婚事。

除了爬楼，每年的农闲季节，男女青年还串村耍寨，通宵达旦地对唱情歌，如果男方看中了某个姑娘，便设法抢得女方的一件信物，如耳环、手镯、彩带等。同样地，姑娘如果看上了某个小伙子也想办法"偷"到男方的随身之物，如帽子、雨伞等。

上刀山下火海：瑶族民风较为强悍，在祭祀、祈福、驱邪的仪式中，往往要赤足上刀山、下火海以显示其所向无敌的气概。上刀山，就是在木梯上自下而上固定一排锋利的钢刀作为梯级，然后赤足踏在利刃上逐级蹬上顶部。下火海有三种形式：一是将许多铁犁头烧得通红，然后赤足一步一犁踏在上面走过；一是在地上摆满烧得通红的火炭，然后赤足从火炭上面走过；最后一种是用竹筒做成的灯排成一行，然后赤足从熊熊灯火上一步踏一灯地走过。

【沿途餐饮】

桂东片区的饮食习惯比较接近广东的口味，主食为大米。口味比较清淡，注重原色原味，不喜加酱料。菜式一般只用少数新鲜红辣椒调色提味，如果不吃辣可以提醒店家不放辣椒。嗜好辣椒的人，可一尝特产指天椒，足以让你辣得想跳舞。桂东片区的瓜果蔬菜品种丰富，四季常新，有龙眼、古凤荔枝、容县沙田柚、红江橙等。出名的特色菜有岑溪三黄鸡、陆川猪肉、梧州沙河粉、霉豆腐、纸包鸡，玉林狗肉、羊肉、牛杂等。如果季节正当，在金秀等山区还可吃到鲜嫩无比的竹笋和野山菌，此外，在有河流的地方大多能吃到本地河鲜。

桂东片区由于气候炎热，当地人习惯以白醋腌泡新鲜的蔬菜瓜果，基本不放辛辣料，只讲究配料的分量和制作工序，使原料更鲜美，味道酸辣，清脆爽口，十分开胃。

桂东片区的餐馆做生意都精明，很少会得罪客人，价格菜式都公道实在，大可放心吃完了再问价结账。

早餐以米粉河粉为主，或者肠粉，也有馒头包子和油条豆浆供选择，但食客远没有粉摊的多。

【沿途住宿】

桂东片区城市较多，各处食宿条件都很成熟完善。特别是比较大的城市都有高中低三个档次可选择：政府接待级的宾馆、普通旅游招待所、旅社或家庭旅馆，建议在不同的地方旅游选择不同档次的住宿点，以停车点及治安得到保障为原则。在比较偏远的县城或乡镇最好还是选择当地政府接待指定的宾馆，以保安全。在景区，一般都有家庭旅馆和度假山庄等豪华宾馆供选择，建议选一处干净家庭旅馆，体验一回小家小院的闲情，尽情享受山野气息。

【安全保障】

治安和交警部门的配置：每个乡镇都设有派出所，交通要道沿线的乡镇都设有交警中队，办公地点都设在乡镇所在地，治安报警电话和交通事故报警电话都是全国统一的110和119，但是为了方便群众，各地派出所和交警中队一般还会在路牌上公布直接的报警电话，拨打这些号码会更快捷。

【通讯条件】

除大瑶山圣堂山上没信号外，桂东片区绝大多数地方都有信号。此外，较大的乡镇也都有手机信号，所有乡镇及较大的村庄均开通固定电话。

所有乡镇都有邮政营业网点，开通普通函件和包裹邮寄及邮政储蓄业务。

【油品质量】

桂东片区的加油站网点众多，加油非常方便。当然，你要是去森林公园或自然保护区的话还得在出发前加满油，因为山上是不可能有加油站的。

【食品饮料】

沿途公路边小卖部和商店都很多，常用的日用品基本上都能找得到，但品质难以保证，建议还是出发前在城区内较大的超市里购买，多备存货。

【公共厕所】

沿途的加油站内都设有厕所，公路两边也随处可见简易修建的厕所，卫生状况一般，但也只能将就将就了，或者可以到加油站上厕所。在城区则尽量选择高档的酒店宾馆大堂询问。

【安全停车地点】

桂东片区没有任何一个景点为游客设有24小时专用停车场，只能选择在住宿点内停车，建议不要在路边或大街边停车过夜，宁愿走远一点也要选择一家有停车场的旅馆住宿。

【汽车修理】

桂东片区维修力量最强的当属南宁市，几乎各大常见的汽车品牌在南宁都设有维修点。柳州、梧州、贺州、玉林、贵港市等都有中小规模的小汽车修理厂，普通的车辆故障都能对付。

公路沿线很多补胎点及小修理店铺，能提供简单的修理。在主要的干道上都有远程救助的修理厂，维修救治比较方便。

与旅行相关的一些配套设施

● 桂东片区内各主要城市的主要街道都有中行、建行、工行、农行的营业网点和柜员机，下面的县城有农行营业网点和邮政储蓄网点。

● 各县城和景区有出售普通胶卷，照片冲印点的设备较简陋，如果要冲晒胶卷或冲印数码照片建议到南宁市再冲印。

● 各县城都有网吧，酒店内可以为客房开通拨号上网服务，有的甚至可以提供宽带网。

● 本片区有南宁机场、柳州机场、梧州机场等，交通方便。

桂东片区自驾旅游参考行程

1 天方案(上林独立线路方案)

D1 南宁市—昆仑关—上林县—大龙河风景区—洋渡风景区—南宁市

本路段全程171公里，共需4.5个小时，路面为三级柏油路，路况良好，适合任何类型的车辆行驶。

行程：早上从南宁市区出发，1小时即可到达有"南方天险"之称的昆仑关。参观完后继续出发前往上林县，浏览大明山景区、洋渡河景区及大龙湖风景区。其中大龙湖最为精彩，湖中的小岛在晨雾中宛如精灵般，秀丽脱俗。

用餐：早餐建议在南宁市区内解决，味好价廉。中餐建议在上林县城吃，避开在景区内就餐。如果想吃河鲜，也可以在路边找一家相对热闹、本地人食客多的餐馆，味道会很不错。沿途小店很多，可以随时补充食物，如果担心小店的品质不能保证则建议在南宁市区的各大超市内一次采购完毕。

气候：本路段各景区一年四季风景变化不大，最好的季节是春季和12月份。带件外套就可过冬，不必另备冬衣。

加油：一路上加油站很多，最好选择正规油站，油价全省统一：90#4.1元，93#4.35元。

维修：路上维修小店虽然沿途不绝，但多为洗车补胎等的小修小补，大修或维护建议在南宁市区内完成，路上方可放心享受旅途风光。

住宿：南宁市内有各档次的酒店宾馆可供选择，另大龙河的住宿条件很不错，一般的旅馆都可提供停车场所。

费用预算：油费80元、过路费17元、住宿费用30/人。

5 天方案

D1 南宁市—横县—贵港市—桂平市

早上从南宁出发，1小时即可到横县，横县境内景点众多，有海棠公园、伏波庙西津湖风景区等。如果时间充裕建议逐一细赏，如果时间不够，也可选择性地浏览。横县的鱼生很出名，调料复杂，鲜美可口。午餐后经贵港市前往桂平市，参观位于市区内的大成国王府遗址、建于隋朝的宾山寺、建于明代的东塔等，晚上感受桂平夜市特色，吃小吃，宿桂平市。

在武装部旁边的长城大酒店，有停车场和饭店，标间80元/间，电话0775-3388528。

D2 桂平市—金田镇—贵港市

早上从桂平市区出发，前往佛教圣地西山风景区，游玩太平天国金田起义遗址，太平山动植物自然保护区、紫荆山壮村瑶寨风情等。西山的大门附近有一家鸡煲店，生意红火，建议试一下蛇鸡煲，味道很好。晚上宿贵港市，逛夜市，品尝名小吃牛杂等。另贵港覃塘的连藕很出名，不可错过。

贵港市的凤凰二街和港宝街两边是旅馆和娱乐一条街，旅馆都是房主自己经营，因此收费不贵，一般双标在40~50元/间。

D3 贵港市—武宣县—象州温泉—金秀县

早上从贵港市区出发，3小时后就可到象州泡温泉。下午前往金秀县，宿金秀。金秀民族宾馆：0772-6213605　金秀避暑山庄：0772-6216820

D4 金秀县—大瑶山

游玩大瑶山景区内的众多景点，参观大瑶山瑶族风情。圣堂山是整个景区的精华点，不可不上。

土特产有绞股蓝、深山野香菇和黄笋等。

D5 金秀县—柳州市—南宁市

早上从金秀出发中午就可到柳州，一尝名小吃柳州螺丝粉后可参观柳侯祠、白莲洞等景点。晚上回到南宁，逛夜市、大街小巷找小吃是重头戏，南宁的夜市小吃实在是太好吃太出名了，错过就是等于没到过南宁。

本路段全程900公里，有高速路、一级路等，最差的路段也是三级柏油路，适合任何类型的小车行走。

气候：桂东片区基本处于岭南丘陵地带，四季如春，但在山区气候相对清冷。冬季在大瑶山和横县的山区偶有下雪，如在冬季出行上述景区要多备冬衣。

最佳出游季节和最精彩看点：本路段的精彩之处是桂平西山与金秀大瑶山，最好季节为秋季。

门票：桂平西山33元（含保险费），有缆车直通山顶（上山21元，下山12元）。北回归线标志公园：10元。

金秀圣堂山50元。

加油：一路上加油站很多，最好选择正规油站，油价全省统一：90#4.1元，93#4.35元。在象州、武宣县和金秀县等乡镇的路边小油站的油品难以保证，而且也经常停电，建议最好在大城市加满油再出发，以保安全。

维修：比较大的城市如贵港、柳州等的维修点比较齐全，能提供全套的维修服务，县城沿途的维修点只能做些简单维修。加水补胎等倒不用担心，沿途随处可见。

费用预算：高速公路一般按0.4元/公里，非高速的收费站在7~10元不等。油费450元。

广东游客黄金假期进入桂东片区旅游方案

6 天方案

D1 广州市—四会—怀集—贺州市—阳朔西街

当天的行程以赶路为主，约需时10小时左右。晚上宿阳朔西街，品啤酒鱼。

阳朔西街有许多家庭旅馆，标间50~100元不等，但节假日会比平时贵2~3倍。

D2 阳朔西街—漓江东岸—桂林市

早上出发游漓江，漂流遇龙河，西街闲逛，黄昏前往桂林市，逛夜色，宿桂林。

D3 桂林市—漓江西岸—阳朔—高田—金秀县

早上出发游杨堤、愚自乐园、高田景区等，晚上宿金秀县。

金秀民族宾馆：0772-6213605　金秀避暑山庄：0772-6216820

D4 金秀县—象州温泉—武宣县—贵港市

金秀县有两条线路，如果去大瑶山景区，则需在金秀住一天，如果赶路则直接前往象州温泉，然后经武宣抵达南宁市。宿南宁，逛夜市，品小吃。

D5 贵港市—玉林市—容县—梧州市

本路段行程很紧凑，如果时间安排不过来可以略去一些景点或走一段夜路，路段路况很好，晚上车流量也很少，较为安全。

行程建议：早上从贵港市区出发，先到陆川游玩谢鲁山庄，再参观玉林市的高山村明清民居和鬼门关，然后前往容县，浏览江南四大名楼之一的真武阁、容县贵妃园等。如果时间够的话再去苍梧县参观李济深故居，争取在晚上抵达梧州，宿梧州。推荐东信大酒店、新世纪酒店。

D6 梧州市—广州市

梧州是百年商埠，素有"小香港"之称，骑楼城也是岭南文化的一大特色，有东南亚最大的蛇仓，有国内最早最有特色的中山纪念堂，有龙母庙等，当然还有众多的小吃，这些都得花上一天的时间去体会和品尝。梧州到广州只需4小时的车程，大可在梧州吃过晚餐后方出发。

梧州饮食业发达，大街小巷遍布食肆餐馆，随便选取一家味道都相当不错。出名小吃有梧州龟苓膏、田螺、肠粉、河粉等，多分布在阜民路、大中路、观塘路等处。大东酒家的纸包鸡也值得一试。

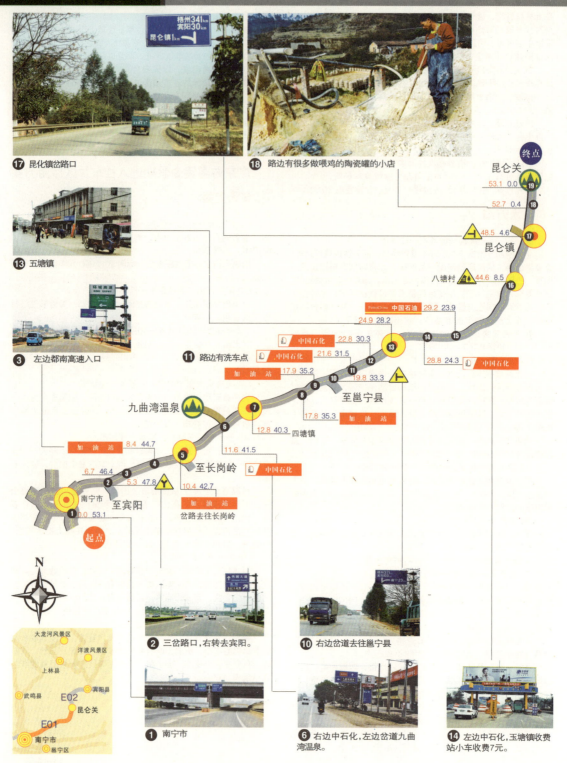

⑰ 昆化镇岔路口

⑱ 路边有很多做喂鸡的陶瓷罐的小店

⑬ 五塘镇

③ 左边都南高速入口

⑪ 路边有洗车点

九曲湾温泉

终点

昆仑关

53.1 0.0 ⑲

52.7 0.4 ⑱

48.5 4.6 ⑰

昆仑镇

八塘村 44.6 8.5 ⑯

中国石油 29.2 23.9

24.9 28.2

中国石化 22.8 30.3

中国石化 21.6 31.5 ⑬

加油站 17.9 35.2 ⑫

19.8 33.3 ⑪

至邕宁县 ⑩

⑨

⑧

17.8 35.3 加油站

⑦

12.8 40.3 四塘镇

⑥

11.6 41.5

中国石化

28.8 24.3 中国石化

14 15

加油站 8.4 44.7

6.7 46.4

5.3 47.8

南宁市

至宾阳

至长岗岭

⑤

④

③

②

①

0.0 53.1

10.4 42.7 加油站

岔路去往长岗岭

起点

N

大龙河风景区

洋渡风景区

上林县

宾阳县

武鸣县

E02

昆仑关

E01

南宁市

邕宁区

② 三岔路口，右转去宾阳。

① 南宁市

⑩ 右边岔道去往邕宁县

⑥ 右边中石化，左边岔道九曲湾温泉。

⑭ 左边中石化，玉塘镇收费站小车收费7元。

勘察报告

出南宁城区之后，道路由城区道路转为二级柏油公路，到通往景区的道路为三级柏油公路，路面逐渐变窄，道路情况良好。沿途各岔道标识明显，途中有一个收费站，小车收费 7 元。

救助信息

四塘镇电话　　　0771-4240280
五塘镇交警中队　0771-4229108
昆仑镇中队　　　0771-4257066
昆仑镇派出所　　0771-4257012

餐饮

路边有小吃店

加油

路两边有很多加油站

维修

建议在南宁市维修

昆仑关石碑坊

里程数据速查表

昆仑关战役抗日阵亡将士纪念塔

从南宁市出发，请从上往下阅读		
❶ 0.0	南宁市	53.1
❷ 5.3	往宾阳路口	47.8
❸ 6.7	左边都南高速入口	46.4
❹ 8.4	左边加油站	44.7
❺ 10.4	右边加油站	42.7
❻ 11.6	右边中石化	41.5
❼ 12.8	右边中石油	40.3
❽ 17.8	左边加油站	35.3
❾ 17.9	路两边有加油站	35.2
❿ 19.8	往邕宁县路口	33.3
⓫ 21.6	右边中石化	31.5
⓬ 22.8	右边中石化	30.3
⓭ 24.9	五塘镇	28.2
⓮ 28.8	左边中石化	24.3
⓯ 29.2	左边中石油	23.9
⓰ 44.6	八塘村	8.5
⓱ 48.5	昆化镇岔路口	4.6
⓲ 52.7	喂鸡的陶瓷罐小店	0.4
⓳ 53.1	昆仑关	0.0
从昆仑关出发，请从下往上阅读 ▲		

(侧栏里程差：5.3　1.4　1.7　2.0　2.0　1.2　5.0　0.1　1.9　1.8　1.2　2.1　3.9　0.4　15.4　3.9　4.2　0.4)

昆仑关战役

昆仑关位于南宁市东北方 53.1 公里处，昆仑山东侧，谷深坡陡。它是邕柳（南宁—柳州）、邕梧（南宁—梧州）二级公路必经的隘口，自从高速公路开通以后已经很少有车辆经由二级公路从南宁往返梧州与柳州。昆仑山巍峨峻险，地势险要，是南宁东北面的自然屏障，有"南方天险"之称，历来为兵家必争之地，历史上曾发生过 9 次战役，最大而且十分惨烈的是抗日战争时期的"昆仑关之战"。1939 年 12 月 18 日，中日双方在这里展开大战，双方主战的都是善打硬仗的部队：日方主力是参加过台儿庄战役的坂垣旧部，被誉为"钢军"的第 5 师团；中方主力是当时装备最精良的、由杜聿明将军率领的第 5 军。中国军队在当地群众的支援下，血战十余天，终于收复了昆仑关。这是抗日战争期间继平型关、台儿庄作战胜利后的又一重大胜利。昆仑关之战后，人们在山下修建了一座三门四柱石碑坊，山顶上也建有抗日阵亡将士公墓、纪念塔、碑亭，从牌坊到山顶有一道 331 级的石级道。国民党军政要人蒋介石、李宗仁、李济深、白崇禧、杜聿明等人有题词、题联或书刻碑文纪念这一战役。每年清明节前后，都有许多学生、群众到这里凭吊、瞻仰和祭扫。

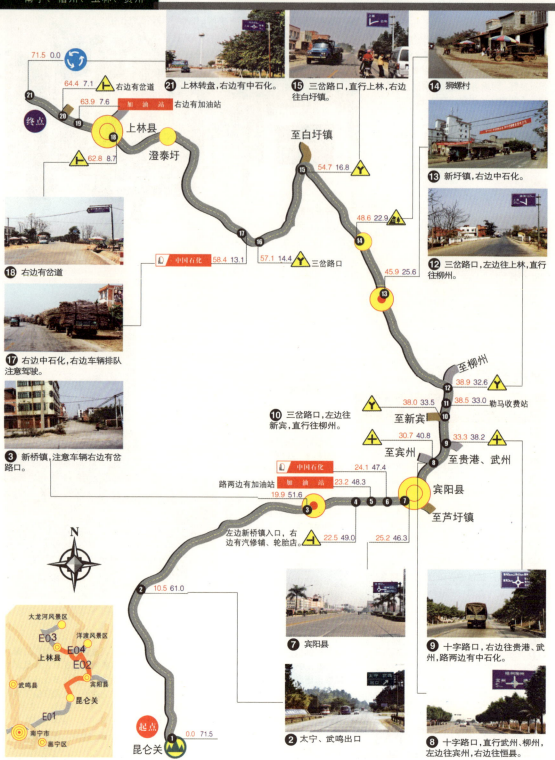

㉑ 上林转盘，右边有中石化。

⑮ 三岔路口，直行上林，右边往白圩镇。

⑭ 狮螺村

71.5 0.0

64.4 7.1　右边有岔道

63.9 7.6　加油站　右边有加油站

上林县

澄泰圩

终点

至白圩镇

54.7 16.8

⑬ 新圩镇，右边中石化。

62.8 8.7

48.6 22.9

⑫ 三岔路口，左边往上林，直行往柳州。

⑱ 右边有岔道

45.9 25.6

58.4 13.1　中国石化

57.1 14.4　三岔路口

⑰ 右边中石化，右边车辆排队注意驾驶。

至柳州

38.9 32.6

⑩ 三岔路口，左边往新宾，直行往柳州。

38.0 33.5

38.5 33.0　勒马收费站

至新宾

③ 新桥镇，注意车辆右边有岔路口。

30.7 40.8

33.3 38.2

至宾州

至贵港、武州

24.1 47.4　中国石化

23.2 48.3　加油站

路两边有加油站

宾阳县

19.9 51.6

至芦圩镇

左边新桥镇入口，右边有汽修铺、轮胎店。

22.5 49.0

25.2 46.3

⑦ 宾阳县

⑨ 十字路口，右边往贵港、武州，路两边有中石化。

10.5 61.0

② 太宁、武鸣出口

大龙河风景区

E03

洋渡风景区

上林县

E04

E02

武鸣县

宾阳县

昆仑关

E01

南宁市

邕宁区

起点

昆仑关

0.0 71.5

⑧ 十字路口，直行武州、柳州，左边往宾州，右边往恒县。

勘察报告

全路段为三级柏油公路，道路情况良好。沿途村庄、岔路较多，注意过往车辆、行人通过。在甘蔗成熟季节里会有成对的运输货车在路上，超越时注意掌握好时机。

救助信息

白圩镇医院	5152030
上林交警大队	5222412
城光派出所	5222161

加油　路两边有很多加油站

餐饮　路边很多饭店，如彭二排档。

住宿　金凯悦宾馆　　8253688

维修　汽车修理，路边还有修理店。

里程数据速查表

▽ 从昆仑关出发，请从上往下阅读			
❶ 0.0	昆仑关	71.5	
❷ 10.5	太宁和武鸣出口	61.0	10.5
❸ 19.9	新桥镇	51.6	9.4
❹ 22.5	左边新桥镇入口	49.0	2.6
❺ 23.2	路两边有加油站	48.3	0.7
❻ 24.1	左边中石化	47.4	0.9
❼ 25.2	宾阳县	46.3	1.1
❽ 30.7	十字路口	40.8	5.5
❾ 33.3	十字路口	38.2	2.6
❿ 38.0	往新宾路口	33.5	4.7
⓫ 38.5	勒马收费站	33.0	0.5
⓬ 38.9	往柳州路口	32.6	0.4
⓭ 45.9	新圩镇	25.6	7.0
⓮ 48.6	狮螺村	22.9	2.7
⓯ 54.7	往白圩镇路口	16.8	6.1
⓰ 57.1	三岔路口	14.4	2.4
⓱ 58.4	右边中石化	13.1	1.3
⓲ 62.8	右边有岔道	8.7	4.4
⓳ 63.9	右边有加油站	7.6	1.1
⓴ 64.4	右边有岔道	7.1	0.5
㉑ 71.5	上林转盘	0.0	7.1
△ 从上林转盘出发，请从下往上阅读			

大明山

大明山是广西的一级自然保护区。山中四季景色的变化特别迷人，春岚、夏瀑、秋云、冬雪是山里的四大景观，因而该山又有"广西庐山"之称。大明山主脉群峰之顶有六片天然大草坪，草坪四周古木环绕，中间长草不长树，人称天坪山圩；深山中的瀑布是连冲三级，最大一级高约 60 多米，如龙尾摆动，名为"三滩龙尾瀑布"，夏季还有瀑布穿过山崖石壁而飞泻直下；登上顶峰可模糊看到柳州、钦州；山脚下有古代作战的石城，东端有出土于商、周时代的古墓群等。

沿途的田园风光

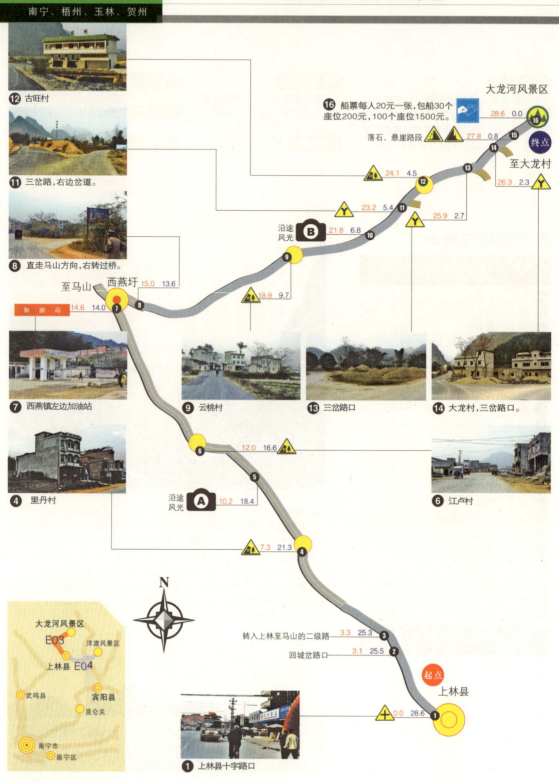

⑫ 古旺村

⑪ 三岔路，右边岔道。

⑧ 直走马山方向，右转过桥。

⑦ 西燕镇左边加油站

④ 里丹村

⑨ 云桃村

⑬ 三岔路口

⑭ 大龙村，三岔路口。

⑥ 江卢村

大龙河风景区

⑯ 船票每人20元一张，包船30个座位200元，100个座位1500元。

落石、悬崖路段

⑯ 28.6 0.0

27.8 0.8

24.1 4.5

23.2 5.4

21.8 6.8

18.9 9.7

26.3 2.3

25.9 2.7

至大龙村

终点

至马山 西燕圩 15.0 13.6

加油站 14.6 14.0

12.0 16.6

10.2 18.4 沿途风光 A

7.3 21.3

沿途风光 B

转入上林至马山的二级路 3.3 25.3

回城岔路口 3.1 25.5

起点

上林县

0.0 28.6

① 上林县十字路口

N

大龙河风景区

E03 洋渡风景区

上林县 E04

武鸣县 宾阳县

昆仑关

南宁市 邕宁区

大龙湖

又叫大龙洞，包括大龙湖水库和敢龙洞两部分。大龙湖水库碧水连天，14 个岛屿点缀其中，波光粼粼，曲折回环；敢龙洞内钟乳石美轮美奂，惟妙惟肖，令人叹为观止。大龙湖以其优美的景致被游人赞为"水上桂林"。

勘察报告

通往景区的道路为三级柏油公路，途中有多条土路通往各个村庄，而且没有明显的标识，沿着柏油公路前行，道路情况一般，要注意各个岔口过往的车辆，避免发生事故。

餐饮

西燕镇和大龙河和风景区均有餐厅

住宿

大龙河风景区内是途中住宿条件最好的地方，建议在这里住宿。

加油

西燕镇左侧有一个加油站，有 93#、90#、0#。

维修

沿途无维修点

里程数据速查表

从上林县出发，请从上往下阅读			
❶	0.0	上林县十字路口	28.6
			3.1
❷	3.10	回城岔路口	25.5
			0.2
❸	3.30	转入上林至马山	25.3
			4.0
❹	7.30	里丹村	21.3
			2.9
❺	10.20	沿途风光	18.4
			1.8
❻	12.00	江卢村	16.6
			2.6
❼	14.60	西燕镇左边加油站	14.0
			0.4
❽	15.00	直走马山方向	13.6
			3.9
❾	18.90	云桃村	9.7
			2.9
❿	21.80	沿途风光	6.8
			1.4
⓫	23.20	三岔路口	5.4
			0.9
⓬	24.10	古旺村	4.5
			1.8
⓭	25.90	三岔路口	2.7
			0.4
⓮	26.30	大龙村三岔路口	2.3
			1.5
⓯	27.80	落石悬崖路段	0.8
			0.8
⓰	28.60	大龙河风景区	0.0
从大龙河风景区出发，请从下往上阅读			

这样的路况和景色，可以是自驾游的终极目标。

湖中的小岛在晨曦中仿如仙景般遗世独立

暮色中的乡村公路

洋渡风景区

17.8　0.0　11

终点

⑩ 右边岔道，去往洋渡风景游。　13.4　4.4　10

⑨ 右边岔道，距湘潭风景区1200米。　12.3　5.5　9

至湘潭风景区

金鼓村
至宾阳
11.5　6.3　8

⑧ 金鼓村三岔路口，右边去往宾阳。

⑦ 漫桥村三岔路口，右边去往宾阳。

漫桥村
至宾阳
9.0　8.8　7

加油站　7.9　9.9　6

7.6　10.2　5

4

7.3　10.5

③ 澄泰县

6.5　11.3　3　澄泰乡

② 路况抽样，连续弯道两边树木茂密。

4.4　13.4　2

上林县
上林县转盘　0.0　17.8　1　起点

三里·洋渡风景区

位于上林县三里镇洋渡村内，整个景区山清水秀，奇峰竞姿，岩洞各异。清水河两岸，有著名的唐碑《六合坚固大宅颂碑》和《智城碑》等多处文物古迹，是近年来新兴的热点旅游景区。

勘察报告

道路沿着喀斯特地貌的山势而建，在群山间穿行，山脉的色彩和造型给旅途增添了不少色彩，途中弯道多，有部分悬崖路段，路面情况一般，可以正常通行。

餐饮

途中村庄就餐条件不好，建议在上林县或者风景区内用餐。

住宿

沿途没有住宿点，可以在上林县城内住宿。

加油

一家加油站

维修

德胜加油站　5279052

里程数据速查表

	从上林县出发,请从上往下阅读		
❶	0.0	上林县转盘	17.8
❷	4.4	连续弯道	13.4
❸	6.5	澄泰县	11.3
❹	7.3	右边岔道	10.5
❺	7.6	右边是德胜汽修	10.2
❻	7.9	左边加油站	9.9
❼	9.0	漫桥村三岔路口	8.8
❽	11.5	金鼓村三岔路口	6.3
❾	12.3	往湘潭风景区岔道	5.5
❿	13.4	往湘潭风景区岔道	4.4
⓫	17.8	洋渡风景区	0.0

区间里程：4.4　2.1　0.8　0.3　0.3　1.1　2.5　0.8　1.1　4.4

从洋渡风景区出发，请从下往上阅读

澄江漂流

E05 南宁市—贵港市
全程120.7公里，平均时速67公里，最高时速110公里，用时1小时40分钟

勘察报告
　　该路段为全程高速，从桂海高速至贵港整段都是高速路，中间有些路段正在修补维护。从桂海高速转入南梧高速路段后车流量明显变小。下午5点后是该路段的繁忙时段，物流大货车开始出发，排成长龙。建议出行时间绕开这个时段。

救助信息
桂海高速报警　　96110
兴六高速交通施救　0775-4870110
　　　　　　　　　13978769610
云表交警大队　　0771-7433209
贵港江南派出所　0775-4325405

餐饮
　　贵港市的凤凰二街和港宝街路段很多大排档，建议在此就餐。

住宿
　　贵港市的凤凰二街和港宝街两边是旅馆和娱乐一条街，旅馆是房主自己经营，因此收费不贵，一般双标在40~50元/间。

加油
　　贵港收费站到城区路段没有加油站，贵港市城区的金港大道有三家加油站。

里程数据速查表

	从南宁出发，请从上往下阅读		
1	0.0	桂海高速南宁出口	120.7
2	4.9	南宁服务区	115.8
3	11.6	邕宁、四塘出口	109.1
4	38.4	伶俐、南阳出口	82.3
5	40.2	路况抽样	80.5
6	42.2	伶俐服务区	78.5
7	51.5	六景大桥	69.2
8	52.4	六景石林	68.3
9	53.4	六景、横县出口	67.3
10	56.0	转入南梧高速	64.7
11	56.7	南梧高速路况	64.0
12	80.2	横县服务区	40.5
13	91.3	校椅、横县出口	29.4
14	103.0	云表出口	17.7
15	106.1	路况抽样	14.6
16	115.0	路况抽样	5.7
17	119.5	贵港、桂平出口	1.2
18	120.7	贵港收费站	0.0

从贵港出发，请从下往上阅读

东湖公园
　　东湖公园是广西最大的内陆湖公园，湖面有登龙桥，建于清雍正年间，至1878年重修。桥用白石砌成，横亘于东湖南边。湖边有翼王石达开雕像，目前全国共有翼王纪念亭台五座，分布于广西、四川、江西、重庆等省市。

南山寺
　　南山位于贵港市城东南3公里的南山公园内，海拔70米，为郁江畔24峰之冠。南山寺位于南山上，始修于宋朝。元文宗即位前两次住寺，题"南山寺"，称南宗正脉。寺依山踞洞而建，有晋代葛洪炼丹遗址。门票：10元。

贵港市
南山寺石达开雕像
至玉林
终点
贵港收费站
⑱ 贵港收费站，小车收费45元，出了收费站为一级公路。如果从贵港去往南宁方向，请在此将里程表清零。
⑮ 路况抽样，为标准高速公路，中间有隔离带，双向四车道，道路两边还有紧急停车带。
云表出口
至横县
横县服务区
校椅、横县出口
南梧高速路况，车流量明显变小
广州、玉林出口，转入南梧高速
至柳州
六景、横县出口
六景石林
六景大桥，限速80公里，注意横风。
伶俐服务区
路况抽样，超限车辆请进超限站。
伶俐、南阳出口
邕宁、四塘出口
南宁服务区，没有90#汽油
① 桂海高速南宁出口。如果从南宁去往贵港方向，请在此将里程表清零。
起点
南宁市

119.5 1.2
120.7 0.0
115.0 5.7
106.1 14.6
103.0 17.7
91.3 29.4
80.2 40.5
56.7 64.0
56.0 64.7
53.4 67.3
52.4 68.3
51.5 69.2
42.2 78.5
40.2 80.5
38.4 82.3
11.6 109.1
4.9 115.8
0.0 120.7

贵港市 横县 南梧高速横县出口 E06 宾阳县 E05 昆仑关 上林县 邕宁区 武鸣县 南宁市

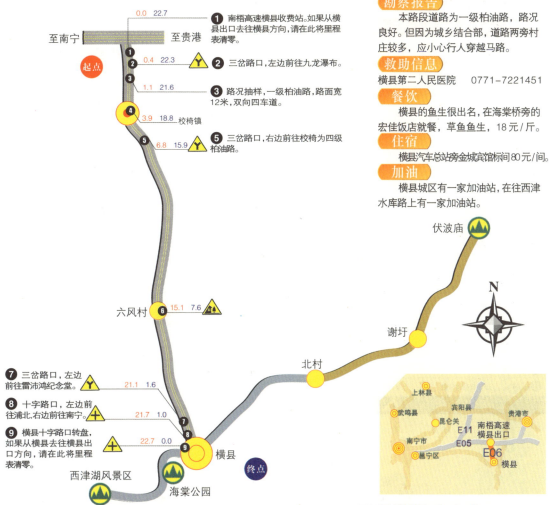

勘察报告

本路段道路为一级柏油路，路况良好。但因为城乡结合部，道路两旁村庄较多，应小心行人穿越马路。

救助信息

横县第二人民医院　0771-7221451

餐饮

横县的鱼生很出名，在海棠桥旁的宏佳饭店就餐，草鱼鱼生，18元/斤。

住宿

横县汽车总站旁金城宾馆标间80元/间。

加油

横县城区有一家加油站，在往西津水库路上有一家加油站。

地图标注：
至南宁　至贵港
起点
① 南梧高速横县收费站。如果从横县出口去往横县方向，请在此将里程表清零。
② 三岔路口，左边前往九龙瀑布。
③ 路况抽样，一级柏油路，路面宽12米，双向四车道。
④ 校椅镇
⑤ 三岔路口，右边前往校椅为四级柏油路。
⑥ 六风村
⑦ 三岔路口，左边前往雷沛鸿纪念堂。
⑧ 十字路口，左边前往浦北，右边前往南宁。
⑨ 横县十字路口转盘，如果从横县去往横县出口方向，请在此将里程表清零。
横县　终点
伏波庙　谢圩　北村
西津湖风景区　海棠公园

里程数据：
0.0　22.7
0.4　22.3
1.1　21.6
3.9　18.8
6.8　15.9
15.1　7.6
21.1　1.6
21.7　1.0
22.7　0.0

海棠公园

位于横县城西，由海棠桥及在原址仿古修建的海棠亭、怀古亭、淮海祠、秦观塑像及博物馆共同组成。其中主体为海棠桥，桥为青石单拱结构。史志记载，该桥始建于元前，原为木桥，元、明均有修葺，清代以石易木重修至今。因昔日附近遍植海棠，宋代词人秦观编管横州吟词"瘴雨过，海棠开，春色又添多少"而得名，现已成为横县标志性景物。

伏波庙

位于横县乌峦山，是珠江流域同类建筑中历史最悠久，规模最大者。伏波庙是一组很有特色建筑群体，它是以祭坛为中心，形成一个封闭的院落。庙门两旁为钟鼓楼，这对称的钟楼和鼓楼显然是受到佛教影响而建的，佛教传入中国后，各地才陆续出现了钟楼或鼓楼这样的建筑。然而一座非常正统佛教的寺庙建筑，在大门之外同时建有对称的钟楼和鼓楼是不多见的。门票：3元。

西津湖风景区

位于横县城西南约5公里处，景区内的西津水电站蕴藏着丰富的优质天然矿泉水。水库宽阔、岛屿星罗棋布、群山葱翠。

里程数据速查表

		从南梧高速横县收费站出发，请从上往下阅读		
①	0.0	南梧高速横县收费站	22.7	
				0.4
②	0.4	三岔路口	22.3	
				0.7
③	1.1	路况抽样	21.6	
				2.8
④	3.9	校椅镇	18.8	
				2.9
⑤	6.8	三岔路口	15.9	
				8.3
⑥	15.1	六风村	7.6	
				6.0
⑦	21.1	三岔路口	1.6	
				0.6
⑧	21.7	十字路口	1.0	
				1.0
⑨	22.7	横县十字路口转盘	0.0	

从横县出发，请从下往上阅读

里程数据速查表

从贵港市出发,请从上往下阅读 ▼			
❶	0.0	贵港市丁字路口	94.1
			0.5
❷	0.5	广场十字路口.	93.6
			1.1
❸	1.6	万利汽修厂	92.5
			4.5
❻	6.1	南梧高速入口	88.0
			1.5
❽	7.6	出城路况	86.5
			3.2
❿	10.8	根竹乡	83.3
			2.2
⑫	13.0	岔道	81.1
			2.9
⑮	15.9	覃塘收费站	78.2
			4.3
⑱	20.2	覃塘管理区	73.9
			0.8
⑲	21.0	十字路口	73.1
			14.1
㉕	35.1	蒙公乡	59.0
			10.1
㉖	45.2	三岔路口	48.9
			0.5
㉗	45.7	东龙镇	48.4
			7.3
㉘	53.0	武宣界	41.1
			3.8
㉙	56.8	通挽镇	37.3
			0.8
㉚	57.6	思灵镇岔道	36.5
			8.1
㉜	65.7	新龙镇	28.4
			8.7
㉝	74.4	桐岭镇	19.7
			13.1
㉟	87.5	马步镇	6.6
			1.7
㊱	89.2	三岔路口	4.9
			3.6
㊳	92.8	武宣大桥	1.3
			1.3
㊴	94.1	武宣县转盘	0.0
从武宣县出发,请从下往上阅读 ▲			

餐饮

贵港市也称荷城,尤以覃塘的莲藕最为好吃,贵港市阉鸡佬展食天地0775-4247978 以牛杂等为招牌菜。

住宿

贵港市桂凰宾馆,电话0775-4212888,标间100元。

加油

一路上都有加油站

维修

贵港市振林汽修0775-4568092
金劲汽修 0775-6888878

勘察报告

从贵港市到覃塘管理区是二级路,路上车流量较多,路上加油站很多,覃塘管理区到武宣县是三级柏油路,路面老化,颠簸不平。

救助信息

通挽派出所	0772-5432218
桐岭派出所	0772-5422129
贵港市覃塘区人民医院	0775-4722120
贵港市港北区人民医院	0775-4213999
贵港市蒙公乡卫生院	0775-4652036

㊴ 94.1 0.0 转盘 终点
武宣县
武宣大桥 92.8 1.3 ㊳ 38
37 90.6 3.5 中国石化
89.2 4.9 ㊱ 36
三岔路口,左边是来宾市方向三级路,右转往武宣县。 35 87.5 6.6 马步镇

34 76.0 18.1 加油站

74.4 19.7 ㉝ 桐岭镇,左边中石化,穿越城区1.8公里。

㉜ 65.7 28.4 新龙镇

58.3 35.8 加油站
31 57.6 36.5 ㉚ 左边思灵镇岔道,右边中石化。
56.8 37.3 ㉙ 通挽镇,穿越城区2.5公里。
28 53.0 41.1 武宣界

㉗ 45.7 48.4 东龙镇
26 ㉖ 三岔路口,直走是樟木乡方向,右转往武宣县,左边中石化,右边中石油。
45.2 48.9

蒙公乡 35.1 59.0 ㉕
中国石化 34.4 59.7 24
平田村 31.2 62.9 23
事故多发路段 28.1 66.0 22
龙凤村 25.4 68.7 21
PetroChina 中国石油 25.1 69.0 20

⑲ 十字路口,直走是南宁旧路方向二级路,左走是五里乡方向三级路,转右往武宣的是三级路。
21.0 73.1
覃塘镇 ⑲
覃塘管理区,这里的毛尖茶和莲藕十分出名。 20.2 73.9
18 18.2 75.9
覃塘收费站,小车收费7元 16 16.2 77.9
15.9 78.2
15.5 78.6
14.3 79.8
右边岔道,乡村路,8公里可到平天山国家森林公园
13.0 81.1
根竹乡 10.8 83.3
12.2 81.9
汽修厂,轮胎店
出城路况,二级路 7.6 86.5
9.2 84.9
汽修厂,轮胎店 8 87.7
南梧高速入口 6.1 88.0
5.7 88.4
2.8 91.3 汽修厂,补胎店
0.5 93.6 广场十字路口
0.0 94.1 金港大道与港宝商业街丁字路口
起点
贵港市
1.6 92.5 万利汽修厂

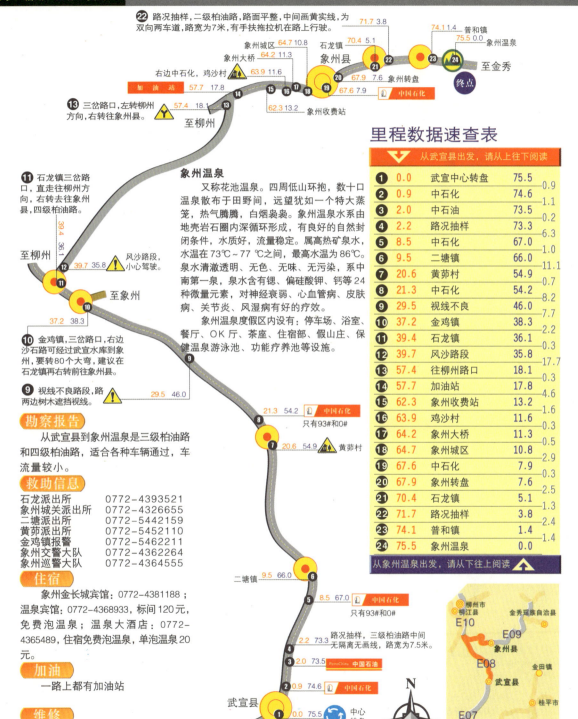

㉒ 路况抽样，二级柏油路，路面平整，中间画黄实线，为双向两车道，路宽为7米，有手扶拖拉机在路上行驶。

71.7 3.8　74.1 1.4　普和镇
70.4 5.1　75.5 0.0　象州温泉
64.7 10.8　石龙镇　㉒㉓　至金秀
象州城区　㉑
象州大桥　64.2 11.3　象州县　㉔ 终点
右边中石化，鸡沙村　63.9 11.6　㉚
加油站　57.7 17.8　㉕　67.9 7.6　象州转盘
⑬ 三岔路口，左转柳州方向，右转往象州县。　57.4 18.1　㉑　67.6 7.9　中国石化
至柳州　62.3 13.2　象州收费站

象州温泉

又称花池温泉。四周低山环抱，数十口温泉散布于田野间，远望犹如一个特大蒸笼，热气腾腾，白烟袅袅。象州温泉水系由地壳岩石圈内深循环形成，有良好的自然封闭条件，水质好，流量稳定。属高热矿泉水，水温在73℃～77℃之间，最高水温为86℃。泉水清澈透明、无色、无味、无污染，系中南第一泉，泉水含有锶、偏硅酸钾、钙等24种微量元素，对神经衰弱、心血管病、皮肤病、关节炎、风湿病有好的疗效。

象州温泉度假区内设有：停车场、浴室、餐厅、OK厅、茶座、住宿部、假山庄、保健温泉游泳池、功能疗养池等设施。

⑪ 石龙镇三岔路口，直走往柳州方向，右转去往象州县，四级柏油路。

39.4 36.1
至柳州　风沙路段，小心驾驶。
⑫　39.7 35.8
至象州
37.2 38.3

⑩ 金鸡镇，三岔路口，右边沙石路可经过武宣水库到象州，要转80个大弯，建议在石龙镇再右转前往象州县。

⑨ 视线不良路段，路两边树木遮挡视线。
29.5 46.0

里程数据速查表

勘察报告

从武宣县到象州温泉是三级柏油路和四级柏油路，适合各种车辆通过，车流量较小。

救助信息

石龙派出所	0772-4393521
象州城关派出所	0772-4326655
二塘派出所	0772-5442159
黄茆派出所	0772-5452110
金鸡镇报警	0772-5462211
象州交警大队	0772-4362264
象州巡警大队	0772-4364555

住宿

象州金长城宾馆：0772-4381188；温泉宾馆：0772-4368933，标间120元，免费泡温泉；温泉大酒店：0772-4365489，住宿免费泡温泉，单泡温泉20元。

加油

一路上都有加油站

维修

象州第一汽修厂	0772-4362387
城东汽修	0772-2981144

21.3 54.2　中国石化　只有93#和0#
⑧
⑦ 20.6 54.9　黄茆村

二塘镇 9.5 66.0　⑥
8.5 67.0　中国石化　只有93#和0#
⑤
路况抽样，三级柏油路中间无隔离无画线，路宽为7.5米。
2.2 73.3
④
③ 2.0 73.5　PetroChina 中国石油
② 0.9 74.6　中国石化
武宣县　① 0.0 75.5　中心转盘
起点
至贵港

柳州市　金秀瑶族自治县
柳江县
E10
E09
象州县
E08　金田镇
武宣县
E07　桂平市
贵港市

N

43 85.2 0.0 金秀县 终点

81.6 3.6 42 A 沿途风光

80.2 5.0 41 右边去圣堂山岔道，乡村沙土路。
至圣堂山

40 77.8 7.4 罗汉山景区

39 74.2 11.0 左边莲花山景区

38 71.5 13.7 右边花王山庄
37

70.4 14.8 37 路况抽样，三级柏油路，中间画黄实线，为双向两车道，路宽为6米。

60.2 24.0 多雾，落石，连续弯道，上坡路段。

36 60.1 25.1 左边和平村岔口，沙土路。
至和平 35

33 三岔路口，直走是头排镇方向，右转往金秀。
至头排

52.4 32.8 三岔路口，左边直走去金秀县，右边去象州。

34 51.6 33.6

32 33
30

31 48.9 36.3 三岔路口，左转往金秀方向，右转进桐木镇
至水晶

29 28 27 26 25 24 23 35.6 49.6 大乐镇，右边大乐岔道，左边加油站。
那拉村 22

33.9 51.3 六回村 21

38.6 46.6 20 32.1 53.1 屯上村

39.6 45.6 那同村 19 31.1 54.1 庙鸡村

40.6 44.6 古车村 18 29.0 56.2 鸡德村

43.8 41.4 金秀界 17 27.9 57.3 白学村

44.0 41.2 那益村 16 26.5 58.7 永利村

44.3 40.9 王二村 15 25.7 59.5 新洞村

水晶岔道，乡村沙土路。 48.2 37.0 48.1 37.1 加油站 14 24.4 60.8 大林村

罗秀镇 23.2 62.0 13 20.1 65.1 老村

敖村 21.5 63.7 12 11 10 16.2 69.0 路况抽样
至寺村

潘村 20.6 64.6 9 寺村

上木苗村 16.8 68.4 8 7 6 5 9.5 75.7 加油站

龙头新村 15.2 70.0

仁岩村 12.5 72.7 4 圣运江

6 十字路口，左边去运江方向，右边去寺村，乡村柏油路，直走桐木镇。 9.7 75.5

4 右边去寺村岔道，乡村柏油路。 7.8 77.4

2 路况抽样，二级柏油路，路面平整，中间画黄虚线，为双向两车道，路宽为7米，多是货车行驶。 0.7 84.5 2

象州温泉 0.0 85.2 起点 1

3 4.7 80.5 横桥镇

N

象州县

金秀瑶族自治县
金田镇 桂平市
E09
象州县 武宣县
E08 E07 贵港市
柳州市 E10
柳江县

258

里程数据速查表

▼ 从象州温泉出发，请从上往下阅读

❶	0.0	象州温泉	85.2	
❷	0.7	路况抽样	84.5	0.7
❸	4.7	横桥镇	80.5	4.0
❹	7.8	往寺村路口	77.4	3.1
❺	9.5	加油站	75.7	1.7
❻	9.7	十字路口	75.5	0.2
❼	12.5	仁岩村	72.7	2.8
❽	15.2	龙头新村	70.0	2.7
❾	16.2	弯道路段	69.0	1.0
❿	16.8	上木苗村	68.4	0.6
⓫	20.1	老村	65.1	3.3
⓬	20.6	潘村	64.6	0.5
⓭	21.5	敖村	63.7	0.9
⓮	23.2	罗秀镇	62.0	1.7
⓯	24.4	大林村	60.8	1.2
⓰	25.7	新洞村	59.5	1.3
⓱	26.5	永利村	58.7	0.8
⓴	29.0	鸡德村	56.2	2.5
㉑	32.1	屯上村	53.1	3.1
㉒	33.9	六回村	51.3	1.8
㉓	35.6	大乐镇	49.6	1.7
㉔	38.6	那拉村	46.6	3.0
㉕	39.6	那同村	45.6	1.0
㉖	40.6	古车村	44.6	1.0
㉗	43.8	金秀界	41.4	3.2
㉘	44.0	那益村	41.2	0.2
㉙	44.3	王二村	40.9	0.3
㉚	48.1	加油站	37.1	3.8
㉛	48.2	水晶岔口	37.0	0.1
㉜	48.9	往桐木镇路口	36.3	0.7
㉝	51.6	往头排路口	33.6	2.7
㉞	52.4	往象州路口	32.8	0.8
㉟	60.1	和平村岔口	25.1	7.7
㊱	60.2	多雾,落石路段	24.0	1.1
㊲	70.4	路况抽样	14.8	9.2
㊳	71.5	花王山庄	13.7	1.1
㊴	74.2	莲花山景区	11.0	2.7
㊵	77.8	罗汉山景区	7.4	3.6
㊶	80.2	圣堂山路口	5.0	2.4
㊷	81.6	沿途风光	3.6	1.4
㊸	85.2	金秀县	0.0	3.6

从金秀县出发，请从下往上阅读 ▲

勘察报告

象州温泉到金秀县是三级柏油路，车流量较小。

救助信息

象州城关派出所　0772-4326655
象州交警大队　　0772-4362264
象州巡警大队　　0772-4364555

餐饮

金秀县由于地处偏僻，在饭馆吃饭都比较贵，一个三鲜汤也要15元，特产是深山野生香菇、绞股蓝等。

住宿

象州金长城宾馆　0772-4381188
金秀民族宾馆　　0772-6213605
荣华宾馆　　　　0772-6216123
金秀避暑山庄　　0772-6216820

加油

一路上很少加油站

维修

象州第一汽修厂　0772-4362387
城东汽修　　　　0772-2981144
金秀恒达汽修　　0772-6216788
金秀康达汽修　　13978254411

老虎潭峡谷

老虎潭峡谷位于金秀圣堂山风景区的西北面，两岸的岩石和峰林拔地而起，宽阔的河面突然收拢，像一把巨大的铁钳深深夹住奔腾的河水，牵进弯弯曲曲的峡谷之中。峰间参差耸峙的怪石在逆光的作用下产生了特殊效果。峡谷的中心地带——老虎潭中喧哗的河水仿佛不愿惊醒熟睡潭中的老虎似的，悄悄地慢慢地流进石拱门向前逝去。乘着竹筏，轻轻划动竹篙，慢悠悠地驶进石门，光线骤然暗淡，一会儿才渐渐看清周围景物，老虎潭全长约400米，两壁又竖着的坛子样的，水面像剖开的宝葫芦向前摆开，忽大忽小。最宽的约30米，最窄的约3米。潭水跟染过一样墨绿，深不可测。潭的两壁图案奇异，色彩斑斓，美若巨幅壁画。抬头望天，天空变成一条白线，疑是置身于深邃的地缝之中。

孟村

是茶山瑶族聚居的自然村，全村共40户。几年前，在金秀县旅游公司的策划下，该村曾与旅游公司联合办过民族风情表演，被称为"孟村民俗村"，后该项目被取消。但该村村民就地取材，利用原有的舞台、场地发展旅游项目，自发组织成立了文艺表演队，把那些散落在民间的瑶族歌舞及瑶族绝技进行简单的整理、改编，利用农闲和晚上的时间将之搬上舞台。

圣堂山

海拔1979米，是大瑶山主峰，为丹峰挺拔、峡谷幽深的大瑶山丹霞式刚棱削面塔柱地貌，为广西八大名山之一。时至5月，圣堂山特有的千年变色杜鹃漫山遍野，花朵同枝而颜色各异，花瓣同朵却又颜色一日多变，实为世间罕见。

莲花山

莲花山主峰海拔1350米，因群峰耸立，远远望去，整个山体酷似一朵含苞待放的莲花，因此而得名。其景观有能多山群峰、莲花山群峰及棋盘山群峰，山上景观以石林为主，补以繁茂的原始森林，加上云海杜鹃花林，形成了秀美的奇景。在石林仙都对面100多米的半山有一座天然石门，此石门净空高约4米，宽1.5米，厚1.5米，为砂岩风化而成，门框、门楣整齐分明，门头卧着五六十吨巨石，观者无不称绝。门票：50元

金秀大瑶山

金秀县坐落大瑶山主体山脉上，2500多平方公里的土地上群山苍苍，河谷交错，有数不清的珍禽异兽，其中有经历了万千劫难，顽强地生活的"活化石"银杉和瑶山鳄蜥。大瑶山世代居住着瑶族人，在这可领略瑶族独有的民俗、村寨、歌舞、佳肴，感受风情万种的瑶族风情。目前已经开发的风景区主要有莲花山景区、圣堂山景区、老山原始森林景区、天堂山景区、香草湖和民俗村等。

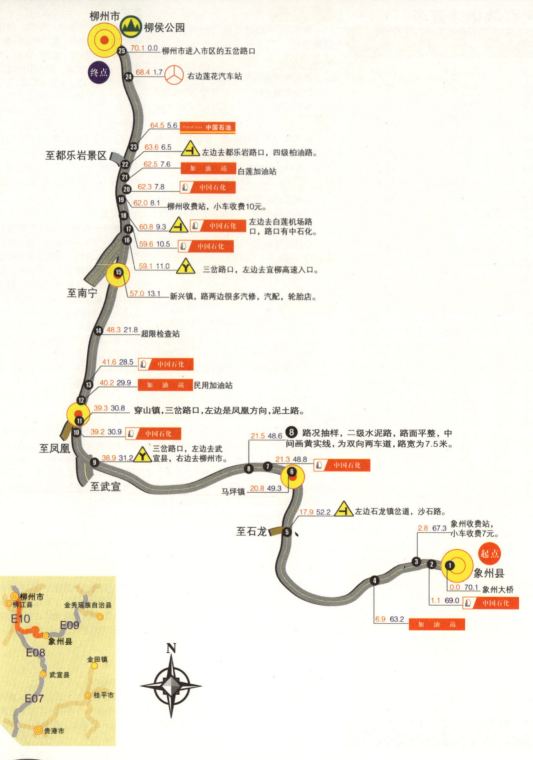

柳州市　柳侯公园

25　70.1 0.0　柳州市进入市区的五岔路口

24　68.4 1.7　右边莲花汽车站

终点

64.5 5.6　中国石油 PetroChina

23　63.6 6.5　左边去都乐岩路口，四级柏油路。

至都乐岩景区

22
21　62.5 7.6　加油站　白莲加油站

20　62.3 7.8　中国石化

19　62.0 8.1　柳州收费站，小车收费10元。

18
17　60.8 9.3　中国石化　左边去白莲机场路口，路口有中石化。

16　59.6 10.5　中国石化

59.1 11.0　三岔路口，左边去宜柳高速入口。

15

至南宁

57.0 13.1　新兴镇，路两边很多汽修，汽配，轮胎店。

14　48.3 21.8　超限检查站

41.6 28.5　中国石化

13　40.2 29.9　加油站　民用加油站

12
11　39.3 30.8　穿山镇，三岔路口，左边是凤凰方向，泥土路。

10　39.2 30.9　中国石化

至凤凰

21.5 48.6　8　路况抽样，二级水泥路，路面平整，中间画黄实线，为双向两车道，路宽为7.5米。

9　38.9 31.2　三岔路口，左边去武宣县，右边去柳州市。

21.3 48.8　6　中国石化

至武宣

8　7

20.8 49.3　马坪镇

6

17.9 52.2　左边石龙镇岔道，沙石路。

至石龙

5

2.8 67.3　象州收费站，小车收费7元。

3

2　1　起点

象州县

4

0.0 70.1　象州大桥

1.1 69.0　中国石化

6.9 63.2　加油站

柳州市
柳江县
金秀瑶族自治县
E10
E09
象州县
E08
金田镇
武宣县
E07
桂平市
贵港市

N

260

勘察报告

从象州县到柳州市是二级柏油路，车流量较大。

救助信息

象州城关派出所	0772-4326655
马坪派出所	0772-4391555
柳州市荣军派出所	0772-3129060
穿山派出所	0772-7488222
柳江县交警大队	0772-7488274
象州交警大队	0772-4362264
象州巡警大队	0772-4364555

餐饮

柳州的螺蛳粉是广西很出名的，还有脆皮狗肉，汽车总站对面巷子的杨仔狗肉店生意特别好，20 元 / 斤。

住宿

象州金长城宾馆：0772-4381188；柳州市金地宾馆：0772-3112487，双人房 60 元。

加油

一路上都有加油站

维修

象州第一汽修厂	0772-4362387
城东汽修	0772-2981144

里程数据速查表

从象州大桥出发，请从上往下阅读			
1	0.0	象州大桥	70.1
2	1.1	中石化	69.0
3	2.8	象州收费站	67.3
4	6.9	加油站	63.2
5	17.9	石龙镇岔道	52.2
6	20.8	马坪镇	49.3
7	21.3	中石化	48.8
8	21.5	路况抽样	48.6
9	38.9	往武宣路口	31.2
10	39.2	中石化	30.9
11	39.3	穿山镇	30.8
12	40.2	民用加油站	29.9
13	41.6	中石化	28.5
14	48.3	超限检查站	21.8
15	57.0	新兴镇	13.1
16	59.1	宣柳高速路口	11.0
17	59.6	中石化	10.5
18	60.8	白莲机场路口	9.3
19	62.0	柳州收费站	8.1
20	62.3	中石化	7.8
21	62.5	白莲加油站	7.6
22	63.6	都乐岩路口	6.5
23	64.5	中石油	5.6
24	68.4	莲花汽车站	1.7
25	70.1	柳州市区五岔路口	0.0

间隔：1.1、1.7、4.1、11.0、2.9、0.5、0.2、17.4、0.3、0.1、0.9、1.4、6.7、8.7、2.1、0.5、1.2、1.2、0.3、0.2、1.1、0.9、3.9、1.7

 从柳州市出发,请从下往上阅读

柳侯公园

位于柳江北岸市中心，是为纪念唐代大文豪、曾任柳州刺史的柳宗元而建的公园，也是广西最著名的名胜古迹。柳宗元，唐代河东人，曾任礼部员外郎，因参加政治革新失败被贬，晚年居官柳州做了许多有益于人民的事。他病死柳州之后 3 年，当地百姓建了罗池庙祭祀他。北宋末年，宋徽宗追封他为"文惠侯"，祠堂改称"柳侯祠"。柳侯公园始建于 1909 年，主要景点有：罗池、柳侯祠、柳宗元衣冠墓、柑香亭等古迹和山水来归盆景园、动物园、儿童乐园。

柳宗元衣冠墓在祠后东侧，松柏拥翠，肃穆幽静。柳宗元逝世后，遗骸运回长安，柳州人在柳宗元灵柩停放处，葬下他的衣冠作墓来怀念他。

白莲洞

白莲洞是旧石器时代的文化遗址，位于柳州市南郊莲花山上。洞高 20 米，主洞面积 774 平方米，洞前厅前方是一处距今 7000 多年至 30000 年石器时代不同时期的古人类文化遗址。30 多年来陆续发掘出人类牙齿化石和石环等史前文化遗址，还出土一批动物骨骼化石。洞侧有地下河，长年流水潺潺，洞前有湖泊遗迹。

白莲洞有中国第一座洞穴科学博物馆，陈列了大量的古人类和哺乳动物的化石，这些化石说明大约距今 5 万年以前"白莲洞人"已经会缝制衣服，用火和熟食。白莲洞文化及附近的"柳江人"遗址在人类学上占有重要的地位。

门票：10 元，人少时不提供入洞参观服务，只能在四周看看。

E11 柳州市—南宁市

全程235.7公里，平均时速90公里，最高时速120公里，用时2小时40分钟

里程数据速查表

▼ 从柳州市出发，请从上往下阅读				
①	0.0	柳州市五岔路口	235.7	
②	8.1	柳州收费站	227.6	8.1
③	9.2	白莲机场路口	226.5	1.1
④	10.5	中石化和柳兴石化	225.2	1.3
⑤	10.9	往象州路口	224.8	0.4
⑥	11.3	柳州西入口	224.4	0.4
⑦	12.0	三岔路口	223.7	0.7
⑧	13.0	三岔路口	222.7	1.0
⑨	19.1	新兴服务区	216.6	6.1
⑩	47.8	八一凤凰出口	187.9	28.7
⑪	68.5	来宾出口	167.2	20.7
⑫	69.2	三岔路口	166.5	0.7
⑬	73.2	来宾服务区	162.5	4.0
⑭	113.2	小平阳出口	122.5	40.0
⑮	116.2	路况抽样	119.5	3.0
⑯	134.8	王灵服务区	100.9	18.6
⑰	140.2	黎塘宾阳贵港出口	95.5	5.4
⑱	152.7	古辣、甘棠出口	83.0	12.5
⑲	179.4	横县、玉林出口	56.3	26.7
⑳	182.6	六景、横县出口	53.1	3.2
㉑	184.5	六景大桥	51.2	1.9
㉒	193.5	伶俐服务区	42.2	9.0
㉓	197.6	伶俐、南阳出口	38.1	4.1
㉔	223.3	邕宁、四塘出口	12.4	25.7
㉕	230.7	南宁服务区	5.0	7.4
㉖	233.9	北海百色河池出口	1.8	3.2
㉗	235.7	南宁收费站	0.0	1.8

从南宁出发，请从下往上阅读 ▲

勘察报告
从柳州市到南宁市是高速公路，路况很好。

救助信息
宜来宾交警大队 0772-4273187
高速公路报警 0772-8150110
平安大道报警 0771-5112116

餐饮
柳州的螺蛳粉是广西很出名的，还有脆皮狗肉，汽车总站对面巷子的杨仔狗肉店生意特别好，20元/斤。

加油
一路都有加油站和服务区

柳州市五岔路口 0.0 235.7
柳州收费站，小车收费10元，右边白莲洞景区。 8.1 227.6
右边白莲机场路口，右边中石化。 9.2 226.5
10.5 225.2
三岔路口，直走是象州方向，右转往柳南高速方向。 10.9 224.8

加油站	中国石化

柳南高速柳州西入口 11.3 224.4

⑦ 三岔路口，直走是宜州方向，右转往柳南高速方向。 12.0 223.7

⑧ 三岔路口，直走是桂林方向，右转往南宁方向。 13.0 222.7

至凤凰

19.1 216.6 新兴服务区
47.8 187.9 八一凤凰出口
68.5 167.2 来宾出口

小来宾市

69.2 166.5 三岔路口，直走往南宁，右转是柳州方向。

来宾服务区 73.2 162.5

小平阳出口 113.2 122.5 小平阳

116.2 119.5

⑮ 路况抽样，全封闭全隔离，中间绿化带隔离，路面平整，双向四车道，两边设有紧急停车带，限速120公里。

黎塘、宾阳、贵港、梧州出口 140.2 95.5
至宾阳

134.8 100.9 王灵服务区

152.7 83.0 古辣、甘棠出口
179.4 56.3 横县、玉林出口
至玉林

182.6 53.1 六景、横县出口
184.5 51.2 六景大桥
193.5 42.2 伶俐服务区
197.6 38.1 伶俐、南阳出口

终点
235.7 0.0 南宁收费站
233.9 1.8 北海百色河池出口
230.7 5.0 南宁服务区
至四塘
223.3 12.4 邕宁、四塘出口
南宁市
至南阳

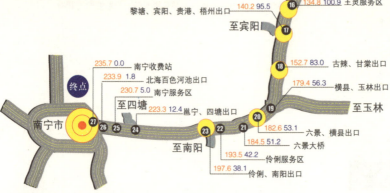

㉓ 终点，转盘，左边桂平二运，直走贵港路3公里到桂平西山风景区。如果从桂平去往贵港方向，请在此将里程表清零。

至梧州

终点 桂平市

西山风景区

三岔路口，左边可往西山、金田镇。

67.7　2.1

中国石化　67.0　2.8

蒙圩路口，右转前往　58.9　10.9

至白沙

中国石化　56.5　13.3

西山风景区

桂平西山是我国著名的七大西山之一，向以"石奇、树秀、泉甘、茶香"著称。西山人文历史悠久，有李公祠、洗石庵、龙华寺、乳泉亭、飞阁等建筑物，历代文人墨客赞赏西山诗词对联4000余首。门票：33元（含保险费），有缆车直通山顶（上山21元，下山12元）。

住宿
在武装部旁边的长城大酒店，有停车场和饭店，标间80元/间，电话0775-3388528。

加油
进入桂平往金田方向的加油站只有乡镇才有，而且经常停电无法加油，建议先提前加满油。

餐饮
桂平西山的大门前50米有一家以鸡煲为招牌菜的饭馆，收费合理，做的蛇鸡煲味道鲜美，很多本地人晚上都开车到此就餐。

勘察报告
从贵港市到桂平市走的是南梧二级柏油路，此路段在路边乡镇村庄较多，路上行人车辆多，很多路段限速40公里，要注意减速慢行。

救助信息
港北区医院	0775-4213999
大圩卫生院	0775-4732031
石龙卫生院	0775-3450980
桂平市红十字会医院	0775-3377777
威远汽修	0775-4581199
新宇汽修	0775-3328520
科艺进口汽修	0775-3327138
大圩派出所	0775-4732032
桂平报警	0775-3382602
桂平桥南派出所	0775-3353448
桂平巡警大队	0775-2393330
贵港市交警支队报警	0775-4732059
石龙交警中队	0775-3450070

至白沙

石龙镇，穿越城区1.3公里三岔路口，右边往白沙镇。

⑱ 35.8　34.0

⑰ 35.4　34.4　中国石化

26.0　43.8贵港收费站，小车收费7元。

庆丰镇　27.1　42.7

20.3　49.5 ⚠ 事故多发路段

加油站　19.1　50.7

⑫ 大圩镇，左边中石化，穿越城区2.8公里。19.0　50.8

⑪ 路况抽样，二级柏油路，宽8米，双向二车道。17.2　52.6

PetroChina 中国石油　12.8　57.0

⑨ 路况抽样，二级柏油路，路面宽8米，限速80公里。7.1　62.7　6.5　63.3 中国石化

⑦ 三岔路口，右边往中转港。⚠ 6.3　63.5　5.6　64.2 两公里的军事管理区，过往车辆注意礼让。

⑤ 三岔路口，右边可以进贵港城区。中国石化 ⚠ 4.1　65.7

2.0　67.8 🔧 右边威远汽修

右边汽车东站 ⊕ 3.5　66.3

中国石化　0.1　69.7

❶ 起点，港宝商业街与金港大道交汇处的国际大酒店。如果从贵港去往桂平方向，请在此将里程表清零。0.0　69.8

起点 贵港市

里程数据速查表

▼ 从贵港市出发，请从上往下阅读

	里程	地点	里程	间距
❶	0.0	国际大酒店	69.8	
❷	0.1	中石化	69.7	0.1
❸	2.0	威远汽修	67.8	1.9
❹	3.5	汽车东站	66.3	1.5
❺	4.1	三岔路口	65.7	0.6
❻	5.6	军事管理区	64.2	1.5
❼	6.3	三岔路口	63.5	0.7
❽	6.5	中石化	63.3	0.2
❾	7.1	路况抽样	62.7	0.6
❿	12.8	中石油	57.0	5.7
⑪	17.2	路况抽样	52.6	4.4
⑫	19.0	大圩镇	50.8	1.8
⑬	19.1	加油站	50.7	0.1
⑭	20.3	事故多发路段	49.5	1.2
⑮	26.0	贵港收费站	43.8	5.7
⑯	27.1	庆丰镇	42.7	1.1
⑰	35.4	中石化	34.4	8.3
⑱	35.8	石龙镇	34.0	0.4
⑲	56.5	中石化	13.3	20.7
⑳	58.9	蒙圩镇	10.9	2.4
㉑	67.0	中石化	2.8	8.1
㉒	67.7	三岔路口	2.1	0.7
㉓	69.8	西山风景区转盘	0.0	2.1

▲ 从桂平市出发，请从下往上阅读

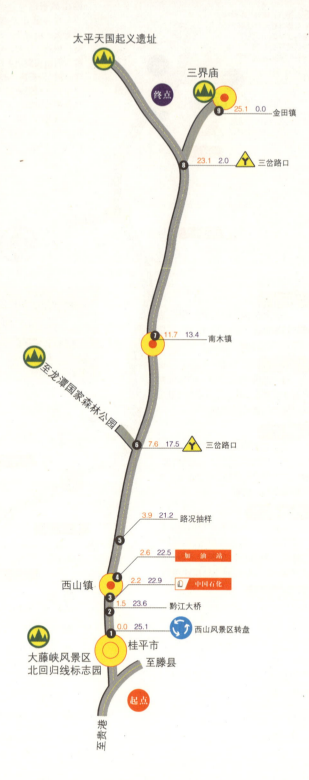

太平天国起义遗址

三界庙

终点

⑨ 25.1 0.0 金田镇

⑧ 23.1 2.0 三岔路口

⑦ 11.7 13.4 南木镇

至龙潭国家森林公园

⑥ 7.6 17.5 三岔路口

3.9 21.2 路况抽样

⑤

2.6 22.5 加油站

④ 2.2 22.9 中国石化

西山镇 ③ 1.5 23.6 黔江大桥

②

① 0.0 25.1 西山风景区转盘

大藤峡风景区 桂平市
北回归线标志园 至滕县

起点

至贵港

里程数据速查表

▼ 从贵平市出发,请从上往下阅读

❶	0.0	西山风景区转盘	25.1	
❷	1.5	黔江大桥	23.6	1.5
❸	2.2	中石化	22.9	0.7
❹	2.6	加油站	22.5	0.4
❺	3.9	路况抽样	21.2	1.3
❻	7.6	三岔路口	17.5	3.7
❼	11.7	南木镇	13.4	4.1
❽	23.1	三岔路口	2.0	11.4
❾	25.1	金田镇	0.0	2.0

从金田镇出发,请从下往上阅读 ▲

勘察报告

从桂平市到金田镇是三级公路，路况良好。路上行人车辆不多，但途经南木镇中心，注意减速。

救助信息

石龙卫生院	0775-3450980
桂平市红十字会医院	0775-3377777
威远汽修	0775-4581199
新宇汽修	0775-3328520
科艺进口汽修	0775-3327138
大圩派出所	0775-4732032
桂平报警	0775-3382602
桂平桥南派出所	0775-3353448
桂平巡警大队	0775-2393330
贵港市交警支队报警	0775-4732059
石龙交警中队	0775-3450070

餐饮

桂平西山的大门前 50 米有一家以鸡煲为招牌菜的饭馆，收费合理，做的蛇鸡煲味道鲜美。

住宿

三界庙对面的金灵酒店 0775 - 3567008

加油

进入桂平往金田方向的加油站只有乡镇才有，而且经常停电无法加油，建议先提前加满。

太平天国金田起义旧址

金田起义旧址是 1851 年 1 月 11 日爆发的，我国历史上规模最大、影响最深远的太平天国农民起义所在地。现有起义陈列馆、洪秀全像以及古营盘、韦昌辉故居、三界祖庙、练兵场、风门坳古战场、犀牛潭等多处遗址。金田起义历史陈列室建于 1980 年，室内陈列着洪秀全发布的诏令，太平军使用过的大刀、长矛、旗帜和打造武器留下的木炭、铁砧，缴获清朝官员的顶戴等实物和史料，再现了金田起义发生的全过程，是太平天国起义的一个缩影。门票：25 元

三界庙

三界庙位于桂平金田平原中心的新圩，属全国重点文物保护单位"金田起义地址"的重要组成部分。始建于清顺治十八年（1661 年），坐北朝南，主体建筑四合院式布局，分为前座、天井、后座和庑廊。建筑面积 302 平方米。脊饰为佛山石湾陶瓷人物故事装饰。建筑艺术繁缛优美，保留了清中晚期岭南地区建筑艺术遗风。1851 年 7 月 19 日太平军从紫荆山转移到新圩，设前军指挥所于庙，直至 8 月 15 日突围向平南县进军北上。三界庙内，现有《重修宣里新圩三界庙碑记》、《安良约碑记》等碑刻 20 多方，碑文反映了金田起义前夕当地的社会、经济和阶级状况，是研究太平天国历史的重要资料。门票：2 元

龙潭国家森林公园

位于桂平市西北面的金田林场和大平山动植物自然保护区内，北回归线横穿公园南部，是桂东南唯一保存较为完整的亚热带季风常绿阔叶林区，被誉为"动植物王国子遗植物宝库"。

北回归线标志园

位于桂平城区东郊 8 公里的石咀镇小汶村南梧二级公路旁。北回归线标志指示线也是热带与温带的分界线，站在这里，可以一只脚踩在热带上，另一只脚踩在温带上，这里有全球 9 个北回归线标志中唯一有强回音的标志塔。门票：10 元

大藤峡风景区

位于桂平城西北的黔江下游，这里河道曲折，江流湍急，四面高山环绕，蜿蜒数百里，是广西最长最险的江流峡谷，素有"广西小三峡"之称。毛泽东亲笔写下"大藤峡"三字。门票：55 元

桂平西山是国家级4A风景区，也是佛教圣地，山上环境清幽，禅意浓浓。

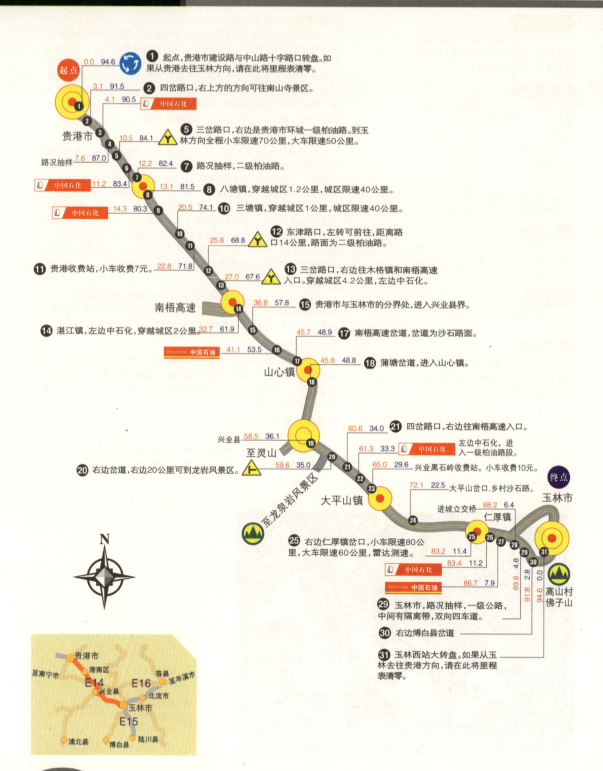

起点

1 起点，贵港市建设路与中山路十字路口转盘。如果从贵港去往玉林方向，请在此将里程表清零。

0.0　94.6

3.1　91.5　2 四岔路口，右上方的方向可往南山寺景区。

4.1　90.5　中国石化

贵港市

5 三岔路口，右边是贵港市环城一级柏油路。到玉林方向全程小车限速70公里，大车限速50公里。

10.5　84.1

路况抽样　7.6　87.0　7 路况抽样，二级柏油路。

12.2　82.4

中国石化　11.2　83.4　13.1　81.5　8 八塘镇，穿越城区1.2公里，城区限速40公里。

中国石化　14.3　80.3　20.5　74.1　10 三塘镇，穿越城区1公里，城区限速40公里。

25.8　68.8　12 东津路口，左转可前往，距离路口14公里，路面为二级柏油路。

11 贵港收费站，小车收费7元。22.8　71.8

27.0　67.6　13 三岔路口，右边往木格镇和南梧高速入口。穿越城区4.2公里，左边中石化。

南梧高速　36.8　57.8　15 贵港市与玉林市的分界处，进入兴业县界。

14 湛江镇，左边中石化，穿越城区2公里。32.7　61.9

45.7　48.9　17 南梧高速岔道，岔道为沙石路面。

41.1　53.5　中国石油　45.8　48.8　18 蒲塘岔道，进入山心镇。

山心镇

兴业县　58.5　36.1

至灵山　19　60.6　34.0　21 四岔路口，右边往南梧高速入口。

61.3　33.3　中国石化　左边中石化，进入一级柏油路段。

20 右边岔道，右边20公里可到龙岩风景区。59.6　35.0　20

65.0　29.6　兴业黑石岭收费站，小车收费10元。

至龙泉岩风景区　21　72.1　22.5　大平山岔道，乡村沙石路。

大平山镇　23　进城立交桥　88.2　6.4　仁厚镇

终点

玉林市

24　25 右边仁厚镇岔口，小车限速80公里，大车限速60公里，雷达测速。

83.2　11.4

25　26　27　28

中国石化　83.4　11.2

中国石油　86.7　7.9　89.8　4.8　29　30

91.8　2.8　31

94.6　0.0　高山村　佛子山

29 玉林市，路况抽样，一级公路，中间有隔离带，双向四车道。

30 右边博白县岔道

31 玉林西站大转盘。如果从玉林去往贵港方向，请在此将里程表清零。

贵港市
至南宁市　港南区　容县
E14　E16　至岑溪市
兴业县
北流市
玉林市
E15
浦北县　博白县　陆川县

266

救助信息

贵港江南派出所	0775-4325405
桥圩派出所	0775-4782023
石南派出所	0775-3774110
湛江派出所	0775-4702044
兴业大平山派出所	0775-3797171
山心派出所	0775-3785124
贵港交警二支队	0775-4782020
兴业交警大队	0775-3762358
贵港市第二人民医院	0775-4785120

餐饮

　　玉林市江滨路是食街,每天中午道路两边停满了吃饭的车辆,这里的二记牛杂店和美极牛杂店生意最好。人民路和北街的罗记大排档也很好生意,以狗肉和羊肉为招牌菜。

住宿

　　皇马旅业,标间120/间。

加油

　　贵港市到玉林市路上都有加油站,只是有些加油站没有90#油。

里程数据速查表

	从贵港出发,请从上往下阅读			
❶	0.0	贵港市转盘	94.6	3.1
❷	3.1	四岔路口	91.5	1.0
❸	4.1	中石化	90.5	3.5
❹	7.6	路况抽样	87.0	2.9
❺	10.5	三岔路口	84.1	0.7
❻	11.2	中石化	83.4	1.0
❼	12.2	路况抽样	82.4	0.9
❽	13.1	八塘镇	81.5	1.2
❾	14.3	中石化	80.3	6.2
❿	20.5	三塘镇	74.1	2.3
⓫	22.8	贵港收费站	71.8	3.0
⓬	25.8	三岔路口	68.8	1.2
⓭	27.0	三岔路口	67.6	5.7
⓮	32.7	湛江镇	61.9	4.1
⓯	36.8	拱门	57.8	4.3
⓰	41.1	中石油	53.5	4.6
⓱	45.7	南梧高速岔道	48.9	0.1
⓲	45.8	蒲塘岔道	48.8	12.7
⓳	58.5	兴业县	36.1	1.1
⓴	59.6	岔道	35.0	1.0
㉑	60.6	四岔路口	34.0	0.7
㉒	61.3	中石化	33.3	3.7
㉓	65.0	兴业黑石岭收费站	29.6	7.1
㉔	72.1	大平山岔口	22.5	11.1
㉕	83.2	仁厚镇岔口	11.4	0.2
㉖	83.4	中石化	11.2	3.3
㉗	86.7	中石油	7.9	1.5
㉘	88.2	立交桥	6.4	1.6
㉙	89.8	路况抽样	4.8	2.0
㉚	91.8	博白县岔道	2.8	2.8
㉛	94.6	玉林市	0.0	

从玉林市出发,请从下往上阅读

龙泉岩风景区

　　位于兴业县城隍镇东1公里处,由龙泉岩、龙泉湖、鹿峰山石林公园、李宗仁屯兵遗址等几个主要景点组成。龙泉岩全长1256米,有众多的喀斯特溶洞及地下暗河,岩洞内栖息着成千上万只大蝙蝠,倒挂串联,形成一道景观。

佛子山

　　位于玉林城区以北约8公里处寒山山脉东南麓。宋代在此筑有寒山寺,明朝把寒山寺列为玉林八景之一。新中国成立后修建了寒山水库,依水库辟为旅游区,在这里举行过几次龙舟节,十分吸引游人。

高山村

　　位于玉林城北5公里处,村庄地势虽不高,但因周边经常发生洪灾,而此村从未被水淹,俗名高山。明天顺年间起,易、牟、陈、李、钟、冯、朱等姓从山东等地来,而形成村庄。

　　高山村古建筑是以两广宗祠文化为主要载体的民居群。保存着明清古宗祠13座,古民居60座150幢,古火砖巷道9条,以及古井、古戏剧、古剧场、古石碑、古围墙等一批古建筑,浓缩着浓厚的明清文化底蕴,以绍德祠、思成祠、致齐祠、聚星楼、拔谋故居、企岭巷为典型代表。

勘察报告
玉林市到陆川县是二级公路，路况良好。从陆川到谢鲁山庄是四级路，行人车辆较少。沿途地处岭南丘陵地带，公路穿行其中，满眼绿色，景色悦目但单调。

餐饮
玉林市江滨路是食街，每天中午道路边停满了吃饭的车辆，这里的二记牛杂店和美极牛杂店生意最好。人民路和北街的罗记大排档也很好生意，以狗肉和羊肉为招牌菜。谢鲁山庄门口有两家农家餐馆，建议不在此用餐。

住宿
皇马旅业，标间120元/间；明都宾馆0775-3885888；陆川泰富大厦7334028；陆川温泉九龙山庄2942388。

加油
路上都有加油站，只是有些加油站没有90#油

陆川温泉
位于县城南0.5公里，九洲河与妙垌河汇合处。陆川温泉面积约1亩，温度高达56℃，属碱性磷酸盐泉，对治疗各种皮肤病、关节炎、神经痛等疾病有疗效。自陆川温泉发现300多年来，长期被称为福泉、仙药泉。

救助信息
马坡派出所	0775-7072144
米场派出所	0775-7023242
陆城派出所	0775-7222077
陆川新州派出所	0775-7222904
陆川交警大队	0775-7222310
马坡交警中队	0775-7072264
玉林玉柴医院	0775-3288999
茶花山医院	0775-7071120
陆川医院	0775-7225010

谢鲁山庄
位于陆川县乌石镇，原名树人书屋，是由清光绪附贡生、国民党陆军少将、国民革命军副总指挥吕芋农所建，迄今为国内保留得最为完整的四大庄园之一。庄园设计结合苏杭园林的特色，依着本地山形布局，从低到高叠叠而上，深蕴人身哲理。门票：20元

谢鲁山庄园内门景、长廊、小桥、池塘、石山、房屋错落有致，曲径通幽，融中国各庄之大观于一炉，素有"八桂第一庄"之称。

龙岩景区
位于陆川北面约30公里，是广西省级风景名胜区，是典型的山水风光景观。景区由龙珠湖和13个岩洞5个古寨组成。龙珠湖水面宽400亩，由9座峰峦环抱，5个古寨建筑在石山峰坳之间，俨然与世隔绝的景致。

里程数据速查表

	从玉林市出发，请从上往下阅读			
❶	0.0	云天文化城	69.5	
❷	1.6	中石化	67.9	1.6
❸	4.2	考试路段	65.3	2.6
❹	7.1	三岔路口	62.4	2.9
❺	13.1	陆川硃砂收费站	56.4	6.0
❻	13.5	龙珠湖景区岔道	56.0	0.4
❼	17.6	十字路口	51.9	4.1
❽	27.1	米场镇	42.4	9.5
❾	30.1	大排档	39.4	3.0
❿	30.6	十字路口	38.9	0.5
⓫	35.5	中石化	34.0	4.9
⓬	37.6	陆川县城标志	31.9	2.1
⓭	44.1	三岔路口	25.4	6.5
⓮	45.4	三岔路口	24.1	1.3
⓯	45.9	路况	23.6	0.5
⓰	52.4	大桥镇	17.1	6.5
⓱	61.1	岔道	8.4	8.7
⓲	63.5	岔道	6.0	2.4
⓳	65.1	路况抽样	4.4	1.6
⓴	68.1	谢鲁村	1.4	3.0
㉑	69.5	谢鲁山庄	0.0	1.4

从陆川谢鲁山庄出发，请从下往上阅读

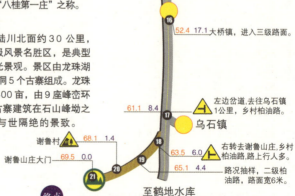

玉林市　0.0　69.5
❶ 玉林云天文化城。如果从玉林去往陆川方向，请在此将里程表清零。

起点

至博白

1.6　67.9　中国石化
4.2　65.3　中国石化　左边中石化，考试路段，注意新手驾驶，二级柏油路。

7.1　62.4　三岔路口，直走是新桥方向，左转往陆川，转入二级柏油路。

龙珠湖景区

13.1　56.4　陆川硃砂收费站，小车收费7元。

13.5　56.0　左边龙珠湖景区岔道，四级柏油路。

17.6　51.9　右边中石化.马坡.平乐十字路口，乡村柏油路。

27.1　42.4　米场镇

30.1　39.4　右边连着几百米的大排档

30.6　38.9　十字路口，左边去白马，右边去沙湖，右边有一家中石化。

35.5　34.0　中国石化

37.6　31.9　陆川县城标志

44.1　25.4　三岔路口　中国石化

陆川县　陆川温泉

45.4　24.1　三岔路口，左边直行去玉林，右边去湛江。

45.9　23.6　路况

52.4　17.1　大桥镇，进入三级路面。

61.1　8.4　左边岔道，去往乌石镇1公里，乡村柏油路。

乌石镇

63.5　6.0　右转去谢鲁山庄，乡村柏油路，路上行人多。

65.1　4.4　路况抽样，二级柏油油路，路面宽6米。

至鹤地水库

谢鲁村　68.1　1.4

谢鲁山庄大门　69.5　0.0

终点　谢鲁山庄

勘察报告

从玉林市到容县全程都是一级柏油路，路况良好，路上设的收费站很多，而且是双向收费，建议到北流勾漏洞走二级柏油路的旧路。

救助信息

容城派出所　0775-5322374
十里乡派出所　0775-5531239
北流交警大队　0775-6359403
容县交警大队　0775-5122290
容县急救中心　0775-5322442

餐饮

容县的沙田柚非常出名，一路上路边摆满了卖柚子的摊点，零售1.2元/斤，批发0.7元/斤。

住宿

容县绣江宾馆　0775-5319008

加油

一路上都有加油站

维修

容县飞宁汽修　13607755375
容县中发汽修　07755112063

里程数据速查表

▼ 从玉林市出发，请从上往下阅读			
①	0.0	人民路十字路口	52.3
			2.4
②	2.4	加油站	49.9
			1.3
③	3.7	加油站	48.6
			2.5
④	6.2	玉林秀水收费站	46.1
			1.7
⑤	7.9	路况抽样	44.4
			0.5
⑥	8.4	茂林镇	43.9
			6.4
⑦	14.8	中石化	37.5
			0.7
⑧	15.5	玉林北流交界处	36.8
			0.6
⑨	16.1	大容山路标	36.2
			4.9
⑩	21.0	三岔路口	31.3
			0.2
⑪	21.2	北流标志	31.1
			8.0
⑫	29.2	勾漏洞岔口	23.1
			2.7
⑬	31.9	十字路口	20.4
			4.4
⑭	36.3	北流容县交界处	16.0
			3.8
⑮	40.1	柚子摊点	12.2
			8.5
⑯	48.6	容县收费站	3.7
			1.8
⑰	50.4	十字路口	1.9
			0.2
⑱	50.6	容县收费站	1.7
			1.4
⑲	52.0	绣江大桥	0.3
			0.3
⑳	52.3	真武阁	0.0

从真武阁出发，请从下往上阅读 ▲

真武阁

1573年建成至今已430多年，经历了5次地震、3次台风，仍安然无恙。全阁为杠杆式纯木三层结构，最精巧之处是第二层的四根内柱悬空不落地，依杠杆作用，像天平一样维持整座建筑的平衡。门票：16元。

贵妃园

杨贵妃又名玉环，是中国古代四大美女之一。历史上把四大美女分别比喻成沉鱼、落雁、闭月、羞花，羞花便是杨贵妃。她的一生是经历了两个养父的辗转才去到唐朝都城西安的，在她跟随第一个养父时，其父曾为她建了一座梳妆楼，用以聘请善琴、棋、书、画、歌舞者调教她诗、书、礼、乐所用，现在梳妆楼旧址建起贵妃园。整个贵妃园分贵妃碑记、贵妃出生、贵妃井、梳妆容州府、敕封贵妃、贵妃醉酒、贵妃出浴、妃子笑、贵妃起舞、含冤马嵬坡10个部分，再现杨贵妃一生。

杨外村贵妃井原为矩形方石围成的浅井，贵妃幼年常在井边帮人汲水，据说因饮此井水而容貌艳丽。

勾漏洞

位于北流市东北5公里的勾漏山下，岩洞全长1500米，由宝圭、玉阙、白沙、桃源、玉金五洞组成，因洞勾、曲、穿、漏而得名。勾漏洞是全国道教三十六洞天的二十二洞天，洞前有唐宋以来摩崖碑碣百多幅，有葛洪炼丹遗址。门票：勾漏洞景区门票10元，进洞20元。

杨贵妃故里

终点

真武阁

容县

绣江大桥

324国道

50.6 1.7 小车收费7元

容县收费站，

50.6 1.7
52.3 0.0
20
18
17 50.4 1.9 十字路口，容县坐标
19
52.0 0.3
16

⑳ 容县汽车站，右转往北门街至真武阁，在北门街转东大街往十里乡杨外村方向12公里可到杨贵妃故里。如果从容县去往玉林方向，请在此将里程表清零。

324国道容县收费站，小车10元。 48.6 3.7

N

至容水簑

⑮ 北流市到容县的路边都是卖柚子的摊点，零售1.2元/斤，批发0.7元/斤。 40.1 12.2
15

北流容县交界处 36.3 16.0
14

⑫ 勾漏洞岔口，距勾漏洞1.5公里，路口设收费站，小车10元，双向收费，勾漏洞门票10元，进洞20元。

十字路口 31.9 20.4
13

29.2 23.1
12

勾漏洞风景区

北流标志 21.2 31.1
11
10

三岔路口 21.0 31.3

至高州

北流市

左边中石化，大容山国家森林公园路标。 16.1 36.2
9

玉林北流交界处 15.5 36.8
8
7

中国石化 14.8 37.5

茂林镇 8.4 43.9

⑤ 路况抽样，一级柏油路，双向四车道，中间有隔离带，大车限速60，小车限速80，右边中石化。 7.9 44.4
6

④ 324国道玉林秀水收费站，小车收费10元。 6.2 46.1
5

加油站 3.7 48.6

加油站 2.4 49.9

① 玉林市人民东路与环东路十字路口。如果从玉林去往容县方向，请在此将里程表清零。 0.0 52.3
1
起点
玉林市

从容县到岑溪市全程是一级柏油路，为路况复杂路段，易滑，下坡路段很多，注意减速慢行。从旧的二级柏油路到岑溪，但比一级柏油路远17公里，路上有些地方手机没有信号。

餐饮
容县的沙田柚非常出名，路边摆满了卖柚子的摊点。零售1.2元/斤，批发0.7元/斤。

住宿
容县绣江宾馆　0775-5319008
岑溪市辉哥旅馆 0774-8236969

加油
一路上都有加油站

维修
容县飞宁汽修　13607755375
容县中发汽修　0775-5112063
千里光汽修　　0774-8226029

里程数据速查表

从容县城南收费站出发，请从上往下阅读

	里程	地点	剩余	间距
❶	0.0	容县城南收费站	55.2	
				0.4
❷	0.4	出城路口	54.8	
				0.6
❸	1.0	中石化	54.2	
				1.5
❹	2.5	南郊加油站	52.7	
				4.7
❺	7.2	峤北镇	48.0	
				3.6
❻	10.8	都峤山森林公园	44.4	
				1.8
❼	12.6	易滑路段	42.6	
				1.6
❽	14.2	易滑下坡路段	41.0	
				4.7
❾	18.9	下坡路段结束	36.3	
				2.5
❿	21.4	大坡及十里出口	33.8	
				1.6
⓫	23.0	左急弯下长坡	32.2	
				3.0
⓬	26.0	玉林梧州交界处	29.2	
				6.3
⓭	32.3	容城收费站	22.9	
				0.4
⓮	32.7	南渡镇岔口	22.5	
				4.6
⓯	37.3	荔王村	17.9	
				0.5
⓰	37.8	中石化	17.4	
				3.0
⓱	40.8	中林村	14.4	
				1.6
⓲	42.4	事故多发路段	12.8	
				5.9
⓳	48.3	南渡岔口	6.9	
				3.5
⓴	51.8	加油站	3.4	
				3.4
㉑	55.2	岑溪城西贸易市场	0.0	

从岑溪市出发，请从下往上阅读

关帝庙
位于岑溪市南渡镇黄华河畔，与邓公庙毗邻。始建于清道光九年，为硬山顶砖木结构，有前殿、后殿、左右厢房及天井等。庙门额嵌一方石刻，标"关帝庙"三个大凸字。殿中的关公塑像，高约2米，赤面黑须，仪态威严勇武，左右侍从为关平、周仓立像。现今南渡镇的居民仍在关帝庙祈求风调雨顺。

邓公庙
位于岑溪市南渡镇的黄华河畔，始建于明嘉靖四十年。邓公庙现存前殿、中殿和后殿。其栋、柱、檩、椽等均用格木制作，栋架构造仍保留明代建筑风格。特别是庙内的四根蟠龙柱，每根高约5.5米，直径约50厘米，柱上的蛟龙雕工精细，形态威猛逼真，是广西仅有的木雕龙柱。

救助信息
容城派出所　　0775-5322374
岑溪派出所　　0774-8224109
岑溪交警支队　0774-8213322
容县交警大队　0775-5122290
容县急救中心　0775-5322442
岑溪义口医院　0774-8210931

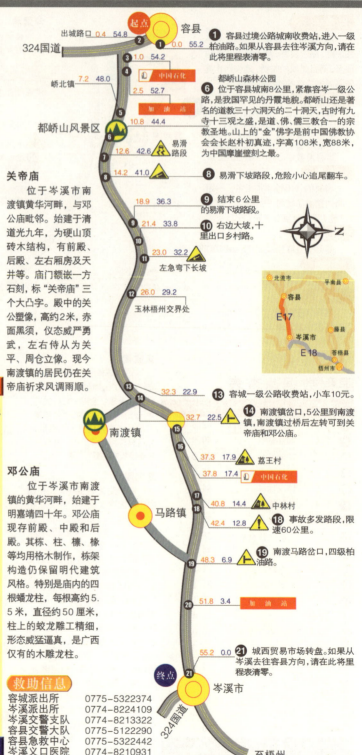

❶ 容县过境公路城南收费站，进入一级柏油路。如果从容县去往岑溪方向，请在此将里程表清零。

❻ 都峤山森林公园
位于容县城南8公里，紧靠容岑一级公路，是我国罕见的丹霞地貌。都峤山还是著名的道教三十六洞天的二十洞天，古时有九寺十三观之盛，是道、佛、儒三教合一的宗教圣地。山上的"金"佛字是前中国佛教协会会长赵朴初真迹，字高108米，宽88米，为中国摩崖壁刻之最。

❽ 易滑下坡路段，危险小心追尾翻车。

❾ 结束6公里的易滑下坡路段。

❿ 右边大坡，十里出口乡村路。

⓫ 左急弯下长坡

⓭ 容城一级公路收费站，小车10元。

⓮ 南渡镇岔口，5公里到南渡镇，南渡镇过桥后左转可到关帝庙和邓公庙。

⓯ 荔王村

⓰ 中石化

⓱ 中林村

⓲ 事故多发路段，限速60公里。

⓳ 南渡马路岔口，四级柏油路。

㉑ 城西贸易市场转盘。如果从岑溪去往容县方向，请在此将里程表清零。

勘察报告

在岑溪转盘右转可往广东省罗定县方向，一般去往广州的车辆都在此过路。从岑溪市到苍梧县全程都是二级柏油路，弯道多，注意减速。从苍梧县转入李济深故居是乡村路，路面较窄，雨天泥泞难行，小车不太容易通过。

救助信息

糯垌镇派出所	0774-8110155
安平镇派出所	0774-8131110
岑溪交警大队	0774-8222280
岑溪交警城区中队	0774-8224488
岑溪市糯垌交警中队	0774-8213122
岑溪市人民医院	0774-8220120

餐饮

岑溪的三黄鸡很出名，供应香港、广东等地，也是广西各地的饭店的专用鸡种。岑溪三黄鸡饭店 0774-2513980。

住宿

岑溪市辉哥旅馆 0774-8236969

加油

一路上都有加油站

维修

岑溪恒运汽修 0774-8233993
岑溪开联汽修 0774-8214918

粤东公馆

位于苍梧县城龙圩镇忠义街，建于清康熙五十二年（1713年），其前身为关夫子祠堂。会馆建筑物由前、中、后三座和更楼组成墙壁，镶嵌有《重建粤东会馆碑记》石碑，记述当时两广交流简况、有关行业及商号。从这座号称"广西第一"的粤东会馆，可以看出当时粤商的豪情与气派。

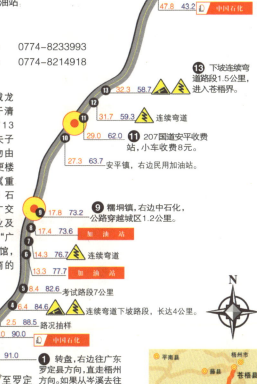

至梧州

粤东会馆 73.2 17.8 三岔路口，右转去李济深故居。
74.2 16.8 连续弯道上坡
至藤县 76.8 14.2 五凤村
苍梧汽车站转盘 72.8 18.2
82.1 8.9 念村
三岔路口 70.1 20.9 84.7 6.3 三岔路口，右转去李济深故居。
86.0 5.0 右边李济深将军下马徒步处
路况抽样 65.4 25.6 86.6 4.4 300米处为李济深幼年求学学堂
苍梧县
终点
90.2 0.8 ⑯ 三岔路口，左边往李济深故居，右边1.6公里可往寨村西洋建筑。
91.0 0.0 ⑰ 李济深故居，门票8元。如果从苍梧去往岑溪方向，请在此将里程表清零。
寨村 李济深故居

48.2 42.8 新地镇
47.8 43.2 中国石化

⑬ 下坡连续弯道路段1.5公里，进入苍梧界。
32.3 58.7
31.7 59.3 连续弯道
29.0 62.0 ⑪ 207国道安平收费站，小车收费8元。
27.3 63.7 安平镇，右边民用加油站。

17.8 73.2 ⑨ 糯垌镇，右边中石化，公路穿越城区1.2公里。
17.4 73.6 加油站
14.3 76.7 连续弯道
13.3 77.7 加油站
8.4 82.6 考试路段7公里。
6.4 84.6 连续弯道下坡路段，长达4公里。
2.5 88.5 路况抽样
1.0 90.0 中国石化
0.0 91.0 ① 转盘，右边往广东罗定县方向，直走梧州方向。如果从岑溪去往苍梧方向，请在此将里程表清零。
至容县 起点 岑溪市 至罗定

里程数据速查表

从岑溪市出发，请从上往下阅读

①	0.0	岑溪城西贸易市场	91.0
②	1.0	中石化	90.0
③	2.5	路况抽样	88.5
④	6.4	连续弯道下坡路段	84.6
⑤	8.4	考试路段	82.6
⑥	13.3	加油站	77.7
⑦	14.3	连续弯道	76.7
⑧	17.4	加油站	73.6
⑨	17.8	糯垌镇	73.2
⑩	27.3	安平镇	63.7
⑪	29.0	安平收费站	62.0
⑫	31.7	连续弯道	59.3
⑬	32.3	下坡连续弯道路段	58.7
⑭	47.8	中石化	43.2
⑮	48.2	新地镇	42.8
⑯	65.4	路况抽样	25.6
⑰	70.1	三岔路口	20.9
⑱	72.8	苍梧汽车站转盘	18.2
⑲	73.2	三岔路口	17.8
⑳	74.2	路况抽样	16.8
㉑	76.8	五凤村	14.2
㉒	82.1	念村	8.9
㉓	84.7	三岔路口	6.3
㉔	86.0	李济深下马徒步处	5.0
㉕	86.6	求学学堂	4.4
㉖	90.2	三岔路口	0.8
㉗	91.0	李济深故居	0.0

右侧间距：1.0 / 1.5 / 3.9 / 2.0 / 4.9 / 1.0 / 3.1 / 0.4 / 9.5 / 1.7 / 2.7 / 0.6 / 15.5 / 0.4 / 17.2 / 4.7 / 2.7 / 0.4 / 1.0 / 2.6 / 5.3 / 2.6 / 1.3 / 0.6 / 3.6 / 0.8

从李济深故居出发，请从下往上阅读

N

平南县 梧州市
藤县 苍梧县
E18
容县
E17 岑溪市
北流市

E19 苍梧县—梧州市

全程15.3公里，平均时速55公里，最高时速70公里，用时20分钟

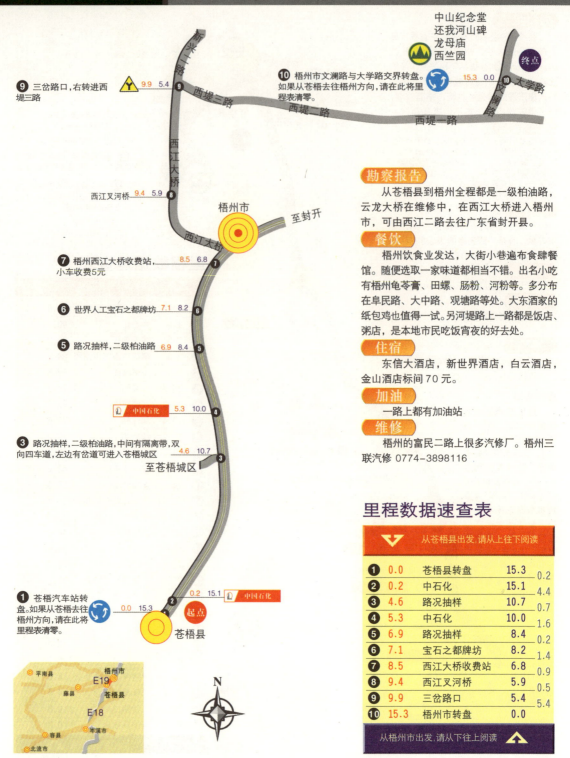

中山纪念堂
还我河山碑
龙母庙
西竺园

终点

❿ 梧州市文澜路与大学路交界转盘。 15.3 0.0
如果从苍梧去往梧州方向，请在此将里
程表清零。

❾ 三岔路口，右转进西　9.9 5.4
堤三路　　　　　　　西堤三路

西堤二路

西堤一路

西江叉河桥　9.4 5.9 ❽

梧州市

至封开

❼ 梧州西江大桥收费站，　8.5 6.8 ❼
小车收费5元

❻ 世界人工宝石之都牌坊　7.1 8.2 ❻

❺ 路况抽样，二级柏油路　6.9 8.4 ❺

中国石化　5.3 10.0 ❹

❸ 路况抽样，二级柏油路，中间有隔离带，双
向四车道，左边有岔道可进入苍梧城区　4.6 10.7 ❸

至苍梧城区

❶ 苍梧汽车站转　0.2 15.1
盘。如果从苍梧去往　　中国石化
梧州方向，请在此将　0.0 15.3 ❷
里程表清零。

起点

苍梧县

平南县　梧州市
E19
藤县　苍梧县

E18

容县
北流市　岑溪市

N

勘察报告

从苍梧县到梧州全程都是一级柏油路，
云龙大桥在维修中，在西江大桥进入梧州
市，可由西江二路去往广东省封开县。

餐饮

梧州饮食业发达，大街小巷遍布食肆餐
馆。随便选取一家味道都相当不错。出名小吃
有梧州龟苓膏、田螺、肠粉、河粉等。多分布
在阜民路、大中路、观塘路等处。大东酒家的
纸包鸡也值得一试。另河堤路上一路都是饭店、
粥店，是本地市民吃饭宵夜的好去处。

住宿

东信大酒店，新世界酒店，白云酒店，
金山酒店标间70元。

加油

一路上都有加油站

维修

梧州市的富民二路上很多汽修厂。梧州三
联汽修 0774-3898116

里程数据速查表

	从苍梧县出发，请从上往下阅读		
❶	0.0	苍梧县转盘	15.3
			0.2
❷	0.2	中石化	15.1
			4.4
❸	4.6	路况抽样	10.7
			0.7
❹	5.3	中石化	10.0
			1.6
❺	6.9	路况抽样	8.4
			0.2
❻	7.1	宝石之都牌坊	8.2
			1.4
❼	8.5	西江大桥收费站	6.8
			0.9
❽	9.4	西江叉河桥	5.9
			0.5
❾	9.9	三岔路口	5.4
			5.4
❿	15.3	梧州市转盘	0.0

从梧州市出发，请从下往上阅读

龙母庙

位于梧州市桂林路，始建于北宋，因纪念战国时期百越地带"仓吾"族首领龙母而得名。龙母，类似福建、台湾的妈祖，在两广、港澳及东南亚一带享有盛誉。龙母庙建筑风格雄伟壮丽，现有牌坊、正殿、后殿、行宫、龟池等主要建筑。据传，龙母生于农历五月初八，民间称此日为"龙母诞"，逝世于农历八月十五日，民间称此日为"升仙日"，每年均在这两天举行隆重的纪念仪式，"龙母诞"尤为隆重。

中山纪念堂

位于梧州市中山公园内，于1930年建成，是我国最早建成的中山纪念堂。1921年至1922年，孙中山先生为筹备北伐曾先后3次驻节梧州。1925年孙中山先生逝世后，梧州各界在李济深先生倡议下，决定筹建中山纪念堂。梧州中山纪念堂是一座圆塔顶的建筑，采用的是中国古典宫殿式与西欧园顶式相结合构筑设计。纪念堂前座为4层塔式园顶，后座为千人会堂，东西两翼为办公室。会堂内正面为主席台，台中央上方塑有孙中山先生头像，两侧为先生"革命尚未成功，同志仍须努力"的遗训。会堂展出孙中山先生生平事迹图片及文物，还介绍了孙中山先生3次莅临梧州的史迹。

梧州是个山城，靠近广东，饮食习惯和广东很接近，但因地处岭南丘陵地带，临江背山，气候闷热，所以菜式多以清淡为主，小吃嗜辣，喜酸。品种繁多，百吃不厌。街边的田螺小摊永远是热气腾腾。

用煮田螺的汤来煮新鲜的竹笋、油豆腐，加以上好的指天椒，酸辣可口，虽然肚子已被辣得像火烧似的，但还是止不住嘴巴，十分过瘾。竹笋和豆腐在汤里煮的时间越长味道越好，所在不要被它灰灰的颜色吓倒，记住了：越难看的越好吃。

西竺园

位于梧州市中山公园北面的珠投岭上，为梧州现存最大的佛教圣地。民国二十二年（1933年），妙真和达禅法师创建寺庙，当时李宗仁、郑建民等参与捐资建寺，次年12月落成。广州六榕寺觉澄法师将寺庙取名为西竺园。庙内砖结构房屋6座，中座为大雄宝殿，供奉有释迦牟尼、观世音菩萨、地藏菩萨，楼上藏有一套《大藏经》。广州六榕寺的觉澄法师、广西佛教会的道安法师、桂平西山龙华寺住持巨赞法师曾到此讲经。

骑楼城

骑楼城位于梧州市区，建筑面积9598平方米。建筑体现了岭南骑楼城文化内涵和历史文脉的延续，建筑底层沿街保持骑楼风格，并且把骑楼引入内庭广场空间，形成休闲、表演、娱乐等商业文明氛围。五光十色的夜景灯饰、古色古香的骑楼城，充分体现了传统岭南建筑特色的魅力。

梧州是个休闲的城市。绝大多数人都说白话，和广州话很接近，大街小巷几乎人人都会哼上几句粤曲。去茶楼里点上几样小点心，几笼小食，泡上一壶茶，听听曲艺表演，是梧州人的日常生活中不可缺少的一部分，每天如此，日子便变得舒缓悠长。

望高镇　姑婆山景区
钟山县　　E21
黄姚古镇　E22　贺州市
E20
梧州市
藤县　苍梧县

N

28 贺州市八达中路与贺州大道交汇点。如果从贺州去往梧州方向，请在此将里程表清零。
159.2　0.0

终点
贺州市　**28**
至钟山
客家围屋
莲塘镇

三岔路口，右转进入贺州大道。
154.7　4.5　**27**

26 十字路口，直走桂林市，右转贺州，右边中石化。
154.6　4.6

26 贺街镇
25 三岔路口，右边中石化，右转进入贺街镇，1.2公里到临贺故城的桂花进景点。
139.8　19.4　**25** 临贺古城
24 浮山风景名胜区

中国石化　138.1　21.1

梅花镇，左边中石化。
中国石化　123.2　36.0　**23** 步头镇

22 207国道梅花收费站，小车收费10元。
122.8　36.4　**22**

右边中石化，大桂山国家森林公园
中国石化　114.7　44.5　**21** 大桂山国家森林公园

下长坡2公里。
112.7　46.5　**20**
107.7　51.5　路况抽样
19
97.0　62.2　加油站

15 信都镇，三岔路口，左边中石化，还有若干家汽修店、饭店、轮胎店，右转32公里到灵峰镇，四级路，一般广东省的游客都经灵峰镇进入广西游贺州市和桂林市，这是广东游客的经典广西游的路线。
94.8　64.4　**18**
96.1　63.1　**17** 路况抽样，三级柏油路，限速40公里。
95.3　63.9　**16** 至灵峰
中国石化

贺州与苍梧交界处
79.2　80.0　**13** 仁义镇
14 仁义镇
大桂山门
83.3　75.9　**15** 至灵峰
中国石化

沙头镇　67.9　91.3　**12**
66.7　92.5　中国石油
14 仁义镇，右边中石化。
中国石化　65.9　93.3　**10**
9 石桥镇，左边加油站，公路穿越城区1.5公里。
57.0　102.2　**9** 石桥镇
加油站
54.7　104.5　**8** 左边民用加油站，只有0#、90#。
7 左边岔道，13公里可到爽岛旅游度假区。
46.6　112.6　**7**
45.2　114.0　加油站
6
梨埠镇
5 207国道梨埠收费站，小车收费8元。
43.9　115.3　**5** 梨埠镇

4 左边中石化
中国石化　13.7　145.5

3 路况抽样，三级柏油路，左边中石化。
10.1　149.1　**3**
2 207国道莲花大桥收费站，小车收费7元。
2.3　156.9
1 桂江二桥西转盘。如果从梧州去往贺州方向，请在此将里程表清零。
0.0　159.2　**1**　**2**　至封开
梧州市
起点
至苍梧

浮山风景名胜区

位于贺州市贺街镇东南 3 公里处的临、贺两江汇流处。相传浮山建寺至今，不管遇多大的山洪，从未被水淹过，浮山始终浮在水面之上。浮山四周悬崖峭壁，奇险无比，山门石边的沧浪亭，刻有李济深先生手书的"浮山"二字以及历代书法家的作品。

大桂山国家森林公园

位于贺州市区南面，距市区 40 公里，占地面积约 30 平方公里，是广西第一个国家森林公园。公园内林海茫茫，其独具特色的景点有留羊揽胜、五马瀑布、绿林旧地、铁索桥、民族山寨、桂山游乐城等处。

勘察报告

从梧州市到贺州市全程都是三级柏油路，弯道多，一路上加油站较少，且多是民营加油站，只有 90# 和 0# 油，建议先在梧州市加满油再出发。

救助信息

梧州莲花山派出所	0774-5289034
苍梧县旺甫派出所	0774-5720156
苍梧县梨埠派出所	0774-2890223
苍梧县沙头派出所	0774-2980123
大桂山派出所	0774-5031110
贺州市信都交警中队	0774-5081272
贺州市步头交警中队	0774-5031029
贺州市交警支队	0774-5138110
贺州市广济医院	0774-5221000

餐饮

贺州国际酒店对面有家沙子豆腐鱼，实惠好吃，10 元一份。电话 0774-7577512

住宿

梧州和贺州市区内各种档次的酒店宾馆齐全，推荐东信大酒店、新世纪酒店、贺州顺和旅馆（0774-8223388）。

加油

路上加油站较少，多是民营加油站，且只有 0# 和 90# 油

维修

梧州的富民二路上有很多汽修厂。梧州三联汽修 0774-3898116，贺州振华汽修 0774-5136283。贺州八达路上都是汽修和汽配店。

里程数据速查表

	从梧州市出发，请从上往下阅读			
1	0.0	桂江二桥西转盘	159.2	
2	2.3	莲花大桥收费站	156.9	2.3
3	10.1	路况抽样	149.1	7.8
4	13.7	中石化	145.5	3.6
5	43.9	梨埠收费站	115.3	30.2
6	45.2	加油站	114.0	1.3
7	46.6	爽岛岔道	112.6	1.4
8	54.7	路况抽样	104.5	8.1
9	57.0	石桥镇	102.2	2.3
10	65.9	中石化	93.3	8.9
11	66.7	中石油	92.5	0.8
12	67.9	沙头镇	91.3	1.2
13	79.2	贺州与苍梧交界处	80.0	11.3
14	83.3	仁义镇	75.9	4.1
15	94.8	信都镇	64.4	11.5
16	95.3	中石化	63.9	0.5
17	96.1	路况抽样	63.1	0.8
18	97.0	加油站	62.2	0.9
19	107.7	路况抽样	51.5	10.7
20	112.7	下长坡	46.5	5.0
21	114.7	大桂山森林公园	44.5	2.0
22	122.8	梅花收费站	36.4	8.1
23	123.2	梅花镇	36.0	0.4
24	138.1	中石化	21.1	14.9
25	139.8	三岔路口	19.4	1.7
26	154.6	十字路口	4.6	14.8
27	154.7	三岔路口	4.5	0.1
28	159.2	贺州市	0.0	4.5
	从贺州市出发，请从下往上阅读			

江氏客家围屋

位于贺州八步莲塘镇，是目前中国保存最完整、规模最大、历史最悠久的客家古建筑之一。该围屋建于清朝道光年间，整个围屋占地 30 多亩，分北、南两座，相距 300 米，围屋四周有 3 米高的围墙与外界相隔，屋宇、厅堂、房井布局错落有致，井井有条，上下相通，屋檐、挡风板、回廊、梁柱雕龙画凤，富丽堂皇，是典型的客家建筑文化艺术结晶。

客家围屋不仅具有聚族而居、安全防卫的功能，而且具有丰富的文化内涵，其古老的独特的客家建筑，精雕细刻的百兽图案，古朴典雅的明清饮食是客家文化的象征，江氏客家围屋全面地展示了客家人的人文历史。

临贺古城

位于贺州市贺街镇，是广西四大古城中唯一一座保存完好的历史古城。考古发现该城共有三个城址，最早的城址位于大鸭村，称旧县城址。贺街镇上有一桂花井，迄今已有 360 多年历史，由于年深日久，井边护栏石圈被汲水绳拉成道道四五寸深的痕迹，恰似一朵溢香怒放的莲花，井旁曾栽有一棵桂花树，故名"桂花井"。

临贺古城内的老街上还有许多富有特色的宗祠。

E21 贺州市—姑婆山景区

全程29.2公里，平均时速36公里，最高时速60公里，用时50分钟

勘察报告

贺州市到姑婆山景区是四级柏油路，路上没有加油站，路面较窄，与大车会车时控制好车速。

救助信息

贺州市新路派出所　0774-5234455
贺州市交警支队　0774-5138110
贺州市广济医院　0774-5221000

餐饮

贺州国际酒店对面有家沙子豆腐鱼，实惠好吃，10元一份。电话0774-7577512。上姑婆山最好带上干粮，山里面没什么饭店。景区附近普通小店比较多，土鸡、鱼、豆腐都是最佳的美味，这里水质极好，所以鸡肥鱼鲜豆腐嫩，还可以尝尝姑婆山仙姑醇米酒，入口甘醇。

住宿

贺州顺和旅馆0774-8223388，公园里面有姑婆山森林宾馆，标准单间60元/天，双人70元/天。还可以租帐篷露营。从公园出来过铁索桥可到梅园山庄，梅庄里种满了梅树，梅林间还有一座座小木屋，房价100元左右。

加油

路上只有一家加油站，0#和90#油

维修

贺州振华汽修0774-5136283，贺州八达路上都是汽修和汽配店。

姑婆山国家森林公园

位于贺州市东北部21公里，园区内峰高谷深、山势雄伟，海拔千米以上的山峰有25座，其中主峰姑婆山海拔1731米，最高峰天堂顶海拔1844米，是桂东第一主峰；峰间瀑布蔚为壮观，空气负氧离子含量高，是华南地区最大的天然氧吧，香港电视连续剧《茶是姑乡浓》、《酒是故乡醇》外景拍摄场地点。门票：60元。

玉石林

位于贺州市东北部黄田镇，距市区18公里，与姑婆山国家森林公园、贺州温泉同在一条旅游线上。是一片十分罕见的由汉白玉石柱、石笋组成的石林，形成于一亿多年前的侏罗纪时期，由于燕山期地质的断裂隆升和长期的岩溶渗蚀，加上自宋朝以来1000多年的锡矿开采业，成就了奇异自然景观。门票：50元

贺州温泉

位于贺州市东北部黄田镇路花村，距市区17公里，与姑婆山公园相距9公里。三面环山，一面临溪，地下温泉资源丰富，是桂东南著名的旅游疗养胜地。温泉对皮肤病、风湿病、关节炎有显著疗效，并能促进血液循环，强身健体、护肤养颜。内设大众温泉区、宾馆旅社区、运动休闲区、水上乐园及园林景区等。电话：0774-5236412、5234398；门票：40元。

姑婆山国家森林公园

姑婆山风景区

终点　29.2　0.0

26.7　2.5　度假酒店

贺州温泉

25.8　3.4　下陡坡

24.2　5.0　神龙村味馆

路花村

玉石林

龙洞口

21.3　7.9　三岔路口

20.6　8.6　三岔路口

新村

20.3　8.9　路况抽样

路况抽样　12.2　17.0

6.3　22.9　黄田镇岔道

5.6　23.6　中国石化

黄田镇

3.4　25.8　三岔路口

2.5　26.7　中国石油

1.9　27.3　汽车东站

0.8　28.4　八达中路

1　0.0　29.2

贺州市

起点

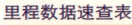

里程数据速查表

从贺州市出发,请从上往下阅读

①	0.0	贺州市	29.2
②	0.8	八达中路	28.4
③	1.9	汽车东站	27.3
④	2.5	中石油	26.7
⑤	3.4	三岔路口	25.8
⑥	5.6	中石化	23.6
⑦	6.3	黄田镇岔道	22.9
⑧	12.2	路况抽样	17.0
⑨	20.3	路况抽样	8.9
⑩	20.6	三岔路口	8.6
⑪	21.3	三岔路口	7.9
⑫	24.2	神龙村味馆	5.0
⑬	25.8	下陡坡	3.4
⑭	26.7	度假酒店	2.5
⑮	29.2	姑婆山风景区	0.0

0.8 / 1.1 / 0.6 / 0.9 / 2.2 / 0.7 / 5.9 / 8.1 / 0.3 / 0.7 / 2.9 / 1.6 / 0.9 / 2.5

从姑婆山风景区出发,请从下往上阅读

N

秀水状元村

位于富川县朝东镇，建于唐开元年间，立村建寨距今已有1300多年的历史，始祖毛衷，是唐开元年间进士，为广西贺州刺史。村里人杰地灵，人才辈出，自唐繁衍发展至今，有一个宋代状元和二十六个进士，因而又有"状元村"之美称。

勘察报告

贺州市到望高镇是二级柏油路，车流量较大，望高镇到富川县是三级柏油路，路上行人多，注意避让。

救助信息

贺州市交警支队　0774-5138110
贺州市广济医院　0774-5221000

餐饮

贺州国际酒店对面有家沙子豆腐鱼，实惠好吃，10元一份，电话0774-7577512。

住宿

贺州顺和旅馆：0774-8223388；富川县朝东宾馆，标间60元。

加油

0#和90#油

维修

贺州振华汽修0774-5136283，贺州八达路上都是汽修和汽配店。

里程数据速查表

从贺州市出发，请从上往下阅读

序号	里程	地点	剩余	区间
1	0.0	贺州市	95.9	
				1.4
2	1.4	客运站	94.5	
				1.7
3	3.1	三岔路口	92.8	
				2.7
4	5.8	中石化	90.1	
				1.4
5	7.2	西湾收费站	88.7	
				0.7
6	7.9	路况抽样	88.0	
				2.1
7	10.0	中石化	85.9	
				5.9
8	15.9	金山油城	80.0	
				8.0
9	23.9	中石化	72.0	
				0.9
10	24.8	路况抽样	71.1	
				3.5
11	28.3	三岔路口	67.6	
				0.2
12	28.5	望高收费站	67.4	
				6.7
13	35.2	中石化	60.7	
				1.2
14	36.4	三岔路口	59.5	
				13.3
15	49.7	加油站	46.2	
				1.0
16	50.7	莲山镇	45.2	
				7.0
17	57.7	横山镇	38.2	
				2.0
18	59.7	中石化	36.2	
				0.7
19	60.4	加油站	35.5	
				1.7
20	62.1	三岔路口	33.8	
				2.3
21	64.4	富川城区	31.5	
				6.9
22	71.3	路况抽样	24.6	
				7.8
23	79.1	加油站	16.8	
				1.3
24	80.4	城北镇	15.5	
				11.5
25	91.9	中石化	4.0	
				1.1
26	93.0	朝东镇	2.9	
				2.9
27	95.5	状元村	0.0	

从富川状元村出发，请从下往上阅读

终点

27 状元村。如果从富川去往贺州方向，请在此将里程表清零。

95.5 0.0

26 93.0 2.9 朝东镇

25 91.9 4.0 中国石化

古城镇　80.4 15.5 城北镇

24

79.1 16.8

23

加油站

路况抽样 71.3 24.6

22

瑞光塔

富川城区 64.4 31.5

21 20 62.1 33.8 右边湖南省江永镇岔路

19 18 60.4 35.5

富川县

加油站

17 59.7 36.2 中国石化

横山镇 57.7 38.2

16

莲山镇 50.7 45.2 15 49.7 46.2 加油站

至江华

14 右边湖南省江华县岔路，岔路为三级柏油路。 36.4 59.5 14 白沙镇

13

中国石化 35.2 60.7

望高镇

望高收费站，小车收费10元。 28.5 67.4 12

至种山

11 10 28.3 67.6 三岔路口

路况抽样，二级柏油路。 24.8 71.1 9

中国石化 23.9 72.0

金山油城 15.9 80.0 加油站

中国石化 10.0 85.9 7

路况抽样，207国道，二级柏油路，限速40公里，小车收费10元。 7.9 88.0 6

西湾镇

西弯收费站，小车收费10元。 7.2 88.7 5

中国石化 5.8 90.1 4

3 左边梧州、贺州市岔路，岔路为二级柏油路。 3.1 92.8 3

至姑婆山

至客家围屋

客运站 1.4 94.5 2

贺州市

至梧州

起点

1 贺州市八达西路与姑婆山大道交汇点。如果从贺州去往富川方向，请在此将里程表清零。 0.0 95.9

N

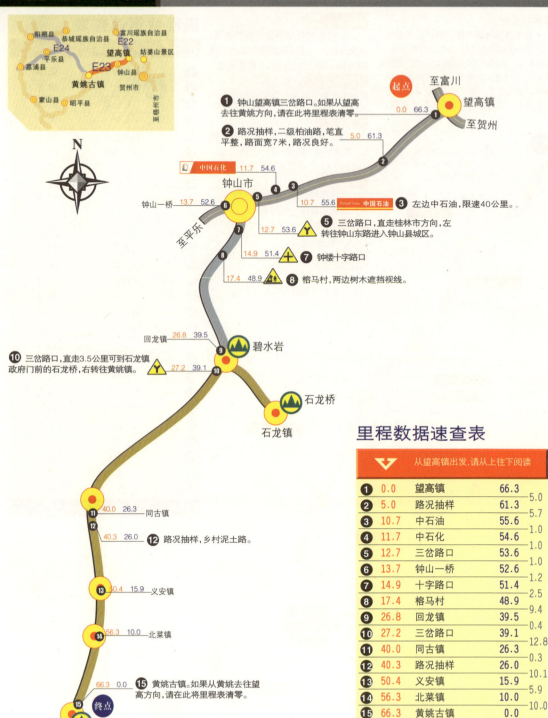

❶ 钟山望高镇三岔路口。如果从望高去往黄姚方向，请在此将里程表清零。

❷ 路况抽样，二级柏油路，笔直平整，路面宽7米，路况良好。

❸ 左边中石油，限速40公里。

❺ 三岔路口，直走桂林市方向，左转往钟山东路进入钟山县城区。

❼ 钟楼十字路口

❽ 榕马村，两边树木遮挡视线。

❿ 三岔路口，直走3.5公里可到石龙镇政府门前的石龙桥，右转往黄姚镇。

⓬ 路况抽样，乡村泥土路。

⓯ 黄姚古镇。如果从黄姚去往望高方向，请在此将里程表清零。

里程数据速查表

	从望高镇出发，请从上往下阅读		
❶	0.0	望高镇	66.3
❷	5.0	路况抽样	61.3
❸	10.7	中石油	55.6
❹	11.7	中石化	54.6
❺	12.7	三岔路口	53.6
❻	13.7	钟山一桥	52.6
❼	14.9	十字路口	51.4
❽	17.4	榕马村	48.9
❾	26.8	回龙镇	39.5
❿	27.2	三岔路口	39.1
⓫	40.0	同古镇	26.3
⓬	40.3	路况抽样	26.0
⓭	50.4	义安镇	15.9
⓮	56.3	北莱镇	10.0
⓯	66.3	黄姚古镇	0.0

里程差：5.0、5.7、1.0、1.0、1.0、1.2、2.5、9.4、0.4、12.8、0.3、10.1、5.9、10.0

从黄姚古镇出发，请从下往上阅读

勘察报告

钟山望高镇三岔路口到钟山县是二级柏油路，钟山县到石龙桥是四级柏油路，路况很好，从回龙镇到昭平县黄姚古镇走的是乡村泥土路，凹凸不平，且在建桂梧高速，路上有工程车在行驶，不好超车，估计在 2006 年底开通。钟山县往黄姚镇还可以经源头镇到达，路况较好，可是到不了石龙桥，且路程多了 21 公里。沿途为典型的喀斯特地貌，植被覆盖率极高，空气清新。一座座山峰平地而起，高低不一，农田村庄依山傍水，一派岭南田园风光。

救助信息

钟山城厢派出所　　0774-8982810
钟山交警大队　　　0774-8982509

餐饮

在黄姚古镇门口的一条街上都有大排档，收费合理，每碟菜价格 10～12 元，黄姚豆腐是当地的一大特色菜，有豆腐和豆腐酿，黄姚豆豉很有名，是上好的调味品。

住宿

黄姚市场旅社，因为该旅社是黄姚最高建筑，在 6 楼天台可以看到古镇全貌，也是早晨看日出的绝好位置。

加油

0# 和 90# 油

维修

进入钟山城区前有多家修理店和轮胎店在路边，钟山平安汽修 0774-8988656。

石龙桥

位于钟山县石龙乡政府门前之石龙河上。始建于清乾隆十一年（1746 年），系一座双孔石拱桥。两拱共用 82 行方形及楔形青灰长条石，进行排比砌拱。桥头两端各置石狮一对，桥面两侧有石栏，石栏、望柱、华盖内侧均饰满浮雕图案，望柱外侧分别阴刻"龙蟠东水"、"石锁珠江"的大字对联，浮雕则以神话传说及戏文掌故为题材，刻得生动传神，堪称一处石浮雕长廊。

黄姚古镇

为广西四大古镇之首。黄姚为典型的喀斯特地貌，奇峰耸立，溶洞幽深，清溪环绕，古树参天。全镇居民 600 多户，八条街道，房屋多数保持明清风格，街道均用青石板砌成。自然景观有八大景二十四小景，保存有寺观庙祠 20 多座，亭台楼阁 10 多处，多为明清建筑，著名的有文明阁、宝珠观、兴宁庙、狮子庙、古戏台、吴家祠、郭家祠、佐龙寺、见龙寺、带龙桥、护龙桥、天然亭等。人文景观还有韩愈、刘宗标墨迹，中共广西省工委旧址纪念馆，钱兴烈士塑像，何香凝、高士其、千家驹等文化名人寓所，以及许多诗联碑刻。

昔日的电影院，如今成了孩子们玩耍的地方。也许只有我们这样的过客才会注意到它，想象它昔日的热闹辉煌，以此怀念自己那似曾相识的童年。

黄姚

黄姚地处漓江下流，姚江、珠江、兴宁河三江水系在此交汇，造就了"清溪环绕、古树参天，有山必有水，有水必有桥，有桥必有亭"的独特景致。

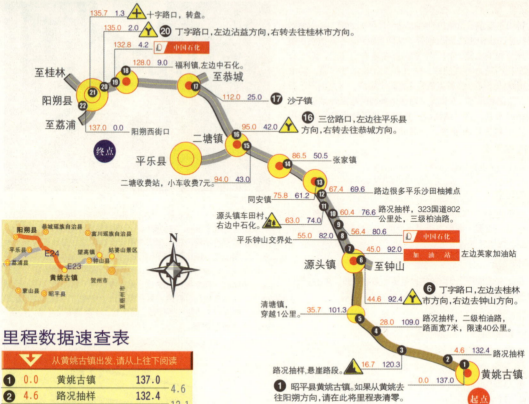

里程数据速查表

从黄姚古镇出发，请从上往下阅读

	公里数	地点	剩余	间隔
❶	0.0	黄姚古镇	137.0	
❷	4.6	路况抽样	132.4	4.6
❸	16.7	悬崖路段	120.3	12.1
❹	28.0	路况抽样	109.0	11.3
❺	35.7	清塘镇	101.3	7.7
❻	44.6	丁字路口	92.4	8.9
❼	45.0	加油站	92.0	0.4
❽	55.0	平乐钟山交界处	82.0	10.0
❾	56.4	中石化	80.6	1.4
❿	60.4	802公里处	76.6	4.0
⓫	63.0	车田村	74.0	2.6
⓬	67.4	沙田柚摊点	69.6	4.4
⓭	75.8	同安镇	61.2	8.4
⓮	86.5	张家镇	50.5	10.7
⓯	94.0	二塘收费站	43.0	7.5
⓰	95.0	三岔路口	42.0	1.0
⓱	112.0	沙子镇	25.0	17.0
⓲	128.0	福利镇	9.0	16.0
⓳	132.8	中石化	4.2	4.8
⓴	135.0	丁字路口	2.0	2.2
㉑	135.7	十字路口	1.3	0.7
㉒	137.0	阳朔西街口	0.0	1.3

从阳朔西街出发，请从下往上阅读

勘察报告
从黄姚镇到清塘镇是在建的三级柏油路，路况较差；从清塘镇到阳朔县是二级柏油路，路况较好，车流量较大。沿途多在山谷里行走，植被丰富，弯多，会被山体和树木遮挡视线，村庄较多，不时有行人牲畜穿越公路，需小心驾驶。

救助信息
同安派出所　0773-7695145
张家派出所　0773-7724125
源头派出所　0773-7786105
福利派出所　0773-8942124
阳朔派出所　0773-8822178
平乐交警大队　0773-7882149

餐饮
阳朔西街上有各式各样的中西餐供选择，比较有特色的有啤酒鱼。

住宿
阳朔西街有许多家庭旅馆，标间50~100元不等，但节假日会比平时贵2~3倍。

加油
0#和90#油

西街
阳朔是一座有2000多年历史的漓江边最美的城镇，不到1公里的西街，由石板砌成，呈弯曲的S形。西街是外国人在中国最密集的一条街，有全中国最大的外语角，也使之充满了异国情调。西街上的饭店、餐馆、网吧、酒吧都是中西合璧的，从老板到服务员到街边的小摊大妈都能说一口流利的英语。

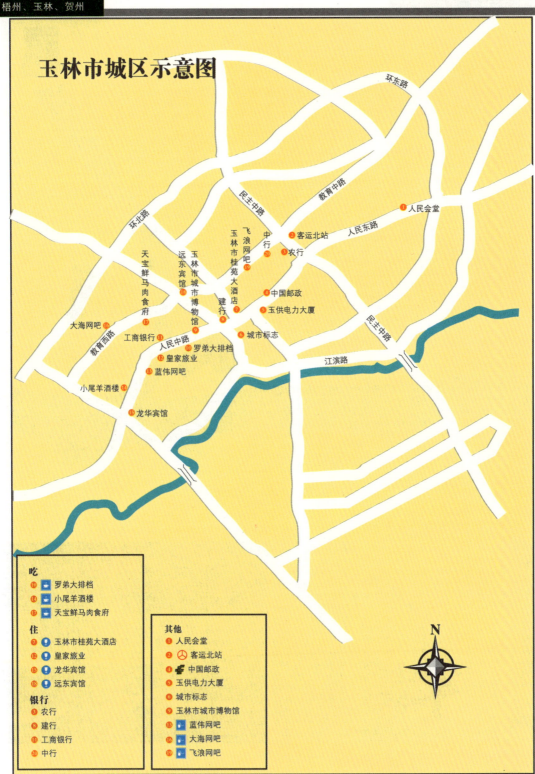

玉林市城区示意图

吃
- ⑩ 罗弟大排档
- ⑭ 小尾羊酒楼
- ⑰ 天宝鲜马肉食府

住
- ⑦ 玉林市桂苑大酒店
- ⑫ 皇家旅业
- ⑮ 龙华宾馆
- ⑱ 远东宾馆

银行
- ③ 农行
- ⑧ 建行
- ⑪ 工商银行
- ⑳ 中行

其他
- ① 人民会堂
- ② 客运北站
- ④ 中国邮政
- ⑤ 玉供电力大厦
- ⑥ 城市标志
- ⑨ 玉林市城市博物馆
- ⑬ 蓝伟网吧
- ⑯ 大海网吧
- ⑲ 飞浪网吧

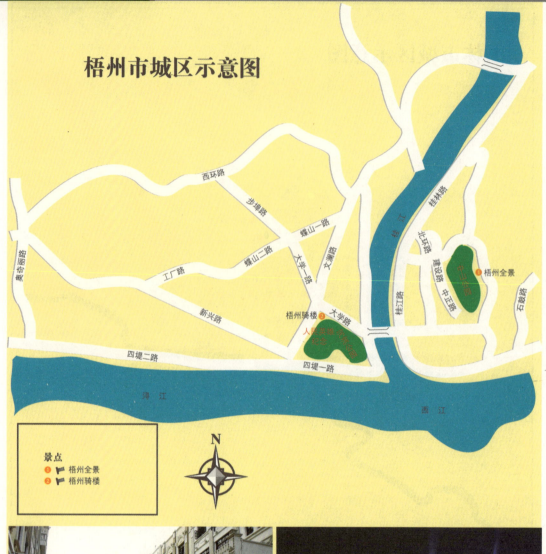

梧州市城区示意图

西环路
步埠路
蝶山一路
蝶山二路
奕奇丽路
工厂路
大学一路
文澜路
新兴路
桂江
桂林路
北环路
建设路
桂江路
塘江中路
石巍路
中山公园
❶ 梧州全景
四堤二路
梧州骑楼 ❷ 大学路
人民英雄 珠山公园
纪念
四堤一路
浔 江
西 江

景点
❶ 梧州全景
❷ 梧州骑楼

N

骑楼是梧州的一大特色

梧州是广西的重要商贸口岸,素有"小香港"之称。

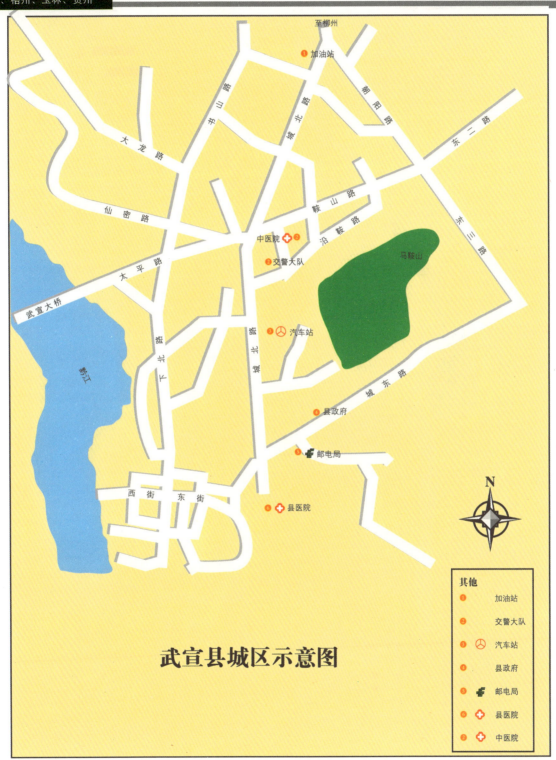

武宣县城区示意图

其他

1 加油站

2 交警大队

3 汽车站

4 县政府

5 邮电局

6 县医院

7 中医院

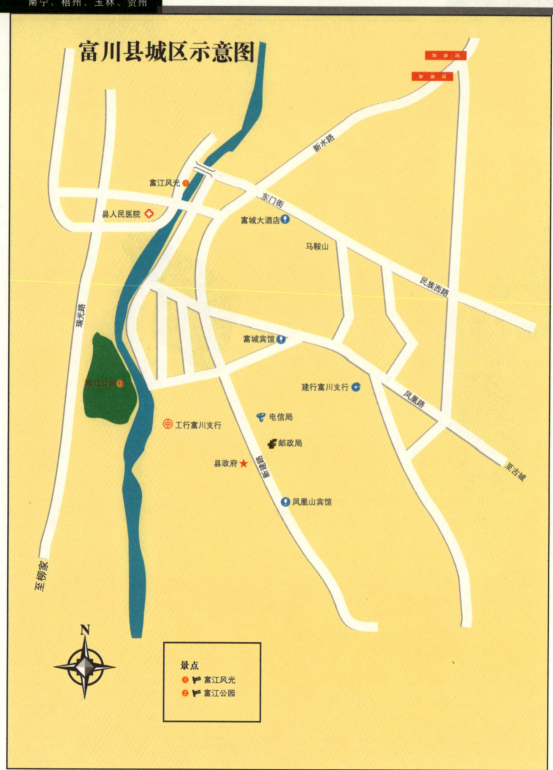

富川县城区示意图

加油站
加油站

富江风光 ❶
县人民医院 ✚
富城大酒店 🏨
新米路
东门街
马鞍山
民族西路
瑞光路
富城宾馆 🏨
凤凰路
富江公园 ❷
建行富川支行 🏦
🏦 工行富川支行
📞 电信局
📮 邮政局
县政府 ★
至古城
凤凰山宾馆 🏨
新建路
至柳家
N

景点
❶ 富江风光
❷ 富江公园

柳州市城区示意图

景点
⑩ 大龙潭风景区
⑭ 鱼峰公园
⑮ 马鞍山公园

吃
⑤ 六山庄牛头大排档
③ 味之坊火锅城(连锁店)
㉕ 奶佬白切鸡
㉗ 味之坊火锅城(连锁店)
㉘ 安吉餐馆

住
⑥ 华美宾馆
⑫ 三合宾馆

油
⑨ 中国石油
⑪ 中国石油

修
⑦ 长安铃森汽车销售服务中心
⑧ 柳州桂中汽车修理厂
㉖ 柳州市鑫磊进口汽车修理

银行
① 农行
⑬ 中国银行
⑰ 交通银行
⑲ 中国银行
㉒ 农行
㉔ 工商银行

其他
② 公安交警
④ 综合门诊部
⑯ 雨点网吧
⑭ 柳州市工人医院
⑮ 汽车总站
⑳ 中西医综合医院
㉑ 德艺网吧

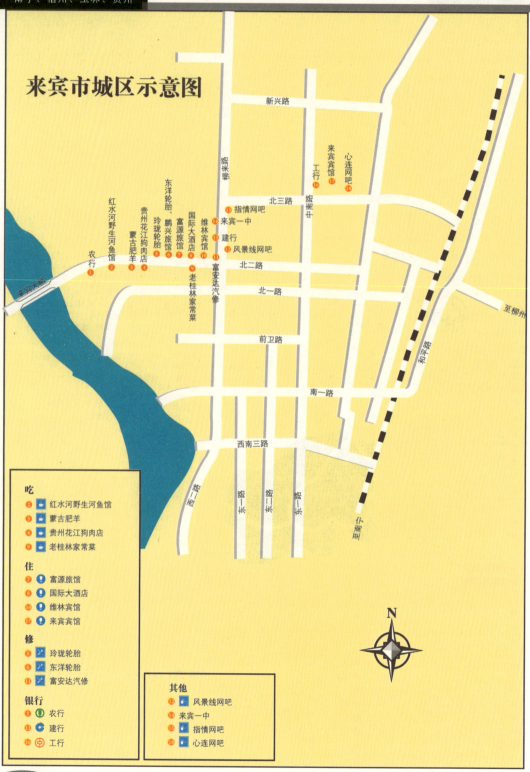

来宾市城区示意图

吃
- ② 红水河野生河鱼馆
- ③ 蒙古肥羊
- ④ 贵州花江狗肉店
- ⑨ 老桂林家常菜

住
- ⑦ 富源旅馆
- ⑧ 国际大酒店
- ⑩ 维林宾馆
- ⑯ 来宾宾馆

修
- ⑤ 玲珑轮胎
- ⑥ 东洋轮胎
- ⑪ 富安达汽修

银行
- ① 农行
- ⑬ 建行
- ⑯ 工行

其他
- ⑫ 风景线网吧
- ⑭ 来宾一中
- ⑮ 指情网吧
- ⑱ 心连网吧